ION

PAR

EVELYN WAUGH

Traduit de l'anglais
par Jeanne HEBERT-STEVENS

10|18

« Domaine étranger »
dirigé par Jean-Claude Zylberstein

STOCK

Si vous désirez être régulièrement tenu au courant
de nos publications, écrivez-nous :

Éditions 10/18
c/o 01 consultants (titre n° 1713)
35, rue du Sergent Bauchat
75012 Paris

Titre original :
Unconditional Surrender

ISBN 2-264-02798-3

A
ma fille
Margaret
enfant des années de disette

A PROPOS D'*HOMMES EN ARMES* ET D'*OFFICIERS ET GENTLEMEN*

« L'ennemi, enfin, se démasquait, énorme et détestable : les temps modernes en armes. Mais dans ce combat, quelle qu'en fût l'issue, il y avait une place pour lui... »

C'est ce qu'a cru Guy Crouchback en 1939 à l'annonce du traité Molotov-Ribbentrop. L'histoire qui suit raconte comment il va essayer de « trouver sa place dans le combat ».

Il a trente-cinq ans et reste le dernier fils vivant de Gervase Crouchback. Pendant quelques années il a vécu seul en Italie dans une villa construite par son grand-père. De ses deux frères, l'un a été tué au cours de la première guerre, l'autre est mort fou. Sa sœur Angela est mariée à un parlementaire, Arthur Box-Bender. Les Crouchback, établis depuis très longtemps dans l'Ouest de l'Angleterre, appartiennent à la petite noblesse catholique ; ils sont alliés à presque toutes les grandes familles restées attachées au même culte. L'un des leurs a été martyrisé au temps d'Elizabeth. Ils ont vendu toutes leurs propriétés à l'exception de Broome, la maison de famille ; mais elle est louée à un couvent et Mr. Crouchback père a pris pension dans un petit hôtel du bord de la mer, à Matchet. Son frère Peregrine, célibataire, est un raseur notoire.

Guy a épousé Virginia qui l'a rapidement abandonné pour un officier, Tommy Blackhouse. Au début de cette histoire elle est en instance de divorce avec son troisième mari, Troy, un Américain. Pendant huit ans elle a évolué dans une société riche, joyeuse et cosmopolite. Guy, lui, est devenu taciturne et sombre. Sa religion lui interdit de prendre une autre femme. Il voit dans la guerre une occasion de renouer avec son prochain et de le servir.

Après maintes démarches difficiles, il est versé dans le corps des Hallebardiers, régiment sans lustre, mais fier de ses exploits et de ses bizarreries. Il s'entraîne sous les ordres de Ritchie-Hook, héros de la première guerre, et prouve qu'il peut être un officier compétent. Parmi ses camarades de promotion ce récit retiendra de Souza, un sceptique, et Trimmer, ancien coiffeur dont la préparation militaire sera rapidement accomplie.

Virginia, qui habitait l'Amérique, est revenue en Angleterre, en un temps où beaucoup la fuient. Un soir de permission, Guy la retrouve au *Claridge ;* il se sent près d'elle d'humeur conquérante, mais elle l'éconduit.

Il s'embarque pour une expédition à Dakar, récolte là-bas un blâme officiel à la suite d'une escapade imaginée par Ritchie-Hook, puis se voit directement responsable de la mort du capitaine Apthorpe, un de ses camarades (dans un mouvement de compassion peu judicieux, il a laissé à celui-ci, gravement malade, une bouteille de whisky). En même temps il a éveillé la méfiance, évidemment absurde, d'un service de contre-espionnage dirigé par Grace-Groundling-Marchpole. Revenu en Angleterre, il est incorporé, sous les ordres de Blackhouse, à l'un des commandos récemment créés. Il y noue amitié avec Ivor Claire, un dandy, et Jumbo Trotter, ancien Hallebardier, très versé dans la discipline militaire et l'art d'y évoluer. Ivor Claire a sous ses ordres un brigadier-chef, mystérieux réserviste du nom de Ludovic, qui tient une sorte de journal sous forme de *pensées*[1]. Le commando est dirigé sur l'Égypte. Un nouvel officier « Fido » Hound, jusqu'alors sans affectation, y apparaît. A Alexandrie, on verra évoluer parmi le groupe une femme d'une grande beauté, Mrs. Stitch, dont le mari occupe un poste ministériel au Moyen-Orient.

Le commando — sans Blackhouse, qui s'est cassé la jambe — arrive en Crète quand la défense britannique fléchit. « Fido » Hound et Ludovic désertent, chacun de son côté, et se retrouvent sur la côte sud dans une caverne qui abrite déjà un groupe irrégulier de fuyards espagnols. On n'entendra plus parler de Hound et l'on devine que Ludovic l'a tué ou a participé à son meurtre. Le commando reçoit l'ordre de constituer l'arrière-garde des troupes qui doivent abandonner l'île le lendemain. Cette nuit-là Ivor Claire déserte lui aussi et se glisse parmi les partants. Au matin de la capitulation, Guy rencontre Ludovic sur la plage. Ils aperçoivent une barque et y rejoignent un petit groupe qui tente de gagner la côte d'Afrique. Traversée effroyable pour les malheureux dépourvus de vivres et exposés aux éléments. L'officier du génie qui dirigeait la barque est en proie au délire. Il disparaît par-dessus bord au cours de la nuit, manœuvre tragique dont le respon-

1. En français dans le texte.

sable ne peut être que Ludovic, seul valide. Ils atteignent enfin la côte africaine. Ludovic transporte Guy sur le rivage. Tandis qu'à demi inconscient ce dernier est recueilli à l'hôpital, Ludovic regagne l'Angleterre où il est décoré et promu officier. Mais il s'inquiète à l'idée, d'ailleurs fausse, que Guy connaît la vérité sur la disparition de « Fido » Hound. Ce que Guy sait, car il en a eu la preuve par les ordres écrits envoyés à l'arrière-garde, c'est que Claire a bel et bien déserté. Mais Claire est dans les bonnes grâces de Mrs. Stitch et celle-ci, pour sauver la réputation de son protégé, fait évacuer Guy vers l'Angleterre où il rejoindra le Q.G. des Hallebardiers.

Virginia connaît durant cette période des difficultés financières, car Mr. Troy ne lui envoie plus sa pension. Au Q.G. des commandos, organisation modeste à ses débuts, mais devenue un des services les plus importants, Lord Kilbannock, l'officier de presse, utilise Trimmer pour une entreprise de propagande, un bref débarquement nocturne en territoire français. Le coiffeur, devenu héros national, est follement amoureux de Virginia qui avait été sa cliente, et en compagnie de laquelle il avait ébauché une aventure à Glasgow. A l'instigation de Kilbannock, qui tient à garder Trimmer en bonne forme, cet épisode se transforme en une liaison prolongée, parfaitement odieuse à Virginia.

A la fin de l'automne 1941, quand Guy rejoint son régiment, la conviction s'impose à lui qu'avec l'alliance russe la guerre ne se justifie plus. Seul l'honneur individuel reste en jeu.

« L'hallucination se dissipa comme s'étaient évanouies les baleines et les tortues géantes de la traversée tragique. Après un pèlerinage de moins de deux ans dans la Terre Sainte de l'Illusion, il retrouvait ce vieux monde équivoque où les prêtrès sont des espions, les bons amis des traîtres et où une maladresse entraînait son pays dans le déshonneur... »

PROLOGUE
LES ANNÉES DE DISETTE

Quand Guy Crouchback rejoignit son régiment à la fin de l'automne 1941, sa situation était anormale sous plus d'un rapport. Il avait fait un stage avec la première promotion d'officiers temporaires, s'était trouvé à la tête d'une compagnie, avait été désigné pour différentes tâches, pris part à de nombreux combats, et s'en était, deux fois de suite, tiré honorablement. Deux fois il avait reçu ses galons de capitaine, et deux fois avait dû les retirer ; la cicatrice restait bien visible sur ses épaulettes. Rapatrié sur l'ordre du G.Q.G. du Moyen-Orient, il avait été examiné par les autorités médicales qui ne lui découvrirent aucune invalidité. Le bruit courait qu'en Afrique Occidentale il avait fait des bêtises. A l'époque de son engagement en 1939, son âge lui valut parmi les officiers le surnom d'« Oncle ». Maintenant il avait deux ans de plus, et les officiers stagiaires de la seconde promotion, ses compagnons actuels, étaient plus jeunes que les précédents. Ils le regardaient comme un patriarche, et eux lui donnaient l'impression d'appartenir à une génération dont une barrière infranchissable le séparait. Avec les premiers, il avait pu faire le rétablissement, se jeter dans la mêlée, crier *« cheerioh »* en trinquant, bref se faire accepter. Il ne pouvait renouveler l'expérience. D'ailleurs, il n'y avait plus ni mêlées, ni soirées, ni débauches de boissons. Les nouveaux officiers étaient des conscrits qui consacraient leurs loisirs à écouter du jazz à la radio. Le premier bataillon, son bataillon, avait suivi Ritchie-Hook et cherché la bagarre à travers les sables d'Afrique du Nord. Un détachement supplémentaire y avait été envoyé, dont Guy ne faisait pas partie. Tous les membres de « Hookforce », sauf quatre, avaient été faits prisonniers en Crète. Il n'avait plus d'autre frère d'armes que Tommy Blackhouse, le second mari de sa femme, qui revenait en Angleterre pour lever une force spéciale. Ils se rencontrèrent au *Bellamy,* et Tommy lui offrit un poste dans sa formation. L'ombre fâcheuse d'Ivor Claire planait encore sur les commandos ; Guy préféra rester dans les rangs des Hallebardiers, mais ce fut pour y voir s'écouler deux années vides. A la formation d'une seconde brigade, il connut des changements de garnison périodiques qui l'entraînèrent de Penkirk en Écosse à Brook Park en Cornouailles. Tandis que les armées d'Orient subissaient encore chocs et contre-ordres, les forces métropolitaines, après le désarroi des deux premières années, s'étaient organisées. En même temps que les alliés prenaient en Europe l'initiative des mouvements, les troupes étaient régulièrement rassemblées, équipées et entraînées. Devenu chef de bataillon en second, faisant fonction de commandant, Guy se montra à la hauteur de sa tâche.

Puis, en août 1943, le même coup qui avait frappé Jumbo à Mugg l'atteignit :

— Désolé, l'Oncle, lui dit son colonel, nous allons partir pour l'étranger, sans vous je le crains. A l'entraînement, vous étiez sans prix. Mais je ne peux risquer d'emmener au combat un officier de votre âge.

— Suis-je beaucoup plus âgé que vous, *sir ?*

— Pas beaucoup, sans doute, mais j'ai passé, moi, toute ma vie là-dedans. Si je tombe, mon second prendra ma place. C'est un grand risque.

— Je descendrais volontiers de grade. Ne puis-je avoir une compagnie, un peloton ?

— Impossible, l'Oncle. L'ordre vient de la brigade.

Arrivé récemment de la Huitième Armée, le nouveau général de brigade commandait en Afrique Occidentale du temps qu'une bouteille de whisky avait causé la mort du malheureux Apthorpe. « Je ne veux plus vous voir », avait-il dit alors à Guy. Il s'était beaucoup battu depuis, avait gagné une D.S.O.[1], mais toute la poussière de la guerre n'avait pas effacé Guy de sa mémoire. Apthorpe, ce vieux frère d'armes, ce fantôme que, sur l'île de Mugg, Guy avait cru exorcisé, continuait à le hanter, marchant à ses côtés avec ses bottes de marsouin. Ce prince déchu exerçait toujours ses tours de sorcier.

Mais la volonté d'un Hallebardier était inébranlable.

— Nous aurons besoin de vous, naturellement, pour embarquer. Prenez ensuite une courte permission, et puis présentez-vous au ministère de la Guerre, à la réserve des officiers sans affectation. Il y a bien des postes qu'on ne s'arrache pas.

Guy prit sa permission, et il se trouvait à Matchet quand l'Italie capitula. Le jour où son ancienne

1. D.S.O., Distinguished Service Order : Ordre du Mérite.

brigade débarquait à Salerne, on annonça la fuite du roi et Guy en éprouva une passagère excitation.

— Serait-ce la fin de l'usurpation piémontaise ?, dit-il à son père. Quelle erreur, ce traité de Latran. On a cru à l'époque que c'était un coup de maître. Il remonte à quinze ans, peut-être. Que sont quinze ans dans l'histoire de Rome ?N'eût-il pas été préférable que les papes attendissent en silence la fin du branle-bas pour émerger tranquillement et dire : « Qu'est-ce que tout cela, le Risorgimento, Garibaldi, Cavour, la Maison de Savoie, Mussolini ? Quelques aventuriers venus on ne sait d'où mettre le désordre. N'y a-t-il pas eu autrefois aussi un pauvre petit garçon qu'on appelait le roi de Rome ? Voilà ce que devait dire le pape aujourd'hui.

Mr. Crouchback regarda tristement son fils.

— Mon cher ami, dit-il d'un ton de reproche, ce que tu dis est insensé, t'en rends-tu compte ? L'Église n'est pas ce que tu crois, ni son rôle tel que tu le vois.

La nuit tombait. Ils regagnèrent l'hôtel de la Marine en longeant les falaises, suivis du vieux chien de chasse de Mr. Crouchback qui ne gambadait plus comme autrefois, mais trottait tant bien que mal. Mr. Crouchback, lui aussi, avait vieilli et pour la première fois semblait soucieux de sa santé. Ils restaient silencieux, Guy déconcerté par le ton de son père, Mr. Crouchback pensant toujours au problème soulevé.

— Remarque, dit-il quand il reprit la parole, qu'un soldat doit se réjouir d'une victoire, c'est normal.

— Je ne crois guère me soucier des victoires.

— Alors ce n'est pas ton affaire d'être soldat.

— Oh ! si, et puisque la guerre continue j'aimerais bien me battre pour de bon. Mais je ne me demande plus qui sera vainqueur et n'y attache pas beaucoup d'importance. Quand nous avons déclaré la guerre à la Finlande...

Il n'acheva pas sa phrase, et son père reprit alors :

— Ça ne regarde pas les soldats. Je suppose que je deviens un peu maître d'école, ajouta-t-il comme ils arrivaient en vue de l'hôtel. Pardonne-moi. Il ne faut pas nous disputer. Je me suis souvent mis en colère contre ce pauvre Ivo, contre Angela, plutôt fatigante l'année où elle a commencé à sortir. Mais je ne crois pas m'être jamais mis en colère contre toi.

Guy partit le lendemain, et se présenta à la caserne des Hallebardiers. Il ne désirait plus guère prolonger ses permissions.

Trois jours plus tard, arriva une lettre de son père :

Hôtel de la Marine
Matchet
20 septembre 1943

Mon cher Guy,

Je repense souvent avec inquiétude à notre conversation du dernier soir. Je t'en ai dit trop et trop peu. Il faut que je t'en dise davantage.

C'est vrai que durant les années 1870 et 80 tout Romain digne de ce nom détestait les Piémontais, exactement comme maintenant tout Français digne de ce nom déteste les Allemands. Ils avaient subi l'occupation, et la plupart des Romains de notre connaissance l'ont gardée sur le cœur, j'en conviens. Mais ils ne sont pas l'Église. Le Corps Mystique, lui, ne prend pas des poses, ne se drape pas dans sa dignité. Il accepte les souffrances et les injustices. Il est prêt à pardonner au premier signe de repentir.

Tu parlais du traité de Latran. Pensais-tu au nombre d'âmes qui grâce à lui ont pu se réconcilier avec Dieu et sont mortes en paix ? Pensais-tu aux enfants qui seraient restés dans l'ignorance et ont pu être élevés dans la Foi ? Il faut se garder des jugements quantitatifs. Ils n'ont pas de valeur. Une seule âme sauvée vaut bien le risque de perdre la face.

Je t'écris parce que je suis inquiet à ton sujet. J'imagine que je n'ai plus pour bien longtemps à vivre. J'ai vu le médecin hier et son diagnostic m'a paru assez sombre.

Comme je te le disais, je suis inquiet à ton sujet. Tu semblais avoir tellement plus d'entrain et de confiance quand tu t'es engagé ! Je sais quel coup on t'a porté en te laissant à l'arrière en Angleterre. Mais il ne faut pas bouder.

Vivre seul et à l'étranger n'était pas bon pour toi. T'es-tu jamais demandé ce que tu ferais après la guerre ? Cette maison à Broome que les gens du village appellent à tort « la petite maison », tous les documents s'y réfèrent comme à la Seconde Maison. Il faudra bien que tu habites quelque part et je doute que tu veuilles retourner au Castello, même s'il survit ce qui me paraît improbable, vu les bombardements en Italie.

Tu vois, je pense beaucoup à la mort en ce moment. C'est tout à fait ce qui convient à mon âge et à mon état.

Affectueusement pour toujours,
TON PÈRE

Lorsque « Hookforce » partit sans lui, Jumbo Trotter perdit tout espoir de service actif. Il fut placé à la tête du camp de transit n° 6, région de Londres. Le poste demandait seulement une bonne nature, de la sobriété, et peut-être encore quelques amis influents, toutes conditions que Jumbo remplissait parfaitement. Il n'éprouvait plus de ressentiment contre Ben Ritchie-Hook. Il acceptait d'être au rancart. La menace d'une capitulation toute semblable assombrissait Guy.

Jumbo allait souvent faire un tour en voiture à la caserne des Hallebardiers. C'est là qu'à la fin de septembre il trouva Guy tristement installé comme officier P.A.D.[1] et capitaine en second.

Demande à voir le commandant, dit-il. Explique-lui que tu attends un poste d'un jour à l'autre, mais que tu dois résider à Londres. Fais-toi inscrire aux officiers sans affectation et installe-toi dans ma petite baraque.

Guy se transporta donc dans la petite baraque de Jumbo. Petite maison ? Seconde maison ? Camp de transit nº 6 ? En quelques jours il connut les noirceurs du monde militaire souterrain. La scène se passait dans une dépendance lointaine du ministère de la Guerre. Une salle d'attente réunissait chaque jour des officiers de tous âges dont les régiments et les unités n'avaient que faire.

Émanant des plus hautes sphères, une circulaire concernant les effectifs recommandait que tout citoyen fût incorporé à l'effort de guerre.

— Il me semble que vous avez fait du bon travail, dit à Guy un commandant cul-de-jatte qui l'interrogeait. Je ne sais pourquoi ils vous ont envoyé ici. Vous êtes le premier hallebardier qui me passe par les mains. Qu'est-ce que vous avez fabriqué ? ajouta-t-il en consultant le *curriculum vitae* de Guy au cours des quatre dernières années.

— C'est à cause de mon âge.

— Trente-neuf ans, presque quarante. C'est vieux, pour un capitaine. Tout ce que je peux vous offrir en ce moment, c'est un poste de surveillance

1. P.A.D., Passive Air Defense (N. d. T.).

à Aden ou au service social d'un hôpital militaire. Ni l'un ni l'autre sans doute ne vous tente ?

— Non.

— Bon, alors restez dans les parages. Il se peut que je trouve mieux. Mais voyez un peu ailleurs. Mon bureau n'est pas fait pour ceux qui ont de l'étoffe.

Et un soir du début d'octobre, après sa troisième visite au commandant cul-de-jatte, qui, avec une ironie non déguisée, lui avait offert un poste administratif au Pays de Galles, dans une école d'interprétation de photos aériennes, Guy rencontra une fois de plus Tommy Blackhouse au *Bellamy*. A la tête maintenant d'une brigade de commandos, Tommy Blackhouse, qui allait partir pour l'Italie, avait ordre de s'exercer pour le débarquement d'Anzio, mais ne disait mot, évidemment, de ses allées et venues.

— Dommage que vous n'ayez pas décidé plus tôt de vous joindre à moi, dit-il seulement à Guy.

— Trop tard, maintenant ?

— Beaucoup trop tard.

Guy expliqua sa situation fâcheuse.

— Vous voilà dans un beau pétrin.

— Le commandant du Ministère de la Guerre est très bien disposé.

— Oui, mais vous allez voir qu'il s'impatientera tout à coup. Un vent de panique souffle au service des effectifs. Vous serez précipité brutalement dans une affaire odieuse. Je voudrais bien vous aider.

Ils se retrouvèrent dans la soirée.

— J'ai pensé, dit Tommy, à vous caser en bouche-trou. Il y a au Q.G. des commandos un officier de liaison et Dieu seul sait ce qu'il y fait. En tout cas, je vais le mettre ailleurs. Quelques énergumènes qui appartiennent aux commandos ont été rattachés à mon service. Vous pourriez pour quelque temps faire la liaison avec eux.

— Je suppose que tu n'es plus à proprement parler en transit, dit Jumbo quand il l'apprit.

— J'espère que si.

— En tout cas, reste ici aussi longtemps que tu voudras. Nous trouverons moyen de te caser dans les bureaux sans faire de bruit. Ceux de la région de Londres ne se composent que de courtiers ou de marchands de vin venant des gardes à pied. Des types avec lesquels on peut toujours s'arranger.

Mais ce n'était pas dans ce dessein que Guy avait offert sa vie, quatre ans auparavant, devant l'épée de Roger de Waybroke, en cette matinée si pleine de promesses.

LIVRE PREMIER

L'épée de la Nation

1

De toutes les statues qui peuplent les ailes de l'abbaye de Westminster, une seule, celle d'un marin, frappe par son altitude martiale. Les hommes du Moyen Age ont l'épée au fourreau et les mains jointes en prière. Les hommes de l'âge de la raison ont choisi la toge. Mais un certain commandant Montagu, lui, tel qu'après sa mort l'a fixé le ciseau de Flaxman, étreint fièrement le pommeau de son sabre ; et, parce qu'il avait bien d'autres trésors à protéger, le chapitre de l'abbaye l'a laissé là pendant toute la guerre, sans la protection de sacs de sable, contemplant devant lui la nef, comme au temps de la Révolution française, il avait observé les navires ennemis croisant au large d'Ouessant.

De son nom, on ne se souvient guère. Sa statue plus grande que nature, son embonpoint précoce n'ont pas retenu l'attention des visiteurs. Et le vendredi 23 octobre 1943, ce n'était pas son sabre qui attirait la foule en colonne par quatre, mais une épée ; elle se traînait, cette foule, depuis Millbank jusqu'à Great College Street, et avant d'atteindre le portail ouest, sous la verrière soufflée par les bombes, elle avait longé un mur de briques lézardé, où durant les heures d'obscurité du printemps précédent, un communiste zélé mais rhumatisant avait écrit en lettres héraldiques « DEUXIÈME FRONT, TOUT DE SUITE ! ». Pour le peuple anglais, faire la queue était devenu une habitude ; certains s'étaient joints au défilé sans savoir pourquoi, espérant peut-être des cigarettes ou des souliers — mais la plupart communiaient dans le recueillement. Peu de mots échangés, point de rires.

C'était une journée grise, humide, brumeuse et tranquille. Les manteaux d'hiver n'avaient pas encore fait leur apparition. Tout le monde portait son masque à gaz ; devenus inutiles contre des gaz hypothétiques, les experts l'admettaient tacitement, ces masques n'en demeuraient pas moins l'emblème d'un peuple en armes. L'élément féminin dominait ; de place en place un militaire anglais, américain, polonais, hollandais ou français n'était pas peu fier de parader ; les civils eux, avaient un aspect minable, crasseux. C'était l'heure du déjeuner et certains mâchonnaient des petits gâteaux, d'autres suçotaient des cigarettes faites de raclures de cantine. Bien que les bombardements eussent cessé pour l'instant, l'uniforme endossé habituellement dans les abris demeurait le costume national. Quelques-uns pénétraient dans l'abbaye pour la première fois de leur vie. Sur le seuil, le silence s'empara de la foule comme si elle eût approché un mort sur son lit de parade.

L'épée qu'ils étaient venus voir était érigée verticalement entre deux cierges, sur une table dressée en guise d'autel. Des policemen montaient la garde de chaque côté. Le roi lui-même l'avait commandée pour l'offrir à Stalingrad, à son peuple d'airain. Un octogénaire qui avait forgé des épées d'apparat pour cinq livres, était sorti de son lit pour l'exécuter ; l'argent, l'or, le cristal de roche et l'émail avaient contribué à l'embellir. A l'époque des mitrailleuses légères c'était une arme étrange ; on l'avait tout d'abord exposée en tant que chef-d'œuvre artisanal à la Maison des Orfèvres et au Victoria and Albert Museum. Ce témoignage de l'habileté professionnelle ancestrale, à côté des improvisations de pacotille de l'époque, apportait peut-être un réconfort à quelques-uns. Mais c'était autre chose qui touchait le cœur de la foule. Chaque jour, la radio annonçait les grandes victoires russes, tandis que l'avance des forces britanniques en Italie était stoppée. Remplie de reconnaissance à l'égard des lointains alliés, la foule vénérait en cette épée le généreux symbole de son immense gratitude.

Les journaux et le ministère de l'Information se saisirent de l'occasion. Le *Times* donna dans la poésie :

Je vis l'Épée de Stalingrad
Et devant son éclat je dus courber la tête.
De son cœur à mon cœur la force de l'épée
Poursuivra son silence : O mortel, regardez
Je suis l'Esprit de Stalingrad.
Vous et son peuple vous communierez en moi.
Les hommes à venir au récit de ma gloire
Dans l'éclat de mon nom chanteront mes victoires.

La commère du *Daily Express* avait proposé que l'épée fît le tour du royaume : Cardiff, Birmingham, Sheffield, Manchester, Glasgow et Edimbourg l'honorèrent d'un culte profane dans leurs musées et leurs hôtels de ville. Revenue à présent de sa tournée, elle rayonnait dans une apothéose, offerte à l'adoration des visiteurs, à côté de la châsse d'Édouard le Confesseur et du lieu où sont sacrés les rois.

Guy Crouchback longea ce cortège de fidèles en allant déjeuner. Ne partageant pas l'enthousiasme populaire qu'avaient suscité les victoires de Joe Staline — jugé digne, tout comme Apthorpe et Guy, du titre d'« oncle » — il ne fut pas tenté de se joindre à la dévote manifestation. La date du 29 octobre 1943 avait pour lui une signification plus sinistre. C'était son anniversaire, il avait quarante ans, et pour célébrer l'occasion, il avait invité Jumbo Trotter à déjeuner.

Grâce aux bons offices de Jumbo, il était assis confortablement derrière une conductrice de l'armée au lieu d'emprunter l'autobus. Après quatre années de guerre, Jumbo continuait à ignorer les interdits et les taxes de luxe. Ruben aussi, d'ailleurs. Dans un monde affamé, son petit restaurant de fruits de mer servait selon la saison des huîtres de Colchester, du saumon d'Écosse, du homard, des crevettes roses, des œufs de mouette, toutes nourritures non rationnées par la loi fixant le prix des repas à cinq shillings maximum ; à cela s'ajoutait souvent du caviar, obtenu — c'était le secret de Ruben — par voie diplomatique. Plus surprenant encore, il y avait toujours des fromages, récoltés en France par d'intrépides parachutistes et acheminés en Angleterre par sous-marin. Les bons vins coulaient en abondance à des prix prohibitifs, alors que les caves des hôtels étaient vides et que les négociants en distribuaient parcimonieusement une caisse par mois à leurs plus anciens clients. Depuis quelques années, Ruben gardait une clientèle choisie, faite de connaisseurs ; il avait autrefois servi au *Bellamy* et il réservait toujours des tables pour les membres de ce club. On côtoyait chez lui des gens étranges, en nombre sans cesse croissant : ils appelaient le patron « Monsieur Ruben » et leur porte-revolter était pleine à craquer de billets de banque. Dans un monde hostile et sans joie, ce restaurant ouvrait une rarissime éclaircie.

— Enfin, Ruben, comment faites-vous votre mayonnaise ? demanda un jour Kerstie Kilbannock, après avoir raté des expériences en mélangeant moutarde en poudre et condiments.

— C'est très simple, Lady Kilbannock : œufs frais et huile d'olive, répliqua-t-il gravement.

Guy conduisit Jumbo vers une table. Depuis son retour d'Égypte, il avait passé peu de temps à Londres et pouvait rarement s'offrir un bon dîner, mais Ruben était fidèle aux visages connus et aux noms familiers.

— Ce n'est pas le mess des officiers supérieurs, fit remarquer Jumbo en jetant un regard circulaire sur les clients. Et quel changement ! ajouta-t-il en consultant le menu.

Ils firent une grande consommation d'huîtres. Lorsque, rassasiés, ils se levèrent de table, celle-ci fut prise d'assaut par un couple qui venait d'entrer : Kerstie Kilbannock en compagnie d'un soldat américain. Comme s'ils jouaient aux chaises musicales, Jumbo n'avait pas atteint son calot accroché au portemanteau qu'elle s'emparait déjà de sa place encore chaude.

— Comment allez-vous, Guy ?

— Quarante ans aujourd'hui...

— Ruby et moi avons déjà déjeuné au *Dorchester*, mais nous avons si faim qu'on s'est dépêché de venir ici pour se remplir l'estomac. Vous connaissez le lieutenant ?

— Bien sûr. Comment allez-vous, loot ?[1]

Tout le monde connaissait le lieutenant Padfield ; même Guy, qui volontiers se tenait à l'écart ; mais il voyait en lui d'un mauvais œil l'image de l'alliance avec l'Amérique. Londres pullulait de soldats américains, grands et braves garçons mollassons, regrettant désespérément leur pays et toujours en quête d'une place où se poser. Au cours de l'été ils avaient envahi cours et jardins, assis au bord des trottoirs, devant ce qui avait été de nobles demeures et qu'un billet de logement maintenant leur ouvrait. Pour leur agrément, d'innombrables adolescentes au physique ingrat et terne, flanquées de leurs tantes et de leurs mères, inconnues jusqu'alors à Mayfair et à Belgravia, traversaient la Tamise et accouraient en foule de leurs taudis. Ils les étreignaient frénétiquement en public après le couvre-feu tout comme en plein midi, et leur donnaient en échange du chewing-gum, des lames de rasoir et autres marchandises rares provenant de leur P.X.[2]. Le lieutenant Padfield, lui, était d'un autre poil, bien qu'il eût aussi le teint olivâtre. Il chaloupait, lui aussi, et il était né sédentaire. Mais il ne regrettait pas du tout son pays. Quand il ne restait pas assis on pouvait être sûr qu'il était en train de s'agiter ici ou ailleurs ; il avait le don d'ubiquité. A vingt-cinq ans il venait en Angleterre pour la première fois, ayant fait partie de l'avant-garde de l'Armée américaine, et il était connu dans toutes les sphères encore mal définies de la Société.

Guy l'avait rencontré pour la première fois alors qu'en permission il allait à contrecœur rendre visite

1. Diminutif américain de « lieutenant » (N. d. T.).
2. P.X. : Magasins de l'armée américaine (N. d. T.).

à son oncle Peregrine. C'était tout au début du séjour du lieutenant en Angleterre.

— Y m'a apporté une lettre d'un ami qu'on voyait aux régates de Cowes. Veut voir mes miniatures, disait l'oncle.

Au cours de la même semaine, Guy fut invité à la Chambre des Communes par son beau-frère Arthur Box-Bender.

— Il faut faire quelque chose pour ces Américains. Ils s'intéressent aux Communes, ça va de soi, donnez-moi un coup de main...

Six jeunes officiers américains étaient là, dont le lieutenant. Très rapidement celui-ci avait dépassé le stade qui en faisait un simple élément de l'armée d'occupation, bénéficiant de la bienveillance générale. Le lieutenant était de toutes les agapes. Deux ou trois veuves, témoins des années fastueuses, essayaient encore de recevoir à la fortune du pot ; deux ou trois jeunes femmes mariées s'efforçaient de les supplanter. Le lieutenant les connaissait toutes. Il évoluait dans toutes les galeries de peinture, toutes les librairies, tous les clubs, tous les hôtels. On le voyait dans tous les châteaux perdus d'Écosse, au chevet de tous les vieux artistes et hommes politiques, dans la loge de toutes les actrices en vogue, dans la salle des professeurs de toutes les facultés, et il exprimait sa gratitude envers ses hôtes non point avec les produits du P.X., mais en leur offrant les ouvrages de Sylvia Beach ou des croquis de Fuseli.

Si Guy allait se faire couper les cheveux, il était sûr de trouver le lieutenant dans le fauteuil voisin. Un des rares endroits où on ne le voyait jamais était le Q.G. des Commandos. Apparemment, il n'avait pas de fonctions militaires précises. En temps de paix, il avait été associé en second d'un important cabinet d'affaires de Boston. On disait que les attributions du lieutenant participaient aussi du domaine juridique, soit que l'armée américaine fût particulièrement respectueuse des lois, soit qu'il y eût pléthore d'avocats. Mais on n'avait jamais entendu dire que le lieutenant fît partie d'une cour martiale.

— J'étais à Broome, hier, déclara-t-il.

— Broome ? Notre Broome ? Qu'est-ce qui a bien pu vous inciter à y aller, *loot* ?

— Sally Sackville-Strutt a une fille dans ce collège. Nous sommes allés la voir jouer au hockey. Elle est capitaine de l'équipe « Crouchback ». Saviez-vous que l'école est divisée en deux clans : « Crouchback » et « Sainte-Famille » ?

— Vous n'êtes pas le premier à faire cette distinction désobligeante.

— Crouchback a gagné. (Il fit un signe à Ruben). Nous nous retrouvons ce soir chez les Glenoban ?

— Non.

— Êtes-vous allé voir l'épée de Stalingrad ? Je l'ai admirée à la Maison des Orfèvres. C'est un très beau geste de la part de votre roi, mais personne n'a pu m'expliquer un certain détail : l'écusson du fourreau sera à l'envers quand on portera l'épée au côté.

— Je ne vois pas Staline l'accrochant à un baudrier.

— Évidemment, mais j'ai été surpris que votre Société de recherches héraldiques ait laissé passer ça. A un de ces jours.

— Il ne manque pas de toupet, ce blanc-bec ! s'exclama Jumbo en sortant du restaurant. Il faut maintenant qu'il trouve à redire à cette épée. Et pour comble, ce n'est pas lui qui a découvert l'erreur. Le *Times* a publié, il y a quelques semaines, une lettre à ce sujet. Je te dépose à ton bureau. Il ne sera pas dit que tu auras utilisé les Transports en Commun le jour de ton anniversaire. Il y a trois ans que je n'ai pas fait un aussi bon déjeuner. Peut-être vais-je aller faire un somme...

En automne 1943, le Q.G. des Commandos était un organisme d'une autre envergure que les modestes bureaux fréquentés par Guy au cours de l'hiver 1940. Il comprenait toujours les trois appartements primitifs — section importante, avec les services « Presse-Information » de Ian Kilbannock, où l'on ne chômait guère — mais s'était annexé les nombreux hôtels particuliers situés entre Hendon et Clapham ; là, comme en des tours d'ivoire, de petits groupes d'experts se livraient à des recherches en matière de drogues fortifiantes, de cartes invisibles, d'explosifs silencieux et autres expériences qui passionnent tout écolier. A quelque distance d'Edgware Road, il y avait même un sorcier swahili, que l'on avait fait venir pour jeter des sorts aux dirigeants nazis.

— Dites donc, Charles, ce Noir ne serait-il pas un peu charlatan sur les bords ? fit observer le général Whale au major Albright, un jour qu'il se sentait en confiance. Il passe commande d'ingrédients invraisemblables. Mais tout le monde sait qu'Hitler est superstitieux, et il est reconnu que ces malédictions opèrent parfois sur les gens superstitieux.

Le Docteur Glendening-Rees lui-même, tout à fait remis du mauvais régime de Mugg, dirigeait une équipe de diététiciens à Upper Norwood ; et ses services expédiaient de temps en temps à l'hôpital des fournées de cobayes, sous forme d'objecteurs de conscience au visage émacié. Mais l'administration officielle qui présidait à ces activités siégeait au Royal Victorian Institute ; c'était un musée aux nobles proportions, bâtiment de briques de style gothique vénitien, que les paroissiens de Brompton ne visitaient guère. Les quelques objets de valeur qu'il renfermait avaient été mis à l'abri. Les autres, moins maniables, y demeuraient à la merci des bombardements, dans le labyrinthe de cloisons en contreplaqué qui divisaient les salles.

La partie réservée aux bureaux de liaison des Services Spéciaux, domaine de Guy, était des plus spacieuses, mais il s'y sentait à l'étroit, devant cohabiter avec la reconstitution en plâtre d'un mégalosaure, dont les flancs gigantesques obstruaient la vue dès la porte, masquant sa table posée sur des tréteaux. Il y avait sur cette table trois corbeilles pour le courrier *(« Arrivées », « Départs », « En cours »)* ; vides toutes les trois, cet après-midi, elles voisinaient avec un téléphone et un puzzle. Dès son entrée en fonction, Guy s'était vu attribuer comme secrétaire une auxiliaire de l'armée ; mais un ingénieur civil, frais émoulu de l'Organisation Scientifique du Travail, n'avait pas tardé à changer l'affectation de la jeune personne. Ce n'était pas que Guy la regrettât, mais pour tuer le temps, il entama une discussion à ce sujet. Tommy n'avait jamais pu, disait-il, définir exactement les attributions d'un officier de liaison ; lui non plus.

Un commandant de l'Infanterie de Marine risqua un coup d'œil derrière le carnivore géant et présenta un dossier à Guy : *Opération Hoopla. Très secret. Officiers seulement.*

— Voulez-vous prendre note et communiquer au « Réseau Côtier » ?

— Je croyais que l'opération Hoopla avait été annulée ?

— Ajournée, dit le commandant, le détachement qui était à l'entraînement est parti pour la Birmanie. Mais le projet est toujours à l'étude.

L'objet de l'opération Hoopla était l'attaque, en Bretagne, des prodigieux abris bétonnés construits pour les sous-marins. Le ministère de la Guerre avait exigé de façon péremptoire qu'une action immédiate fût entreprise contre ces forteresses. « Si la R.A.F. ne parvient pas à détruire ces submersibles, nous pouvons toujours exterminer les équipages », avait suggéré le général Whale. Une douzaine d'hommes devaient atteindre la côte dans un bateau de pêche breton et perpétrer ce carnage.

Un dernier rapport était ainsi rédigé : *Le rapport secret C/806/RT 12 établissant que les produits synthétiques utilisés dans les moteurs en zone d'occupation française sont aisément repérables à certaines caractéristiques particulières, je vous demande de vous procurer des échantillons de ces produits, d'en effectuer l'analyse afin de pouvoir les reconstituer, et de faire parvenir une certaine quantité de cette essence synthétique à l'État-Major de l'opération Hoopla, en vue de son utilisation dans un moteur auxiliaire sur un bateau de pêche.*

Avant que Guy eût pris connaissance du document, quelqu'un y avait tracé une note marginale : *Ne serait-il pas possible, par un produit ajouté à l'essence ordinaire, de lui donner l'odeur caractéristique du fuel synthétique ?* Et quelqu'un d'autre, un amiral, avait ajouté : *Le moteur auxiliaire ne devant être utilisé, selon décision prise (voir note jointe), que par vent de terre violent, je considère comme négligeables les risques de détection.*

Plus modestement, Guy écrivit : *Lu et approuvé,*

signa *Guy Crouchback, commandant la Brigade des Services spéciaux*, et se fraya un passage derrière le mégalosaure pour transmettre le dossier.

Le « Service Côtier » était un organisme plein de gaieté. Il abritait une locomotive remontant au début de l'ère victorienne, six hommes de la « Royale » et une documentation de cartes marines. La réapparition de l'opération Hoopla fut accueillie par des applaudissements ironiques. Peu de temps auparavant, le général Whale avait changé de sobriquet. A « l'Anchois », trouvaille amicale, avait succédé « les Mariées au bain » imaginé par les groupes subalternes de son commandement mis le plus fréquemment à contribution, pour la raison que tous ceux qui prenaient part à l'exécution des plans élaborés par le général semblaient voués à l'extermination.

La porte vcisine du « Service Côtier » était celle du « Studio ». On nommait ainsi un local occupé par trois sergents de la R.A.F. qui fabriquaient des mètres et des mètres de maquettes miniatures reproduisant d'après des photographies aériennes des kilomètres et des kilomètres de côtes de l'Europe occupée. Le « Studio » était plein d'outils et de bricoles : bouts de bois, de métal, colle forte, colle de bureau, couleurs, plumes, fibres, fragments de plâtre, huile végétale, dégageant une violente odeur aromatique. Il y régnait un ton égalitaire suranné et bonasse qui évoquait les disciples de William Morris. Deux des sergents étaient des artisans chevronnés. L'un, de beaucoup le plus jeune, était doté d'une chevelure blonde, opulente et bouclée que l'armée eût commencé par tondre. On l'appelait « Suzy ». Comme tous ses prédécesseurs, il appartenait au Syndicat des Artisans et s'avouait communiste.

Ces hommes ingénieux occupaient leurs loisirs prolongés à fabriquer un modèle réduit du Royal Victorian Institute. Toutes les occasions étaient bonnes à Guy pour aller admirer leur œuvre qu'ils perfectionnaient de jour en jour.

— Vous avez été voir l'épée de Stalingrad ? lui demanda Suzy. Un assez bon travail. Mais quelques mitrailleuses auraient mieux fait l'affaire, ajouta-t-il à l'intention d'un élégant civil qui se tenait près de lui.

C'était Sir Ralph Brompton, conseiller diplomatique du Q.G. des Commandos. Grand, les cheveux grisonnants, l'attitude nonchalante, il faisait tournoyer un monocle au bout d'un cordon noir et paraissait jouer un personnage de vaudeville plutôt que participer à une guerre mondiale.

— Cela permet au peuple de s'exprimer, dit Sir Ralph.

Cet ancien ambassadeur s'était donné pour tâche de patrouiller journellement dans les bureaux avec une arrière-pensée de prosélytisme politique. Lors d'une visite à Guy, il avait compris dès les premiers mots échangés qu'il n'était pas en face d'un auditeur sympathisant. C'est pourquoi, aujourd'hui, il ne cachait pas sa gêne d'être découvert dans l'antre de Suzy.

— Je venais d'arriver, dit-il, s'adressant à la fois à Guy et au sergent, pour m'assurer que vous recevez régulièrement le *Bulletin des Affaires Étrangères.*

— Sais pas, dit le sergent, en laissant errer son regard sur les établis encombrés. Le reçoit-on, Sam ? Ici on n'est pas embêté par la paperasserie.

— Vous *devriez* le recevoir, dit Sir Ralph, j'apporte une attention particulière à ce qu'il circule à tous les échelons. Nous avons spécialement soigné la dernière publication. Il faut parfois savoir lire entre les lignes. Tout ce qu'il y aurait à dire ne peut s'imprimer noir sur blanc. Il faut s'attaquer à un certain nombre de préjugés qu'on ne rencontre évidemment pas à l'échelon supérieur ni même dans la masse, mais à mi-chemin entre les deux, dit-il en fixant Guy sans animosité à travers son monocle (tandis que son imagination le lui montrait déjà le dos au mur, face au peloton d'exécution). Dans mon travail absurde, on apprend à être discret. Ces précautions seront superflues, après la guerre. En attendant, on ne peut y aller qu'à mots couverts. Voici les coordonnées : c'est Tito qui est notre ami, et non Mihaylovic. En Malaisie comme en Chine, nous avons joué le mauvais cheval. Chiang est un collaborateur, c'est prouvé. Seules, les provinces du Nord, formées par la Russie, armées par elle, c'est sûr, ont opposé une résistance efficace. Ce sont elles qui expulseront les Japonais. Tout cela est expliqué dans le *Bulletin*, si vous le lisez attentivement. Je vais vous en faire parvenir un exemplaire... Soyez là ce soir, Suzy, n'oubliez pas. Je crains malheureusement d'avoir un empêchement, mais on compte sur vous.

Il sortit lentement, en faisant tournoyer son monocle.

— Qu'est-ce que vous mijotez, cette vieille ganache et toi ? demanda Sam.

— Meeting politique, répondit Suzy.

— Après le black-out il y a mieux à faire qu'à participer à des meetings.

— C'est apparemment aussi l'avis du vieux beau, ajouta le troisième sergent.

— Au fond, c'est plutôt un bourgeois, malgré ses belles paroles.

Suzy l'admit. Tout en parlant, il se penchait sur un tour de modèle réduit, appliqué à la confection de minuscules colonnes en spirales qu'il fignolait avec une délicate précision.

— Vous allez bientôt avoir terminé ? dit Guy au troisième sergent.

— Oui, sauf interruption. On ne sait jamais s'ils ne vont pas venir demander d'autres côtes.

— Ils auraient dû y débarquer cet été, déclara Suzy ; on nous l'avait promis.

— Moi je n'ai pas fait de promesses, répondit Sam, s'affairant à découper à la scie un petit dallage de marqueterie.

Guy laissa à leur joie honnête ces hommes laborieux et s'arrêta en chemin dans le bureau de Mr. Oates, l'ingénieur civil de l'Organisation Scientifique du Travail.

Comment aurait-on pu raisonnablement soutenir que quelqu'un n'était pas à sa place au Q.G. des Commandos ? Pourtant Mr. Oates, malgré son aspect effacé, peut-être même à cause de lui, y paraissait déplacé ; telle fut du moins l'impression de Guy. C'était un petit homme rebondi, peu bavard, et au milieu de collègues assez disparates, il affichait une sorte de ferveur. Les uns, en effet, vaquaient à leurs occupations, l'esprit ailleurs, portant un dossier d'une corbeille à l'autre ; certains en prenaient à leur aise, d'autres complotaient, les uns se cachaient, les autres grognaient, tous semblaient indécis et sans but. Mais Mr. Oates croyait qu'à sa manière il aidait à gagner la guerre. C'était un homme essentiellement tranquille.

— Rien de neuf au sujet de ma dactylo ?

— Rien, dit Mr. Oates.

— Kilbannock a trois dactylos, lui !

— Plus maintenant. Je viens de lui en reprendre deux. Il est vrai qu'une autre, Mrs. Troy, fait officiellement partie de son bureau ; mais ses activités semblent principalement s'exercer *extra muros*... En fait, sa position est quelque peu irrégulière dans ce Q.G. Je soulèverai ce problème à la prochaine conférence sur les effectifs.

Depuis la dernière visite de Guy, un nouvel élément, qui ne pouvait passer inaperçu, était venu enrichir l'ameublement de Mr. Oates : une machine compliquée, à l'aspect plus moderne qu'aucun autre des objets exposés dans le musée.

— Qu'est-ce que vous avez là ?

Mr. Oates fit une petite grimace de satisfaction.

— Ah ! vous avez touché mon point faible. Vous pouvez dire que c'est mon dada favori. Elle vient d'arriver d'Amérique par avion. Il n'a pas fallu moins de 500 heures de main-d'œuvre pour la faire monter par des mécaniciens venus d'Amérique eux aussi. Elle est *unique* en Grande-Bretagne !

— Mais qu'est-ce que c'est ?

— Un sélecteur de personnel électronique.

— Ah ? nous avons du personnel électronique ?

— Elle prévoit toute éventualité. Supposez par exemple que je veuille trouver un lieutenant-colonel, bon nageur, avocat, ayant l'expérience des approvisionnements en pays tropicaux ; au lieu de parcourir tous les rapports, j'appuie tout simplement sur ces boutons... un, deux, trois, quatre et...

Il y eut un vrombissement dans les profondeurs de l'engin, une série de déclics comme dans une machine à sous, et une carte surgit.

— Rien dessus, vous voyez ? Ce qui veut dire que notre oiseau rare n'existe pas.

— Je m'en serais douté.

— Oh ! j'ai pris un exemple extrême — mais voyons maintenant... (Il tira un papier de sa corbeille). Voici une vraie requête : on me demande un officier pour un emploi spécial ; moins de 40 ans, diplômes universitaires, ayant vécu en Italie et suivi un entraînement dans un commando — un, deux, trois, quatre, cinq. *(Brr, clic, clic, clic, clic, clic...)* Ça y est.

— Quelle extraordinaire coïncidence !

Une carte était sortie sur laquelle on pouvait lire : *Première division territoriale. Capitaine Crouchback G..., Corps Royal des Hallebardiers, attaché au Q.G. des Commandos.*

Guy ne se risqua pas à chicaner la machine sur la question de son âge ou sur l'étendue de son entraînement dans un commando.

— On dirait que je suis le seul !

— Oui. Et, bien sûr, j'ignore de quoi il s'agit. Mais je vais immédiatement vous proposer.

2

Trente-sept ans, six pieds deux pouces, énergique et droit comme un i, mais plus pâle, plus épais qu'il n'était en Moyen-Orient, un soupçon d'affaissement aux joues, toujours en uniforme, ceinturon bien ciré, médaille militaire et insignes de chef du Service secret, identifiable (si l'on peut dire) au gris rose de ses prunelles, celui qu'« Hookforce » avait connu sous le nom de caporal-chef Ludovic s'était arrêté, perdu dans ses souvenirs, près des grilles de Ste-Marguerite, devant Westminster.

Un peu plus de douze ans s'étaient écoulés, Ludovic était caporal à l'époque. C'est là qu'avec ses camarades de régiment il avait formé la haie d'honneur au mariage d'un de leurs officiers. Beaucoup de monde, alors, mais une foule moins docile, plus joyeuse que celle qui se traînait maintenant vers l'abbaye. Car la mariée était une beauté en vogue et le nom du marié pouvait se lire sur des panneaux de publicité et des bouteilles de bière.

Alignés, pendant qu'on signait le registre de chaque côté de l'allée centrale, ils avaient ensuite formé la haie du portail à la voiture, leur costume d'apparat soulevant des clameurs d'admiration. Comme l'orgue attaquait la marche nuptiale, les épées, dégainées et dressées d'une manière qu'aucun manuel militaire ne mentionne, avaient formé une voûte d'acier. La mariée distribuait des sourires à droite et à gauche. Le marié, haut-de-forme à la main, saluait par leur nom ceux de son escadron qu'il reconnaissait. L'uniforme de Ludovic avait été copié à prix d'or pour les deux bambins qui portaient la traîne ; puis venaient les demoiselles d'honneur, plus replètes, plus quelconques que la mariée, mais couvertes de fleurs en ce début de juin. Entre les officiers sabre en main, une délégation de la famille royale était passée, également souriante ; puis les parents s'étaient avancés, suivis d'un long défilé d'invités. A l'abri de la visière de leurs casques de cérémonie, ils voyaient à peine les reporters, les photographes et la foule londonienne enthousiaste et joviale, autour d'eux.

Derrière la maison de la place St-James, maintenant démolie par une bombe, une tente avait été dressée. C'est là qu'après le mariage, Sir Ralph Brompton avait abordé Ludovic pour la première fois. La famille royale se tenait au premier étage, dans la salle de bal où le jeune couple recevait les invités. Du balcon de cette salle, un escalier de bois construit pour la circonstance descendait vers la tente (car toute pièce où séjourne un membre de la famille royale doit comporter une seconde issue) ;

et, après avoir salué leurs hôtes, les invités laissaient cette calme oasis protocolaire pour descendre vers les réjouissances plus bruyantes de la tente. Quand ils évoquèrent plus tard cette rencontre, et ils le faisaient volontiers, ni Sir Ralph, ni Ludovic n'auraient pu dire ce qui avait distingué le jeune caporal de ses camarades, sinon qu'il se tenait un peu à l'écart. Il n'aimait pas la bière, et deux grands pichets de ce breuvage que le père de la mariée avait fait brasser spécialement pour l'occasion étaient octroyés d'office aux membres de la garde d'honneur, aux fermiers, aux contremaîtres et aux vieux serviteurs de la maison qui faisaient bande à part dans un coin de la tente. En jaquette grise agrémentée d'une lavallière, Sir Ralph pouvait défier par la taille et l'élégance n'importe quel officier de cavalerie :

— Le champagne est infect, vous avez bien de la veine d'avoir de la bière, s'était-il exclamé en se joignant à ce groupe de bons vivants. Et ainsi s'étaient noués des liens qui devaient encore se resserrer.

Sir Ralph faisait à cette époque une période au ministère des Affaires étrangères. Quand il avait été nommé à l'étranger, il s'était arrangé pour que Ludovic, promu récemment, malgré son jeune âge, au grade de brigadier de cavalerie, fût libéré. Son régiment le regretta. Ainsi débutèrent cinq années à travers le monde pendant lesquelles Ludovic assuma près de Sir Ralph, à l'ambassade, le rôle d'ordonnance ou de secrétaire.

Quand il était en congé, Sir Ralph veillait discrètement à la formation de son protégé : lui prêtant des livres de psychologie qu'il appréciait et d'autres, qui l'ennuyaient, sur l'économie politique de Karl Marx, l'envoyant au concert, à l'Opéra, l'accompagnant dans les galeries de peinture et dans les cathédrales.

Le mariage, occasion de leur rencontre, devait être éphémère, suivi d'un divorce étonnamment précoce. Ludovic, ou plutôt ce qu'il était devenu, avait été, si l'on peut dire l'unique fruit de cette union.

Il était cinq heures et l'abbaye fermait à cinq heures et demie.

— Vous n'entrerez pas aujourd'hui, revenez demain matin de bonne heure, proclamaient déjà les policemen, refoulant l'extrémité de la queue.

Et la foule docile s'évanouit dans le crépuscule.

Le commandant Ludovic se dirigea vers l'entrée de l'abbaye, posa sur l'agent son regard vide de mollusque et leva sa main gantée, répondant à un salut qu'on ne lui adressait pas.

— Hep là ! Un instant, Sir, où allez-vous ?

— Le... heu... présent du roi aux... heu... Russes. On m'a dit que c'est exposé ici.

— A vot' tour, comme les autres, pas avant.

Ludovic avait deux méthodes : l'officier ayant échoué, il essaya le ton de chambrée.

— O.K., mon pote. Je suis ici, comme toi, en service commandé.

L'homme, intrigué, s'effaça pour le laisser passer.

A l'intérieur de l'abbaye, c'était déjà la nuit, les verrières ne laissant filtrer aucune lumière, mais les flammes des deux candélabres guidaient les visiteurs. Par groupes de vingt, ceux-ci franchissaient le seuil où la colonne par quatre se disloquait, et ils avançaient en troupeau pour se ranger en file indienne à proximité de l'épée. Alors ils s'arrêtaient, regardaient de tous leurs yeux, retenant leur respiration, et s'en allaient, impuissants à extérioriser leur vénération. Ludovic était le plus grand de tous. Il pouvait voir au-dessus des têtes la lame brillante et il la buvait des yeux, casquette et stick derrière le dos. Cela l'intéressait énormément. Mais comme, parvenu à hauteur de l'épée, il tentait de s'arrêter, il se sentit, dans le silence, porté en avant ; non pas bousculé avec mauvaise humeur, plutôt entraîné au sein de cette procession sans vie ni voix, comme si les fidèles revendiquaient successivement une juste part de tout ce que symbolisait cette épée. Il n'eut pas le temps d'étudier le détail. Il aperçut le tranchant affilé, le style sobre de la poignée, le fourreau richement orné, et céda au mouvement qui le porta vers l'extérieur. Cinq minutes ne s'étaient pas écoulées et il se retrouvait à nouveau seul, dans un brouillard plus épais.

Ludovic devait retrouver Sir Ralph à cinq heures trente. Ils se voyaient sur rendez-vous, n'étant plus dans les bons termes familiers d'autrefois. Ludovic gardait le contact : sa nouvelle et brillante position le mettait à l'abri des besoins d'argent, mais leur ancienne amitié pouvait favoriser des visées diverses.

Il ne venait pas à Londres sans en avertir son protecteur et, lorsque Sir Ralph avait prévu le dîner en d'autres compagnies, ils prenaient le thé ensemble.

Le lieu de leur rencontre était toujours le même. Quand Sir Ralph possédait une maison à Hanover Terrace, sa garçonnière d'Ebury Street, deux pièces au-dessus d'un magasin, semblait plutôt une piaule d'étudiant riche, refuge discret connu d'une cinquantaine d'initiés à peine. C'était devenu maintenant sa résidence officielle et il y avait fait transporter ses meubles peu encombrants. Mais on n'y voyait guère plus de gens qu'autrefois, moins encore peut-être.

Ludovic descendit Victoria Street, traversa l'espace informe qui la prolonge et atteignit la porte familière en même temps que son hôte. Sir Ralph l'ouvrit et s'effaça pour laisser passer Ludovic. Il n'avait jamais manqué de servantes dévouées.

— Mrs Embury ! cria-t-il, et la gouvernante apparut à l'étage sur le palier.

Elle avait connu Ludovic en d'autres temps.

— Du thé, annonça Sir Ralph en remettant un petit paquet à la domestique, une demi-livre de « Lapsang Suchong ». Troqué sur quel marché d'Orient, je me le demande. Mais du vrai. Un ami du quartier général m'en donne de temps en temps. Allez-y mollo, Mrs Embury, mais pour le commandant je pense que nous pouvons mettre quelques pincées à infuser.

Ils montèrent et s'installèrent dans le salon.

— J'imagine que vous attendez mon impression sur vos *Pensées ?*

— J'attends surtout celle d'Everard Spruce.

— Naturellement ; le coup de patte eût manqué. Eh bien ! préparez-vous à de bonnes nouvelles : votre manuscrit sera publié dans *Survival*,[1] Everard est emballé. D'accord pour vous laisser garder l'anonymat. La seule chose qui ne va pas, c'est le titre.

— *Pensées*, dit Ludovic. Connaissez-vous le nom donné à notre insigne ?

Il tapotait le motif floral brodé sur le revers de sa tunique. *Une pensée reposant sur ses lauriers...*

— Oui, très bon, mais l'astuce est un peu éventée.

1. Survivance (N. d. T).

Au goût d'Everard, elle date. Il suggère *Bloc-notes en transit* ou quelque chose comme ça.

— C'est sans importance.

— Bien sûr, mais vous l'intéressez. Veut vous rencontrer. D'ailleurs, j'ai accepté pour vous, à tout hasard, une invitation pour ce soir. Pas moyen de vous présenter, malheureusement. Mais on vous attend. Je vous donnerai l'adresse. Moi j'aurai quelqu'un ici.

— Le frisé ?

— Suzy ? Non. Suzy est un garçon adorable, un fanatique du parti, mais qui prend le black-out un peu trop au sérieux. Je l'expédie à un meeting. Non, j'attends un Américain très astucieux nommé Padfield. Officier, comme vous.

Mrs Embury apporta le thé dont l'arôme emplit aussitôt la petite pièce surchargée de meubles.

Sir Ralph s'excusa :

— Rien à nous mettre sous la dent, malheureusement.

— Oh ! je sais qu'il ne faut pas venir à Londres pour le ravitaillement. Là où je loge, nous nous débrouillons pas mal.

C'est à Sir Ralph que Ludovic avait emprunté ce ton supérieur, mais il en usait rarement avec lui dans le tête-à-tête.

— Nous ne sommes plus très copains, depuis quelque temps, avec Mrs Embury.

— Ce sont vos galons, elle ne sait trop comment les prendre. Et vous, qu'avez-vous fait de beau ?

— Ah ? — Comme tout le monde, vous commencez à mesurer la portée de la victoire soviétique ! Vous ne partagiez guère, jusqu'ici, mes sympathies. Vous souvenez-vous de notre brouille au sujet de l'Espagne ?

— Vrais fils de chiens, ces Espagnols, au

Moyen-Orient, trancha Ludovic au rappel d'événements qu'il s'efforçait résolument d'oublier. La politique n'a que faire ici. Cette semaine, le sujet du concours littéraire de *Time and Tide* est un sonnet, inspiré précisément par cette épée. Je me suis dit qu'en allant la voir je glanerais peut-être quelques idées.

— Aïe ! N'en parlez pas à Everard Spruce. Le concours littéraire de *Time and Tide*... il pourrait faire la petite bouche.

— J'aime écrire, voilà tout, déclara Ludovic. De différentes manières sur différents sujets. C'est interdit ?

— Non, bien sûr, mais pas un mot à Everard. Et des idées, en avez-vous ?

— Pour un sonnet, non. Ça m'a fait seulement réfléchir. J'ai pensé à ce que représente une épée.

— Ce n'est pas ce qu'ils demandent. Il s'agit d'évoquer des tanks, des bombardiers et l'armée Rouge repoussant les nazis.

— J'ai pensé à *mon* épée, poursuivit Ludovic avec entêtement. C'est *nous* qui l'appelons épée, mais du point du vue technique c'est un sabre. Je n'en ai jamais revu depuis que j'ai quitté le régiment. On n'en forgeait plus quand nous avons été rappelés. Ça demande beaucoup de soins, une épée. L'armurier emportait de temps en temps les nôtres pour les polir. Les autres jours, Bluebell ou le préposé à l'astiquage des cuivres se chargeaient de leur entretien. Faut pas une tache, là-dessus. Un bon officier se reconnaissait tout de suite.

— Oui, bien sûr, concéda Sir Ralph. Mais ça n'a pas grand rapport avec la situation à Stalingrad.

Alors Ludovic, retrouvant le ton altier :

— Tout de même, c'est l'uniforme qui vous a d'abord attiré, non ?

Seul un lecteur avisé et doué de double vue aurait pu découvrir dans les aphorismes de Ludovic trace de ce romantisme qui avait autrefois occupé son cœur ou du moins quelque repli oublié de son esprit. La plupart de ceux qui s'enrôlèrent dans les commandos au cours du printemps de 1940 avaient d'autres mobiles que le désir de servir leur patrie. C'était une manière, pour certains, de secouer la routine du régiment ; d'autres, plus nombreux, souhaitaient se donner devant les femmes une allure conquérante : certains avaient mené jusque-là des existences particulièrement confortables ; les héros de leur jeunesse, qu'ils appartinssent à la légende ou à l'histoire, les hantaient encore à l'âge d'homme et devant eux ils éprouvaient le besoin de revaloriser leur honneur. Rien, dans l'œuvre à paraître de Ludovic, ne laissait deviner l'image qu'il avait de lui-même. Ses années d'école lui avaient fourni peu de modèles de héros. Son premier engagement dans les *Blues*, ce régiment si proche de la personne royale et accoutré de flamboyantes couleurs, n'avait certes pas eu pour origine une inclination pour les chevaux.

Ludovic était un citadin. Le remugle de l'écurie n'éveillait en lui aucune réminiscence de ferme ou de chasse à courre. Pendant les douces années passées avec Sir Ralph, aucun instinct ne s'était manifesté chez lui qui l'eût poussé à expier ce dont il était parfaitement conscient. Et cependant, à la première occasion, il s'était porté volontaire pour accomplir une mission spéciale.

Dans les camps de prisonniers, d'autres avaient à présent tout le loisir d'analyser leurs mobiles. Il en était de même pour Ludovic, bien qu'il fût en liberté. Mais sa désillusion (s'il avait jamais été victime d'illusions) était antérieure au désastre de Crète. Au cours de l'exploit qui lui avait valu la médaille militaire et sa promotion, il avait passé une semaine dans les montagnes, deux jours dans une caverne et surtout une nuit en plein air, dans un bateau. Il n'en parlait jamais. Quand on l'interrogeait, comme ce fut le cas lorsqu'il retourna en Afrique, il avouait un trou de mémoire presque total. Les médecins compatirent : le fait était normal après une pareille épreuve.

Deux années venaient de s'écouler, aussi vides d'événements qu'elles l'avaient été pour Guy. Après sa sortie hâtive de l'hôpital, Ludovic avait été expédié au Royaume-Uni pour s'entraîner aux fonctions d'officier. Devant la commission qui l'interrogeait, il n'exprima aucune préférence pour une arme ou une autre. Les arts mécaniques ne l'attiraient pas. Affecté au Service secret, il subit une formation intensive, suivit des cours, apprit à interpréter des photographies aériennes, à reconnaître les uniformes ennemis, à ranger une armée en bataille, à se servir d'une carte, à collectionner et à résumer les rapports provenant du front, en somme toutes les astuces élémentaires. Enfin, le fait qu'il avait servi en temps de paix dans la cavalerie incita la commission de sélection à le diriger vers l'Intendance. On lui trouva une affectation à l'arrière, loin des mystérieux Services auxquels on faisait à peine allusion dans la salle de cours, domaine secret où Ludovic n'eut la révélation d'aucun secret. La petite base dont le commandement lui avait été confié groupait des hommes et quelques femmes de tout âge, et de toute nationalité, militaires et civils, beaucoup portant de toute évidence un nom d'emprunt, et qui subissaient sur un aérodrome proche un entraînement de parachutistes.

Ainsi, par suite des circonstances, l'effigie romanesque que Ludovic s'était tracée de lui-même avait été quelque peu altérée.

Dans sa solitude, l'art d'écrire était devenu pour lui mieux qu'une consolation, une fièvre. Plus il se retranchait de la société des hommes, moins il prêtait attention à la parole, plus son esprit était envahi par les mots imprimés. Les livres qu'il lisait ne contenaient que des mots. Lorsqu'il s'étendait le soir, son sommeil n'était jamais troublé par de mystérieux souvenirs qui, on aurait pu le supposer, le guetteraient dans l'obscurité. Il ne rêvait que de mots et se réveillait en les répétant, comme le vocabulaire d'une langue étrangère qu'il s'agirait d'assimiler. Ludovic était devenu l'esclave de cette drogue tyrannique qu'est la langue anglaise.

Sur ces blocs-notes, on n'aurait pu dire qu'il travaillait avec application : c'est dans une sorte de volupté qu'il élaguait, polissait et consultait Fowler sans dédaigner le *Thésaurus* de Roget, couvrant de sa petite écriture de rond-de-cuir les feuilles de papier ligné fournies par l'armée, ne confiant à personne ce qu'il avait entrepris avant d'avoir rempli cinquante pages de papier ministre, qu'il avait envoyées à Sir Ralph sans lui demander son avis, le chargeant seulement de lui trouver un éditeur.

A échelle réduite, c'était l'âge d'or du marché des livres ; tout se vendait ; l'allocation de papier consacrait à elle seule un écrivain. Les éditeurs, respectueux de leurs obligations envers leur ancien public, avaient aussi un œil sur l'avenir. Les *Pensées* de Ludovic ne donnaient aucun espoir d'ouvrir une lignée de « best-sellers » ; mais les maisons d'édition les plus solides étaient moins friandes de talents consacrés que de promesses. Sir Ralph envoya donc le manuscrit à Everard Spruce, fondateur et éditeur d'une revue mensuelle *Survival*. En dépit du titre son directeur n'entretenait aucune illusion sur l'avenir de l'humanité, persuadé que notre race se désintégrerait un jour dans un chaos universel.

La guerre avait élevé Spruce à une situation éminente ; au cours des années qui la précédèrent, il n'était certes pas favori dans le peloton des jeunes écrivains socialistes. Ceux de ses amis qui n'avaient pas fui en Irlande ou en Amérique s'étaient enrôlés dans la Brigade des Pompiers. Par contraste, Spruce s'était distingué durant cette période de désordre au cours de laquelle Guy, sur les tables du *Bellamy*, rédigeait sans succès tant d'appels aux armes, et il avait annoncé la naissance d'une revue consacrée à la Survivance des valeurs. Le ministère de l'Information lui avait accordé sa protection, avait dispensé son personnel des tâches obligatoires, lui avait octroyé une généreuse allocation de papier et, dans tous les pays encore ouverts aux navires britanniques, la revue s'était exportée par tonnes. Au-dessus des régions occupées par l'Allemagne, des avions laissaient même tomber des exemplaires que les partisans traduisaient patiemment, dictionnaire à la main. Un membre des Communes avait déclaré que, dans la mesure où le contenu de la revue lui était intelligible, il regrettait le pessimisme du ton et les sujets sans rapport avec l'effort de guerre. Ce à quoi le ministre répondit peu après, soutenant que la liberté d'expression dans les arts était le caractère de la démocratie. « Ma conviction est faite, avait-il déclaré, et de nombreux rapports viennent de le confirmer : la survivance *(rires)* dans ce pays d'un périodique indépendant de toute emprise gouvernementale, chose unique ou presque à l'heure actuelle, apporte à nos alliés et sympathisants du monde entier un encouragement considérable. »

Spruce habitait une jolie maison de Cheyne Walk, où quatre secrétaires assuraient tout le travail. Sir Ralph avait donné l'adresse à Ludovic, qui marchait à travers les rues sans lumière, humant le fleuve dans le brouillard épais.

Il ne se sentait pas tout à fait étranger, chez les hommes de lettres. Plusieurs avaient été habitués d'Ebury Street ; il s'était attablé avec eux dans des cafés, au bord de la Méditerranée ; mais en ce temps-là, lui, n'était que l'ombre de Sir Ralph ; tantôt on l'ignorait, tantôt on s'appliquait à le faire participer à la conversation, le plus souvent on l'observait avec insolence ; on ne le considérait jamais comme un confrère. Cette fois Ludovic pénétrait tout seul chez eux. Il n'était pas nerveux le moins du monde, mais plutôt conscient d'une ascension qu'aucun grade militaire n'aurait pu lui valoir et dont il se sentait flatté.

Spruce allait avoir quarante ans. Autrefois, il avait joué au jeune prolétaire, sans succès d'ailleurs ; maintenant, il paraissait plus vieux que son âge, à son insu peut-être, et visait à l'élégance négligée du gentleman. Un de ses amis, en s'enrôlant chez les pompiers, avait laissé chez lui une malle en dépôt. Lorsqu'il avait disparu, enseveli sous une cheminée effondrée, Spruce s'était approprié sa garde-robe, ses secrétaires mettant à sa taille les chemises et les pyjamas de chez Charvet ; l'ajustement des costumes dépassait leur compétence ; c'est ainsi qu'on voyait Spruce dans la rue vêtu d'une volumineuse pelisse de fourrure alors que chez lui, dès que la température le permettait, il se passait de veste. Il portait un petit nœud sur une chemise d'épaisse soierie à larges rayures, avec un pantalon qui passait inaperçu.

La tenue des secrétaires était assortie à la sienne, mais de tissu plus ordinaire. Dans un style que les journaux devaient associer quinze ans plus tard à King's Road, elles laissaient pendre leurs longs cheveux de chaque côté du visage. L'une d'elles allait pieds nus, comme pour marquer sa condition servile. « Les Dames voilées de Spruce », disait-on. Elles lui étaient totalement dévouées, lui réservant leurs rations de beurre, de viande et de sucre.

— Entrez vite, notre black-out n'est pas très au point, dit à travers son rideau de cheveux et sans lui demander son nom celle qui ouvrit la porte à Ludovic. Ils sont tous là-haut

Les invités occupaient le salon du premier étage.

— Lequel est Mr. Spruce ?

— Vous ne le connaissez pas ? Là-bas, en conversation avec la femme élégante.

Ludovic parcourut la compagnie du regard : une vingtaine de personnes, où les femmes dominaient ; il ne semblait pas qu'aucune fût particulièrement élégante, mais son hôte se fit connaître en s'avançant d'un air interrogateur.

— Je suis Ludovic. Ralph Brompton m'a dit que vous m'attendiez.

— Bien sûr ! Ne partez pas avant que nous ayons pu bavarder. Je m'excuse pour tout ce monde. Le ministère m'a envoyé deux représentants de pays neutres et antifascistes. On m'a demandé de réunir quelques personnes intéressantes. Pas facile, par le temps qui court ! Parlez-vous le turc ou le portugais ?

— Non.

— Dommage. Ils sont tous deux professeurs de

littérature anglaise, mais peu doués pour la conversation. Venez bavarder avec Lady Perdita.

Il conduisit Ludovic vers la femme qu'il venait de quitter. Elle portait l'uniforme des chefs d'îlot et son visage était barbouillé de suie. « Élégante » ? Ludovic jugea la compagnie plutôt farfelue qu'élégante.

— J'étais à votre mariage, dit Ludovic.

— Sûrement pas, il n'y avait personne.

— Votre *premier* mariage.

— Ah oui, bien sûr ! Tout le monde y était.

— J'ai tenu mon épée au-dessus de votre tête pendant que vous quittiez l'église.

— Il y a longtemps de cela, dit Lady Perdita. Vous pensez, des *épées !*

La secrétaire aux pieds nus s'avança, portant un pichet et un verre.

— Voulez-vous boire quelque chose ?

— Qu'est-ce que c'est ?

— Ma fabrication. C'est tout ce qu'il y a, dit-elle. Moitié cherry d'Afrique du Sud, et moitié quelque chose qu'on appelle « Olde Falstaffe Gin ».

— Non, merci, dit Ludovic.

— Quel snob ! lança Lady Perdita. A ras bords, Frankie, s'il te plaît. Je vais prendre la part de ce garçon.

— Perdita, je voudrais vous faire rencontrer le Dr. Iago, de Coimbra, interrompit le maître de maison. Il parle un peu français.

Ludovic fut abandonné à la secrétaire, qui mit ses yeux en lieu sûr derrière ses paupières.

— Ce qu'il y a de bon dans ces réunions, dit-elle, s'adressant à ses orteils nus, c'est que ça réchauffe la pièce. Qui êtes-vous ?

— Ludovic. Mr. Spruce a accepté une chose que j'ai écrite pour *Survival.*

— Oui, bien sûr, je suis au courant. Je l'ai lue. Du

Kafka, dit-elle, récrit par Logan Pearsall Smith. Vous connaissez Logan ?

— Par ses écrits.

— Il faut que vous le voyiez. Il n'est pas ici ce soir, il ne sort plus. Mais quel soulagement de rencontrer un véritable écrivain au milieu de tous ces snobinards avec lesquels Everard perd son temps (elle dirigea un regard noir vers le chef d'îlot). Attendez, il y a du whisky. Nous n'en avons qu'une bouteille, il faut faire attention. Venez à côté, je vous en ferai goûter.

« A côté », c'était le bureau, une petite pièce pauvrement meublée, presque minable. D'anciens numéros de *Survival* s'empilaient sur le parquet, des manuscrits et des photographies jonchaient la table nue ; un drap noir fixé par des punaises calfeutrait la fenêtre. Quand elles n'étaient pas accaparées par des tâches domestiques, cuisine, queues ou raccommodage, c'est là que les quatre secrétaires alimentaient la lanterne de la culture qui brûlait de l'Islande à la Terre Adélaïde ; ici, celle qui tapait à la machine répondait aux nombreuses lettres de « fanas » adressées à Spruce, et la spécialiste de l'orthographe corrigeait les épreuves. Certaines même y dormaient, semblait-il, car on voyait des divans recouverts d'une simple couverture et un grand peigne édenté.

Frankie se dirigea vers le placard et découvrit une bouteille. Beaucoup de mixtures étranges circulaient alors, du genre « Olde Falstaffe ». Mais ceci était autre chose.

— Pas encore ouverte, dit-elle.

Ludovic ne raffolait pas des liqueurs. A sa base, le whisky n'était pas rare, le bar était bien fourni ; il accepta néanmoins le breuvage offert avec une solennité qui touchait au respect. C'était plus qu'un régal clandestin : Frankie l'initiait au monde occulte de Logan et de Kafka. Il lui faudrait trouver le temps, dans les jours à venir, de se documenter sur Kafka. Il vida son verre, avalant presque sans répugnance cette distillation précieuse et rare.

— Vous en aviez besoin, semble-t-il, dit Frankie. Je n'ose vous en offrir encore. Plus tard, peut-être. Cela dépendra des arrivants.

— Oui, c'est exactement ce dont j'avais besoin, dit Ludovic.

3

La maison de Kilbannock, à Eaton Terrace, n'avait pas été touchée par les bombardements ; pas une vitre cassée, pas une cheminée démolie ; mais quatre années de guerre avaient laissé leurs stigmates sur cet intérieur autrefois pimpant. Kerstie faisait ce qu'elle pouvait, mais la peinture, les papiers, les chinz, et les tapis étaient tachés et minables. Malgré les apparences, les Kilbannock s'étaient remis du marasme relatif de 1939. Kerstie ne prenait plus de pensionnaires. Elle avait quitté la cantine du camp de transit pour l'office bien rémunéré d'attachée au chiffre ; le solde de Ian augmentait avec le nombre de ficelles sur sa manche ; une tante était morte lui laissant un modeste héritage. Et rien à cette époque n'invitait à faire des folies. Kerstie avait su habilement se faire tailler un manteau mettable et une jupe dans les tenues de cérémonie de son mari. Les enfants, toujours cloîtrés en Écosse chez leur grand-mère, ne venaient à Londres que pour les grandes occasions.

En cette soirée d'octobre ils attendaient Virginia Troy, autrefois amie intime, maintenant visiteur rare.

— Vous feriez mieux d'aller au *Bellamy*, n'importe où, dit Kerstie, j'ai eu l'impression au téléphone que Virginia souhaitait un tête-à-tête.

— Trimmer ?

— Je suppose.

— J'avais pensé l'expédier par bateau en Amérique.

— C'est ce qu'il y aurait de mieux à faire.

— Nous en avons tiré tout ce que nous pouvions. Le film est terminé. La B.B.C. ne veut plus de « La Voix de Trimmer » dans le supplément parlé du dimanche soir.

— Cela ne m'étonne pas.

— Apparemment c'était une bonne idée. Pour une raison quelconque, elle n'a pas pris. Trimmer doit être vu en même temps qu'entendu. Et puis il y a pléthore de héros, et de plus authentiques, semble-t-il.

— Vous croyez que les Américains le goberont ?

— Ce sera du nouveau. Ils ont assez des pilotes de chasse. A propos, savez-vous que c'est Trimmer qui a donné au roi l'idée de cette épée de Stalingrad ? Indirectement, bien sûr. Dans la grande scène du débarquement, je lui faisais brandir un poignard de commando, je suppose que vous ne l'avez même pas remarqué. Une centaine de ces poignards furent distribués. A ma connaissance aucun n'a jamais été utilisé au combat. Un agent de police de Glasgow en a reçu un méchant coup. La plupart furent confiés à des tourtes. Mais c'étaient des joujoux bien faits. Vous connaissez le faible du roi pour tout détail d'équipement. Quand il a vu le film en avant-première, il a aussitôt repéré le poignard et s'en est fait envoyer un. Cela l'a fait rêver et le résultat final fut ce machin à Westminster. Étrange épisode d'histoire contemporaine, non ?

— Vous allez au *Bellamy ?*

— Il y a réception chez Everard Spruce. Nous sommes invités, j'y ferai peut-être une apparition.

La sonnette de la porte d'entrée fit résonner toute la petite maison.

— Virginia, sans doute.

Ian la fit entrer. Elle l'embrassa avec une hostilité froide, puis monta l'escalier.

— Je croyais que tu devais l'envoyer promener ? dit-elle à Kerstie.

— C'est ce que je fais... Filez, Ian, nous avons beaucoup de choses à nous dire...

— Dois-je vous rappeler que je suis votre supérieur hiérarchique ?

— Oh ! vous me fatiguez avec cette plaisanterie !

— Je vois que tu as apporté tes bagages.

— Oui. Puis-je rester un peu ici, Kerstie ?

— Un petit peu.

— Jusqu'à ce que Trimmer ait quitté le pays. Il dit qu'il a reçu un ordre de mission et doit se tenir prêt à partir pour une destination où je ne pourrai le suivre, Dieu merci.

— J'avais espéré que vous finiriez par l'aimer, dit Ian.

— Voilà deux ans que j'essaye.

— Louable persévérance. Vous méritez des vacances. Eh bien ! je vous laisse, toutes les deux. Je rentrerai sans doute très tard.

Cette remarque n'entraîna aucun regret.

Ian sortit dans la nuit.

— Il n'y a rien à boire, dit Kerstie. Nous pourrions aller prendre quelque chose dehors.

— Il n'y a même pas de café ?

— Si, je pourrais en faire.
— Alors restons ici.
— Pas grand-chose à manger non plus. J'ai un peu de morue.
— Non, merci.
— Virginia, tu es dans une mauvaise passe.
— Complètement à plat. Mais qu'est-ce qui se passe donc ? J'avais beaucoup de copains, autrefois, à Londres. Maintenant je ne connais plus personne. Te rends-tu compte qu'il ne me reste aucune famille depuis que mon frère a été tué ?
— Ma chérie, je suis désolée. On ne m'avait pas dit. J'ignorais même que tu avais un frère.
— Il s'appelait Tim... Cinq ans de moins que moi. Nous ne nous entendions pas. Il a été tué il y a trois ans. Toi, Kerstie, tu as des enfants, des parents, des cousins par centaines... Se sentir tout à fait seule, tu n'imagines pas ce que c'est. J'ai ma belle-mère, en Suisse, mais elle ne m'a jamais comprise. Impossible d'ailleurs de la joindre, maintenant... J'ai la frousse, Kerstie...
— Parle.
Virginia n'était pas de ceux à qui on doit arracher les confidences.
— L'argent, dit-elle. Être sans argent... Je n'avais jamais su ce que ça représentait. Drôle d'impression ! Tim, par testament, a laissé tout ce qu'il possédait à une petite amie. Père ne m'a rien laissé. Il me croyait très à l'aise.
— Mais Mr. Troy devra casquer, un de ces jours. Les Américains sont très forts pour les pensions alimentaires.
— C'est ce que je pensais. C'est ce que mon banquier et mon avoué me disaient. Croyant à quelque difficulté au contrôle des changes, ils ont écrit à Mr. Troy des lettres d'abord polies, puis

fermes, puis comminatoires. Enfin ils ont désigné un huissier à New York pour le mettre en demeure. Fameuse idée ! Mr. Troy a divorcé.

— Il ne peut pas faire ça !

— Il l'a fait, en bonne et due forme. Un espion me surveillait, qui a sans doute recueilli des dépositions.

— C'est odieux !

— C'est exactement Mr. Troy. Voyant qu'il faisait le mort, j'aurais dû me méfier. En cas de recours possible, nous avons demandé copie des dépositions, mais je n'ai guère d'espoir. Après tout, je n'ai pas été absolument fidèle à Mr. Troy durant tout ce temps...

— Il ne pouvait guère s'y attendre.

— Donc, pas de pension alimentaire, mais un découvert, et les honoraires de l'huissier. Une seule chose à faire : j'ai vendu des bijoux. Les bandits m'ont donné la moitié de ce qu'ils valent. Personne, paraît-il, n'achète en ce moment.

— C'est exactement ce qu'ils ont dit à Brenda.

— Et, ce matin, il m'arrive quelque chose de très gênant. Parmi les objets vendus figurait une paire de clips qu'Auguste m'avait donnés. Ils avaient surgi un jour d'un vieux sac. Je ne me souvenais plus, hélas, avoir il y a des années déclaré leur perte à la compagnie d'assurances et touché une indemnité. Apparemment, j'ai commis un délit. Ils ont été assez chic tout de même, ils renoncent à porter plainte si je rembourse l'argent : 250 livres. Ce n'est pas énorme, mais je ne les ai pas. J'ai passé l'après-midi à proposer mes fourrures un peu partout, chez les revendeurs et dans les « décrochez-moi-ça ». Ça n'est plus demandé, paraît-il.

— J'ai toujours envié tes fourrures, dit Kerstie.

— Elles sont à toi pour 250 livres !

— Quelle est l'offre la plus avantageuse qu'on t'ait faite ?

— Crois-le si tu veux, 75 livres !

— J'ai un peu d'argent à la banque en ce moment, dit Kerstie, pensive. Je pourrais te donner un peu plus.

— C'est *trois fois* plus qu'il me faudrait.

— Tu dois bien avoir d'autres petites choses ?

— Tout ce que je possède au monde est en bas, dans ton entrée.

— Voyons un peu cela Virginia. Tu as toujours eu tant de jolies fantaisies. Tiens, cet étui à cigarettes dont tu te sers en ce moment.

— Il est cabossé pour avoir bourlingué un peu partout.

— Il a été beau, autrefois.

— *Mr. Troy, Cannes, 1936...*

— Nous arriverons, j'en suis sûre, aux deux cent cinquante livres.

— Oh ! Kerstie, tu es vraiment chic pour une pauvre fille.

Alors, toutes les deux, qui avaient fait la même année leur « entrée dans le monde » et mené ensuite des vies bien dissemblables, l'une prodigue, l'autre circonspecte et prévoyante, éparpillèrent sur le sofa crasseux les biens de Virginia ; comme des bohémiennes de la brocante elles passèrent la soirée à examiner, à évaluer les quelques vestiges de dix ans d'opulence ; puis elles allèrent se coucher, réconfortées, chacune à sa manière, et satisfaites de leurs tractations.

4

Guy se sentait joyeux comme s'il avait reçu un cadeau d'anniversaire, le premier depuis combien d'années ? Telle la fortune promise par l'horoscope d'une machine à sous ou le numéro gagnant à la tombola, la carte, mentionnant son nom, surgie du sélecteur électronique, lui avait apporté un souffle d'entrain inhabituel, sensation oubliée depuis ses premières armes, ou depuis l'instant où il avait posé le pied sur le sol ennemi, à Dakar. Sentiment de libération aussi comme celui qu'il avait éprouvé en remettant à Chatty Corner l'héritage d'Apthorpe, ou à l'hôpital d'Alexandrie lorsqu'il avait pu rompre son long mutisme. C'étaient là les événements marquants de sa vie militaire, et ils appartenaient aux deux premières années de la guerre. Depuis, il avait renoncé à attendre du nouveau, et voilà que l'espoir renaissait. Il y avait une place pour lui, en dehors de la termitière du Q.G. des commandos.

Libre à six heures, il passa au camp de transit, mû par une impulsion nouvelle, se changea et revêtit la tenue bleue de patrouille qu'il n'utilisait plus guère. Par le métro, où les réfugiés installaient déjà leurs lits, il se rendit à Green Park et, traversant St. James Street, gagna le *Bellamy* en marchant sous les arcades du *Ritz.* A chaque mètre il pouvait voir, appuyés contre le mur, des soldats américains étreignant leurs minables conquêtes. Devant l'entrée du club, un Américain d'une autre sorte l'accueillit.

— Bonsoir, lieutenant, dit Guy.

— Vous allez au cocktail d'Everard Spruce ?

— Suis pas invité. Le connais pas vraiment. Je croyais qu'on vous attendait chez les Glenoban ?

— J'y passerai un moment, plus tard. Je dîne avec Ralph Brompton.

Il reprit sa tâche épistolaire, face au bureau de Job, à une table que Guy avait toujours vue inoccupée.

Dans le second hall, Guy rencontra Arthur Box-Bender.

— M'échappe un instant de la Chambre pour souffler ; tout va bien sur le front de l'Est.

— Ah oui ?

— Écoutez les nouvelles, à neuf heures. Ça vous instruira. L'Oncle Joe[1] est solidement accroché à leurs trousses. Je n'aimerais pas être son prisonnier...

— Avez-vous des nouvelles de Tony ? demanda Guy, par une association d'idées naturelle.

Le visage de Box-Bender s'assombrit :

— Oui, la semaine dernière. Il a toujours l'idée insensée de se faire moine. Il s'en débarrassera, bien sûr, dès qu'il reprendra la vie normale, mais c'est un souci. Angela n'en semble pas préoccupée, mais elle s'inquiète de votre père.

— Moi aussi.

— Elle est à Matchet, en ce moment. Vous savez qu'il a cessé de travailler dans cette école ? C'est un point de gagné. Il n'aurait jamais dû, à son âge, entreprendre une telle besogne. Et avec cet anévrisme, ça peut devenir très grave.

— Je sais, je l'ai vu le mois dernier. Il paraissait bien, mais il m'a écrit ensuite.

— Rien à faire, dit Box-Bender. Angela a pensé que, s'il arrivait quelque chose, mieux valait qu'elle fût près de lui.

Guy se dirigea vers le bar, où il trouva Ian

1. Surnom de Staline (N. d. T.).

Kilbannock en conversation avec un grenadier d'un certain âge.

— Vous connaissez, disait-il, l'œil aiguisé du roi pour tout ce qui touche à l'équipement. Il s'est fait apporter un de ces poignards, et le voilà passionné de coutellerie.

— Beau succès.

— Oui, et, indirectement, j'en revendique une petite part. B'soir, Guy. Devinez qui vient de me chasser de chez moi... Virginia !

— Comment va-t-elle ?

— Fauchée. Je ne l'ai vue qu'une seconde, mais elle est manifestement fauchée.

— Je vous offre une tournée, dit Guy, c'est mon anniversaire. Deux verres de vin, Parsons.

Il ne souffla mot du sélecteur électronique, mais, tandis qu'ils parlaient d'autre chose, la pensée lui en réchauffa le cœur.

— *Quelqu'un* a dit que c'était son anniversaire, déclara le grenadier quand leurs verres furent vides. Trois verres de vin, Parsons !

— Les prix ont monté, annonça Ian, quand vint sa tournée. Cinq cents balles pour une coupe de mauvais champagne ! Pourquoi ne pas aller boire à l'œil chez Everard Spruce ?

— Aura-t-il du champagne ?

— Sûrement ! Il a la veine d'être soutenu par le gouvernement, et ce soir il reçoit deux étrangers de marque. C'est drôle, pour une fois, de pénétrer dans un cercle exclusivement civil. Vous lisez son journal ?

— Non.

— Moi non plus, mais on en dit grand bien. Winston le lit.

— Non ?

— Oh ! pas personnellement peut-être, mais il y a un exemplaire, je le sais, au cabinet du ministre.

— Je connais à peine Spruce. Le lieutenant y va.

— Alors n'importe qui peut y aller... Et il trouvera un taxi : pour les Américains, ils s'arrêtent toujours.

Le lieutenant Padfield peinait avec application sur sa correspondance. Il n'avait pas la plume facile. Dans sa jeunesse il tapait à la machine ; puis, au début de sa carrière, il avait dicté. Ian l'envoya à Piccadilly, un quart d'heure après il ramenait un taxi.

— Content que vous veniez avec moi, dit-il. Je croyais que vous ne connaissiez pas Spruce ?

— J'ai changé d'avis.

— *Survival* est un journal très intéressant.

— En quoi, lieutenant ?

— La Survivance des Valeurs.

— Vous croyez que je devrais le lire ?

— Vous le trouverez très instructif.

Il était près de huit heures quand ils atteignirent Chayne-Walk. Écœurés par le cocktail de Frankie, la plupart des invités, dont les deux étrangers de marque, avaient pris congé.

— La réception est finie, dit l'une des secrétaires qui n'était pas Frankie. Elle portait des espadrilles et parlait à travers un rideau de cheveux noirs. Je crois qu'Everard veut sortir.

Le lieutenant Padfield, qui réglait le taxi, lui donna plus qu'il ne devait. Après son long séjour, il trouvait la monnaie anglaise bien compliquée, et le chauffeur s'ingénia à lui rendre les choses plus compliquées encore.

— Oh, il est si tard ? dit-il. Je devrais être à Ebury Street. Si vous voulez bien, je garde le taxi.

Guy et Ian n'y voyaient aucun inconvénient, le

lieutenant ayant rempli sa tâche en les amenant ici. Sa défection renforça le parti pris de Coney, la secrétaire.

— Je ne crois pas qu'il y ait encore quelque chose à boire, déclara-t-elle.

— On m'avait promis du champagne, protesta Guy.

— Du champagne ? dit Coney, interloquée par ces militaires inconnus surgis de l'ombre et de la brume, mais sachant bien que Spruce avait une petite réserve de bouteilles. Je n'ai jamais entendu parler de champagne.

— Eh bien, allons voir, dit Ian.

Coney les laissa monter.

Bien que décongestionnée, la compagnie était encore assez dense pour constituer un écran opaque entre l'entrée et le recoin où Ludovic, depuis deux minutes, jouissait de la présence de son hôte.

— Le plan est-il voulu ou dû au hasard ? demanda Spruce.

— Voulu.

— Cela ne saute pas aux yeux... Les aphorismes se rattachent à des considérations plus ou moins générales ; quant aux observations particulières, elles me semblent, laissez-moi vous le dire, extrêmement fines et savoureuses. Ne seraient-elles pas, dans certains cas, diffamatoires ? me suis-je demandé. J'ai cru en outre relever deux thèmes poétiques qui reviennent avec insistance : le motif du marin noyé, un écho peut-être de *Terre Perdue ?* Avez-vous pensé consciemment à Eliot ?

— Non, pas à Eliot, dit Ludovic. Je ne crois pas qu'il s'appelait Eliot.

— Très intéressant... Et puis, il y a l'image de la caverne. Vous avez dû assimiler toute une psychologie freudienne.

— Pas beaucoup... Il n'y avait rien de psychologique, dans cette caverne.

— Très intéressant... Libération spontanée de l'inconscient...

C'est alors que Coney, se frayant passage dans la foule, les rejoignit.

— Everard, deux hommes en uniforme demandent du champagne.

— Ciel ! Ce n'est pas la police ?

— L'un des deux pourrait en être, il a un curieux uniforme bleu. L'autre est aviateur. C'est la première fois que je les vois. Un Américian les accompagnait, mais il s'est sauvé.

— Bizarre... Vous ne leur avez pas donné du champagne ?

— Oh ! non, Everard.

— Je vais voir qui c'est.

A la porte, Ian s'était heurté à la femme élégante et l'avait copieusement embrassée sur ses joues charbonneuses.

— Plus rien à boire, dit-elle. Je rejoins mon poste de chef d'îlot. Pourquoi ne viendriez-vous pas avec moi ? C'est juste au coin et il y a toujours une bouteille.

Spruce les accueillit.

— Je crains qu'il ne soit un peu tard. J'ai amené Guy. Vous vous souvenez de lui ?

— Oui, je l'ai vu quelque part, reprit Spruce.

Le groupe central des invités se dénoua, laissant apparaître Ludovic. Son appétit de louange aiguisé mais non satisfait, il fixait avec ressentiment le dos de Spruce.

— Ludovic ! s'écria Guy.

— Vous le connaissez ?

— Il m'a sauvé la vie, dit Guy.

— Comme c'est étrange !

— Je n'ai jamais eu l'occasion de le remercier.

— Faites-le, si vous voulez, mais ne l'emmenez pas. Nous étions au milieu d'une conversation passionnante.

— Je pense partir avec Per.[1]

— Oui, d'accord.

Le vide s'était de nouveau rempli. Guy se fraya un passage et tendit la main à Ludovic qui leva ses yeux d'huître avec une expression d'angoisse mal dissimulée. Il prit mollement la main de Guy, en détournant le regard.

— Vous vous souvenez sûrement de moi, Ludovic ?

— C'est-à-dire...

— « Hookforce » ! La Crète !

— Oh ! oui, je me rappelle !

— J'ai toujours espéré vous retrouver. Tant de choses à se dire ! On m'a raconté que vous m'aviez sauvé la vie.

Sans un mot, Ludovic désigna du doigt le ruban de sa médaille militaire. On pouvait croire qu'il se frappait la poitrine en signe de pénitence.

— Le choc, dit Ludovic, reprenant le ton de chambrée... Comptais pas vous trouver ici, chez Mr. Spruce. Vous surtout, encore moins dans ce cadre.

Guy prit la chaise que venait de quitter Spruce.

— Ma mémoire est singulièrement vague sur ces derniers jours en Crète et dans le bateau.

— Choses lointaines et qui s'effacent... dit Ludovic.

— Allons ! ne jouez pas les héros modestes ! Je suis curieux. Qu'est-il arrivé au commandant Hound ?

1. Lady Perdita (N. d. T.).

— On m'a dit qu'il avait été porté disparu.
— Pas prisonnier ?
— Excusez-moi, monsieur... capitaine Crouchback. Ce n'est pas mon rayon.
— Et le sapeur qui dirigeait le bateau ? J'étais très malade... il avait le délire.
— Vous aussi, vous déliriez.
— Avez-vous pu sauver le sapeur aussi ?
— Il a été porté « perdu en mer ».
— Voyons, demanda Guy, êtes-vous retenu à dîner ?

C'était comme si le fantôme de Banco lui-même l'eût invité.

— Non, dit Ludovic.

Sans un mot d'adieu ni d'excuses à Guy, Spruce ou Frankie, il se précipita dans l'escalier et franchit la porte d'entrée pour trouver refuge dans le black-out de la nuit.

— Qu'est-ce qui lui prend ? demanda Spruce. Il n'est sûrement pas ivre. Qu'avez-vous pu lui dire ?
— Rien. Je lui ai posé des questions sur le passé.
— Vous le connaissiez bien ?
— Non, pas précisément. Nous l'avons toujours trouvé bizarre.
— Il a du talent, ajouta Spruce. Peut-être une pointe de génie. C'est bien fâcheux qu'il ait disparu ainsi. Allons, la réception est finie. Les filles, voulez-vous congédier les invités et mettre un peu d'ordre ? Je dois partir.

Guy termina la soirée de son quarantième anniversaire par une partie de « slosh » au *Bellamy*. Quand il se retrouva dans sa chambre du camp de transit, c'est moins vers le passé que vers l'avenir que s'orienta son esprit.

L'alerte qui sonna à onze heures et la fin d'alerte, avant minuit, furent à peine enregistrées au *Bellamy*.

Les sirènes ne causèrent pas plus d'émoi à l'abbaye de Westminster. L'épée de Stalingrad s'y dressait sans gardien. Les portes closes, les lumières éteintes. Le lendemain, une queue se reformerait, l'hommage, régulièrement, se renouvellerait.

Ludovic n'eut pas de succès au concours littéraire de *Time and Tide*. Ses vers ne furent même pas mentionnés. Il se pencha sur le sonnet du lauréat :

Ci-gît la noble épée, symbole précieux.
Rare en est le travail. Mais qui avait des yeux
Pour voir le mal si proche et le bien redouté
Qui méprise le voile par les anges porté ?

Le sens lui en parut obscur. Le second « qui », pronom relatif, avait-il « bien » pour antécédent ? Il compara cela à son propre poème :

Stèle de mon passé, toi qui portes gravés
Les longs débats du divorce avec mon épée
Où l'étoile qui me guidait fut dérobée,
Disparais pour toujours. Que jamais mât ni barre,
Que jamais ancre ou quille, beaupré, drisse ou amarre
Ne survivent à mon naufrage.

A la réflexion, cependant, il jugea que ces lignes ne s'appliquaient pas précisément à la circonstance. Il aurait dû se faire le porte-parole de l'enthousiasme populaire. C'était trop personnel pour *Time and Tide*. Il les envoya à *Survival*.

LIVRE II

Fin de Lignée

1

Virginia Troy n'était pas chez lui depuis dix jours que Ian Kilbannock commençait à demander :

— Quand s'en ira-t-elle ?

— Cela ne me gêne pas de l'avoir ici, dit Kerstie. Elle ne nous coûte pas grand-chose.

— Mais elle ne verse aucune contribution ?

— Impossible de lui demander cela. Elle s'est montrée tellement chic avec nous quand elle était riche...

— Il y a longtemps de cela... J'ai expédié Trimmer par bateau en Amérique. Je ne vois vraiment pas pourquoi elle s'incruste. Les autres pensionnaires payaient leur écot.

— Peut-être pourrais-je lui en toucher un mot ?

— Oui, je t'en prie.

Mais, quand Virginia revint ce soir-là, les nouvelles qu'elle apportait chassèrent de la tête de Kerstie toute autre pensée.

— Je sors de chez mes avocats, annonça-t-elle. Ils ont une copie de toutes les preuves réunies contre moi par Mr. Troy en vue du divorce. Qui les a rassemblées, crois-tu ?

— Je ne vois pas...

— Ce répugnant lieutenant américain.

— Ce n'est pas possible !

— Apparemment, il fait partie de la firme qui travaille pour Mr. Troy et il leur rend de temps en temps de petits services, à ses moments perdus.

— Après tout ce que nous avons fait pour lui ! Tu vas le dénoncer ?

— Je me le demande.

— Je crois qu'on doit prévenir les gens.

— C'est bien de notre faute, nous n'aurions pas dû le recevoir. Il m'a toujours donné le frisson.

— Toute confiance en la nature humaine s'effondre après une pareille découverte, dit Kerstie.

— Mais le lieutenant n'a rien d'humain.

— Non, probablement pas.

— Cela me changeait de Trimmer.

— Tu trouves que Trimmer était humain ?

Une fois de plus, elles reprirent ce sujet qu'elles rabâchaient depuis trois ans.

— Il ne te manque pas du tout ?

— Oh ! non... Tous les matins, depuis quatre jours, je me réveille en pensant : « Trimmer est parti. »

Enfin, après une heure de discussion, Kerstie s'informa :

— Je suppose que, maintenant, tu vas chercher un autre gîte ?

— Non, à moins que tu ne veuilles te débarrasser de moi.

— Bien sûr que non, ma chérie, mais Ian...

Virginia n'écoutait pas.

— Avez-vous un médecin de famille ? demanda-t-elle.

— Nous consultons un vieux type de Sloane

Street qui s'appelle Puttock. Il est très bon pour les enfants.

— Je n'ai jamais eu de docteur, aucun en tout cas que j'aurais appelé *mon* médecin. Cela tient à ce que je ne reste jamais au même endroit ; et puis j'ai une santé de fer, déclara Virginia. Je me suis adressée parfois à un petit bonhomme de New-Port quand j'avais besoin d'ordonnances pour des somnifères. Et, à Venise, à ce sale Anglais qui m'a raccommodée après une chute dans les escaliers du *Palazzo Corombona*. Mais en général je fais confiance aux pharmaciens. Je connais à Monte-Carlo un vrai magicien : si on se plaint d'une douleur, il vous donne un cachet qui la calme instantanément. Je crois que je vais aller voir ton type de Sloane Street.

— Tu es malade ?

— Non, je voudrais me soumettre à un « check-up ».

— Il y a au Q.G. des Commandos un cabinet médical des plus luxueux. Quantité d'appareils et rien à payer. Le général Whale y va tous les après-midi pour ses rayons ultra-violets. Un Monsieur de quelque chose, un gros bonnet en temps de paix, le dirige.

— Je crois que je préfère ton type. Pas trop cher ?

— Une guinée la visite, je crois.

— Je pourrais peut-être m'offrir ça.

— A propos d'argent, Virginia, tu te souviens que Brenda et Zita payaient pension quand elles habitaient ici ?

— Oui, bien sûr, c'est tellement gentil de ta part de m'accepter pour rien !

— J'adore t'avoir chez moi. Mais c'est Ian. Il se demande si tu ne te sentirais pas plus à l'aise en versant quelque chose.

— Plus à l'aise, je ne pourrais pas l'être, ma

chérie. Et d'ailleurs verser quelque chose me serait tout à fait impossible. Tâche de l'amadouer. Explique-lui que je suis fauchée.

— Oh ! il le sait !

— *Vraiment* fauchée, personne ne veut le comprendre. Je parlerais bien moi-même à Ian si je ne savais pas que tu t'y prendras mieux que moi.

— J'essayerai...

2

Le service qui décidait des affectations n'était pas encore adapté à l'allure du sélecteur électronique. Une semaine s'écoula avant que Guy reçût un avertissement laissant entendre que quelqu'un, dans un but quelconque, pût avoir besoin de ses services. Puis, dans la corbeille « Courrier reçu », apparut une lettre qui lui était personnellement adressée. Elle contenait l'ordre de se présenter à un certain officier d'état-major de l'armée de libération de l'Italie. Ce dernier, Guy ne fut pas peu surpris de l'apprendre, habitait le même bâtiment que lui et, lorsqu'il se présenta, il se trouva en face d'un lieutenant-colonel sans personnalité définie, qu'il croisait de temps en temps dans les couloirs et avec lequel il avait parfois même échangé quelques mots au bar de la cantine.

Rien chez le « libérateur » ne laissa transparaître qu'il eût gardé souvenir de ces premiers contacts.

— *Entrate e s'accommode,* dit-il.

Les sons qu'il émettait étaient si étranges que Guy resta un moment interloqué, se demandant en quelle langue on s'adressait à lui.

— Entrez et asseyez-vous, dit le colonel. On m'avait dit que vous connaissiez l'italien.

— Oui, je le connais.

— Il aurait besoin d'être rafraîchi, semble-t-il. Dites-moi quelque chose en italien.

— Sono piu abituato al dialetto genovese, ma di solito posso capire e farmi capire dapertutto in Italia fuori Sicilia, dit rapidement Guy, avec une pointe d'exagération dans l'accent.

Le colonel attrapa tout juste le dernier mot et demanda en désespoir de cause :

— *Siciliano lei ?*

— Ah no no no, fit Guy, imitant à merveille la mimique italienne. *Ho visitato Sicilia, poi ho abitato per un bel pezzo sulla costa ligure. Ho viaggiato in quazi ogni parte d'Italia.*

— Ce n'est pas mal, reprit le colonel dans sa langue maternelle. Vous ne nous auriez pas été d'un grand secours si vous n'aviez parlé que le sicilien. Vous travaillerez dans le Nord, à Venise, probablement.

— *Li per me tutto andrà liscio,* dit Guy.

— Oui, reprit le colonel, oui, je vois. Eh bien ! parlons anglais. Le travail auquel nous pensons est bien entendu secret. Comme vous le savez sans doute, l'avance en Italie est momentanément stoppée. Nous ne pouvons guère nous attendre à beaucoup de mouvement avant le printemps. Les Allemands dominent la situation. Certains *macaroni* semblent de nos amis, se baptisent « *partisani* », et virent à gauche d'après leur nom. Rien de mal à cela, bien sûr. Parlez-en à Sir Ralph Brompton. Nous voulons installer chez eux de petits groupes pour tenir le Q.G. au courant de ce qu'ils font et organiser si possible le parachutage d'équipement dans des régions appropriées. Un officier de l'Intelligence Service et un radio sont les éléments essentiels de chaque groupe. Vous avez été soumis à l'entraînement de commando. Cela comprenait-il des parachutages ?

— Non, sir.

— Eh bien, il vous faudra suivre un cours. Pas d'objection, je suppose ?

— Absolument aucune.

— Vous êtes un peu âgé, mais vous serez étonné de l'âge de certaines de nos recrues. Il se peut d'ailleurs que vous n'ayez pas à sauter. Nous disposons de plusieurs méthodes pour introduire nos hommes. Vous avez quelque expérience des bateaux légers ?

Guy évoqua la petite embarcation à voiles qu'il possédait autrefois à Santa Dulcina, sa joyeuse excursion à Dakar, la traversée fantasmagorique du retour de Crète et répondit : « Oui, sir » avec sincérité.

— Bon, cela pourra être utile. Vous entendrez parler de nous en temps voulu. D'ici là, nos projets s'inscrivent sur la liste secrète. Vous appartenez au *Bellamy*. Beaucoup de mots en l'air, d'après les rapports. Tenez-vous coi.

— Très bien, sir.

— *A riverderci.*

Guy salua et quitta le bureau. De retour au camp de transit, il trouva un télégramme de sa sœur Angela annonçant que son père était mort subitement et paisiblement à Matchet.

3

Dans toutes les gares du royaume, on pouvait lire cette question de confiance : «VOTRE VOYAGE EST-IL VRAIMENT INDISPENSABLE ? »

Le matin de l'enterrement, Guy et son beau-frère attrapèrent le premier train pour Paddington, déjà bondé.

Guy portait un brassard noir sur son uniforme. Box-Bender était en costume sombre, avec cravate noire et chapeau melon.

— Comme vous pouvez le voir, je n'ai pas de haut-de-forme, dit Box-Bender. Plutôt déplacé en ce moment. Je ne pense pas qu'il y ait beaucoup de monde. Peregrine est parti là-bas avant-hier. Il aura tout arrangé. Avez-vous des sandwiches ?

— Non.

— Je ne sais où nous pourrons déjeuner. Le couvent n'aura sans doute rien préparé. J'espère que Peregrine et Angela ont commandé quelque chose au café.

Quand le train quitta la gare, récemment rafistolée et camouflée, il faisait à peine jour. Les couloirs étaient envahis par des marins se rendant à Plymouth. Les petites ampoules au-dessus des banquettes avaient été enlevées. Les journaux étaient difficilement lisibles, le papier en était transparent.

— J'ai toujours tenu votre père en grande estime, dit Box-Bender, puis il s'endormit.

Guy resta les yeux ouverts pendant les trois heures du voyage, jusqu'à l'embranchement de Taunton.

L'oncle Peregrine avait obtenu qu'une voiture supplémentaire fût accrochée au train normal. On eût dit un tramway. Miss Vavasour était là, ainsi que le curé de Matchet et le directeur de l'école Notre-Dame-des-Victoires. Beaucoup d'autres personnes aussi, plus ou moins en deuil, que Guy aurait dû reconnaître, il le sentait, mais qu'il ne reconnaissait pas. Tout ce monde l'accueillit avec des paroles de condoléances et, voyant que c'était nécessaire, chacun lui rappela son nom : Tresham, Bigod, Englefield, Arundell, Hornyold, Plessington, Jerningham, et Dacre — tous des vieux noms catholiques, portés par des cousins plus ou moins proches. Leur voyage était vraiment indispensable...

Sans que Guy pût l'entendre, Miss Vavasour, parlant de lui, laissa tomber en soupirant :

— *Fin de ligne*[1].

La messe de requiem devait commencer à midi. Le train local attendu à Broome à onze heures et demie fut presque à l'heure.

Les lieux de dévotion ne manquaient pas dans ce petit village.

Au temps des persécutions, la messe était dite régulièrement dans le château, et les chapelains se succédaient, assumant le rôle de précepteurs. La petite chapelle ainsi constituée est restée un lieu de pèlerinage en l'honneur du bienheureux Gervase Crouchback.

L'église paroissiale catholique se voit de la petite gare : c'est un édifice à la Pugin, construit en 1860 par l'arrière-grand-père de Guy, dans la rue principale du village, à l'extrémité la plus proche de la propriété. De l'autre côté se trouve l'église médiévale ; la nef et le chœur y sont utilisés par les

1. En français dans le texte, pour « fin de lignée » ou « fin de race » (N. d. T)

anglicans, mais le bas-côté septentrional et le cimetière voisin restent la propriété du châtelain. C'est sur ce terrain que la tombe de Mr. Crouchback avait été creusée, et dans ce bas-côté que son monument funéraire s'élèverait plus tard, parmi les effigies de ses ancêtres et les plaques de bronze gravées à leur mémoire.

Le village de Broome est presque totalement catholique, formant une de ces communautés isolées qui se rencontrent dans beaucoup de régions du Lancashire et dans les îles écossaises les plus éloignées, mais rarement dans l'Ouest de l'Angleterre.

Broome Hall se dresse derrière des grilles, son allée prolongeant la rue du village. Mr. Crouchback affirmait souvent, et pas toujours à juste titre, qu'une maison « digne de ce nom », c'est-à-dire comportant des fondations médiévales, se trouve toujours au bord d'une route, d'une rivière ou sur un rocher. Jusqu'au XVIIIe siècle, Broome Hall était situé sur la grand-route menant à Exeter. Mais un voisin qui, au nom du comté, siégeait aux Communes, avait obtenu le droit de faire dévier cette route à travers sa propriété, établissant ainsi une barrière de péage profitable. Le vieux chemin, maintenant communal, passe toujours sous les murs de Broome Hall, mais il est peu fréquenté. Quittant la grand-route sans qu'on s'en aperçoive, il s'étend sur un demi-mille, garni de graviers comme une route carrossable, pour se resserrer une fois de plus sous les bordures de haies qui, malgré la grossière coupe annuelle, empiètent de plus en plus sur le sentier presque abandonné.

Angela Box-Bender, tout imprégnée de gravité et de chagrin, attendait le train sur le quai.

— Dites-moi, Angie, s'informa son mari, combien de temps cela va-t-il durer ?

— Pas plus d'une heure. Le Père Geoghegan comptait faire un panégyrique. L'oncle Peregine l'a arrêté.

— Rien à manger, par hasard ? J'ai quitté l'appartement à six heures ce matin.

— Je crois qu'on vous a préparé quelque chose au presbytère.

— On n'attend pas, dites-moi, que je joue un rôle quelconque ? Je n'y connais rien.

— Non, personne n'attend rien de vous.

Il y avait beaucoup de monde dans le petit salon du presbytère : l'hôte, l'oncle Peregrine, l'aumônier du couvent et quatre autres prêtres, dont un vêtu de la pourpre cardinalice.

— Son Eminence n'a pu venir. Elle m'a chargé de vous transmettre ses condoléances, dit-il.

Un laïque était là aussi, en qui Guy reconnut le notaire de son père, à Taunton.

Le père Geoghegan jeûnait, mais respectait les règles de l'hospitalité sous forme de whisky et de gâteaux. L'oncle Peregrine poussa Guy dans un coin. Sa vieille figure d'idiot exprimait une sorte de décorum débonnaire.

— Les armoiries funéraires, dit-il. Elles ont entraîné des difficultés. De nos jours, on ne peut rien faire, il n'y a plus d'armoiristes spécialisés. Bon nombre de vieux blasons dans la sacristie, mais aucun en très bon état. Reprendre celui de notre grand-père, c'était y accoler Wrothman, ce qui ne faisait pas notre affaire. Alors j'ai eu un coup de chance. J'ai retrouvé ce qu'on avait dû préparer pour Ivo. Un travail plutôt fruste. J'étais à l'étranger quand il est mort, le pauvre garçon. En tout cas, c'est le blason simple, sans quartiers, ce que nous pouvons faire de mieux à l'heure actuelle. Tu ne me blâmes pas de l'avoir fait accrocher ?

— Non, oncle Peregrine, je suis sûr que vous avez fait pour le mieux.

— Je pense que je vais aller là-bas. On commence à arriver. Quelqu'un doit désigner les places.

— Je ne crois pas que votre père reste longtemps en purgatoire, dit le prêtre de Matchet.

— Il faudrait que nous puissions échanger quelques mots après la cérémonie, dit le notaire.

— Pas de lecture du testament ?

— Non, cela ne se passe que dans les romans de l'époque victorienne ; mais il est difficile de se rencontrer, ces temps-ci.

Arthur Box-Bender souhaitait se rendre agréable au prélat...

— Je n'appartiens pas à votre religion, dit-il, mais je dois dire que votre cardinal Hinsley s'en est magistralement tiré à la radio. Il a montré qu'il était Anglais d'abord, chrétien ensuite ; on ne peut en dire autant d'un ou deux de nos *évêques*.

— Je me suis occupée des lettres de mon mieux, il y en a des centaines, dit Angela. Incroyable, le nombre de gens dont on n'avait jamais entendu parler et qui furent des amis intimes de papa. J'ai couché au couvent, la nuit dernière, et je rentrerai à la maison ce soir. Les religieuses sont étonnantes. La Révérende Mère veut que tous ceux qui le désirent viennent prendre le café après la cérémonie. Nous aurons à parler à tant de personnes ! Je ne pensais pas que tout ce monde viendrait.

Ils arrivaient à pied, en voiture, en charrette à poney. Guy et Angela les regardaient de la fenêtre du presbytère.

— Je ramène Félix à la maison avec moi, dit Angela. Ils le gardent à l'auberge pour le moment.

Le clergé se retira, afin de revêtir les ornements, et l'oncle Peregrine vint chercher les plus proches parents du mort.

— Sur le prie-Dieu, dit-il, devant à droite.

Ils traversèrent le petit jardin et passèrent sous le blason en forme de losange découpé par le menuisier du village pour Ivo le pauvre fou. L'artiste ne s'était guère donné de mal pour dessiner la croix sable et argent des Crouchback. Ce n'était pas un de ces ornements destinés à embellir la portière d'un carosse, mais quelque chose de plus rare dans l'histoire héraldique d'Angleterre : un emblème qui avait été brandi en pleine bataille. Ils s'avançèrent dans l'allée centrale, les yeux fixés sur le catafalque et sur les grands cierges jaunes qui brûlaient près de lui. L'odeur de la cire et des chrysanthèmes, qui allait se mêler bientôt à celle de l'encens, planait lourdement dans l'atmosphère brumeuse.

Les plans de l'église avaient été conçus à une grande échelle au temps de l'apogée des Crouchback et quand la conversion de l'Angleterre semblait plus qu'une pieuse et vague aspiration. Gervase et Hermione, les acquéreurs de la propriété de Santa Dulcina, avaient fait bâtir cette église. Elle était aussi pleine pour l'enterrement de Mr. Crouchback qu'à Noël pour la messe de minuit. Durant les années de disette, les châtelains, contraints de morceler la propriété, avaient vendu les fermes aux métayers, avec des facilités de paiement. Certaines étaient depuis passées en d'autres mains, mais les fermiers vêtus de drap noir occupaient complètement trois bancs. Les villageois et les voisins étaient nombreux. Le lord-lieutenant du Comté occupait le premier banc à gauche avec le représentant des Chevaliers de Malte. Le lieutenant Padfield se tenait près du pasteur anglican, du notaire de famille et du directeur de l'école Notre-Dame-des-Victoires. Les prêtres s'alignèrent dans le sanctuaire après les trois officiants.

Box-Bender, soucieux d'éviter toute faute liturgique, ne quittait pas des yeux Angela et Guy. Il s'agenouillait avec eux, s'asseyait en même temps qu'eux, se rasseyait et enfin se releva quand les trois prêtres vêtus de leurs ornements noirs sortirent de la sacristie ; il s'agenouilla à nouveau, mais manqua son coup pour le signe de croix. Il ne se donnait pas pour un dévot, mais ce n'était pas la première fois qu'il allait à la messe et il voulait faire tout ce que l'on attendait de lui. De l'autre côté de l'allée centrale, le lord-lieutenant, tout aussi bien disposé certes, n'avait guère plus d'entraînement.

Un silence d'abord : le *Confiteor* ne s'entendait pas même des premiers rangs. Box-Bender s'aperçut juste à temps qu'on se signait pour l'absolution. Cette fois il n'était pas pris en faute. Puis les religieuses entonnèrent le *Kyrie.*

Guy suivait le rite familier, son père occupant totalement ses pensées.

« *In memoriam aeterna erit justus : ab auditione mala non timebit.* » La première phrase rendait un son adéquat. Son père avait été un « homme juste », pas spécialement judicieux, pas du tout juridique, mais « juste » au sens fort du psalmiste ; au sens en tout cas que lui attribuent des commentateurs plus récents. Ce n'était pas la première fois que Guy s'interrogeait sur cette *auditio mala* qu'il ne fallait pas craindre. La traduction donnée par son Missel était ambiguë : « le mal qu'on entend ». Fallait-il penser que les oreilles des morts sont fermées aux discordes de la vie ? Ou bien que les morts sont immunisés contre les mauvaises langues ? Peu de gens, pensa Guy, avaient dû mal parler de son père.

Restait l'interprétation « mauvaises nouvelles ». Tout autant que la plupart des hommes, davantage peut-être, son père avait souffert de recevoir des mauvaises nouvelles de toutes sortes. Mais il ignorait l'effroi.

« Peu de temps au purgatoire », avait dit en parlant de Mr. Crouchback son confesseur. Tandis que les religieuses chantaient le *Dies Irae* et toutes les antiques imprécations de la colère divine, Guy sut que son père joignait sa voix aux leurs :

Ingemisco tamquam reus :
culpa rubet vultus meus
Supplicante parce, Deus.

Telle eût été sa prière, à lui qui sentait et avait toujours senti un abîme entre l'essence de la bonté du plus innocent des hommes et l'essence de la bonté aveugle et ineffable de Dieu. *Ce n'est pas la quantité qui importe,* avait écrit son père. Homme de bon sens, Mr. Crouchback aurait pu s'estimer honorable, charitable, fidèle, et d'après les articles de son *credo* espérer le salut ; homme religieux, il se jugeait indigne de l'attention divine. Pour Guy, son père était le meilleur des hommes, le seul homme totalement bon qu'il eût jamais connu.

Parmi tous ceux qui remplissaient l'église, combien étaient venus pour se conformer à un usage de politesse ? se demandait Guy. Combien étaient là pour prier qu'une lumière éternelle brillât sur Mr. Crouchback ? La Grâce de Dieu réside dans la politesse, décida-t-il : chez Arthur Box-Bender, louchant de côté pour éviter tout impair, chez le prélat portant son cierge dans le chœur à la place de l'évêque, chez le lieutenant Padfield aussi, en train de réaliser Dieu seul savait quel prodige d'ubiquité. *Ce n'est pas la quantité qui importe...*

La tentation de Guy, à laquelle il résista de son

mieux, était de s'appesantir sur la perte qu'il venait de subir et de déplorer les innombrables occasions de sa vie où il avait trahi son père. Il n'était pas ici pour ça. Dans les années à venir, il aurait tout le temps de se consacrer à des considérations égocentriques. Maintenant, *praesente cadavere,* il était seulement l'un des gardes qui escortaient son père jusqu'au Jugement, jusqu'au Paradis.

On encensait l'autel. Le célébrant chantait... *Tuis enim fidelibus, Domine, vita mutator non tollitur...* Transformée, non terminée, pensa Guy. C'était une transition brutale, pour le vieillard qui avait longé avec Félix les falaises de Matchet et même pour l'homme qui s'agenouillait tous les jours, perdu dans sa prière après la communion, une transition brutale vers *la demeure éternelle préparée pour lui dans les cieux.*

Le célébrant tourna la page de son missel et passa de la préface au canon. Dans le silence qui suivit le tintement religieux de la clochette, Guy remercia Dieu d'avoir eu un tel père ; puis ses pensées s'égarèrent vers sa propre mort, qu'il avait vue de si près durant la traversée au retour de Crète, et qui s'approchait peut-être maintenant avec cette mission proposée par le colonel.

Je suis inquiet à ton sujet, lui avait écrit son père dans la lettre qu'il considérait comme la dernière. Il voyait en elle la conclusion d'une correspondance régulière, empreinte de réserve et qui s'étendait sur trente ans. Son père s'était inquiété non de sa réussite en ce monde, mais de son évidente apathie. Peut-être s'inquiétait-il encore maintenant, dans ce mystérieux camp de transit par lequel il devait passer, sur le chemin du repos et de la lumière ?

Guy priait son père, plutôt qu'il ne priait pour lui. Depuis nombre d'années, le conseil du *Jardin de l'Ame : Mettez-vous en la présence de Dieu,* n'était pour lui qu'un simple geste de respect, la signature apposée sur le « Livre des visiteurs » de l'Ambassade. Il se présentait à Dieu en disant : « Je ne demande rien. Je ne suis pas bon à grand-chose. Mais s'il y a quoi que ce soit que je puisse faire, dites-le moi », et s'en tenait là.

« Je ne demande rien » : C'était là le sens de son apathie ; son père avait essayé de le lui dire, le lui disait maintenant. La carence, le vide ne constituaient-ils pas la trame de ses jours, même au temps des Hallebardiers ? Car l'enthousiasme et l'activité ne suffisent pas, Dieu exige davantage. Il a ordonné à tous les hommes de *demander.*

Dans les replis de sa conscience, Guy avait un pressentiment : quelque chose, un jour, d'une manière ou d'une autre, lui serait demandé ; il devait se tenir attentif, guetter l'appel à venir. Ils servent aussi, ceux qui se tiennent prêts et attendent. Guy se reconnaissait dans l'un de ces travailleurs de la parabole qui attendent sur la place du marché qu'on les embauche. Ils toucheront le même salaire que ceux qui peinent depuis l'aube... Un jour viendrait où l'occasion s'offrirait à lui, petit service qu'il serait seul à pouvoir rendre et pour lequel il avait été créé. Il ne s'attendait pas à un destin héroïque. Mais, dans le plan divin, lui comme un autre aurait son rôle à jouer. Ce n'est pas la quantité qui importe. L'essentiel serait de saisir l'occasion quand elle se présenterait. Peut-être son père lui frayait-il en ce moment un chemin. « Montrez-moi ce qu'il faut faire et aidez-moi à le faire » : telle fut sa prière.

Ce n'était pas la première fois qu'Arthur Box-Bender assistait à la messe. Quand le prêtre eut quitté l'autel après le dernier évangile, il regarda sa montre et prit son chapeau melon. Mais lorsque l'officiant réapparut, vêtu de nouveaux ornements, et vint à quelques pas de lui, il fourra à nouveau subrepticement son chapeau derrière lui. L'absoute chantée, prêtre et diacre firent le tour du catafalque pour d'abord l'asperger d'eau bénite, puis l'encenser. La chape noire frôla le costume presque noir de Box-Bender. Une goutte d'eau tomba sur sa joue gauche. Il n'osa l'essuyer.

Dépouillé du drap funéraire, le cercueil fut porté le long de l'allée centrale. Angela, l'oncle Peregrine et Guy emboîtèrent le pas aux porteurs et sortirent en tête de l'assistance. Box-Bender se plaça modestement derrière le lord-lieutenant. Les religieuses chantèrent l'antienne et, quittant la tribune, se dirigèrent en rang vers leur couvent. La procession descendit la rue principale qui menait de la nouvelle église à l'ancienne. Le silence n'était troublé que par le piétinement des chevaux, le grincement des harnachements et le bruit des roues de la charrette qui portait le cercueil. Le régisseur marchait en tête, conduisant la vieille jument.

C'était une journée calme ; les arbres perdaient leurs feuilles, une deux, trois à la fois ; recroquevillées et brunes, elles hésitaient, tournoyaient, prenaient selon leur forme telle ou telle direction et finissaient toutes par atterrir sous les branches où elles avaient autrefois bourgeonné. Guy pensa tout à coup au carnet de Ludovic, à la « plume dans le vide » à laquelle on l'avait comparé. Puis par contraste, il évoqua les tempétueuses journées de novembre où sa mère et lui jouaient à attraper les feuilles dans la grande allée ; chaque feuille saisie assurait à son enfance comblée une journée, une semaine, un mois de bonheur. Seul, son père était resté pour assister à la transformation du joyeux petit garçon en ce capitaine de Hallebardiers solitaire qui suivait le cercueil.

Sur la chaussée pavée, les villageois empêchés par leurs travaux d'assister à l'office s'assemblèrent pour voir passer le char. Beaucoup de ceux qui étaient venus à l'église se détachèrent afin de vaquer à leurs affaires. Dans le petit cimetière, il n'y aurait pas eu de place pour tout le monde.

Les religieuses avaient orné le pourtour de la tombe de mousse, de plantes vertes et de chrysanthèmes qui faisaient vaguement penser à des décorations de Noël. Les employés des pompes funèbres firent descendre adroitement le cercueil ; eau bénite, encens, quelques prières, le *Pater Noster* à voix basse, le *Benedictus ;* Guy, Angela et l'oncle Peregrine s'avancèrent, prirent le goupillon et chacun à leur tour contribuèrent aux aspersions. C'était la fin.

Le groupe s'éloigna de la tombe et, à la sortie du cimetière, on se mit à parler à voix basse. Angela salua ceux qu'elle n'avait pas vus le matin. L'oncle Peregrine invita ceux qui devaient venir prendre le café à la maison. Guy rencontra dans la rue le lieutenant Padfield.

— Gentil de votre part d'être venu, dit-il.

— C'est un événement important.

Quelle portée cela pouvait-il avoir pour lui, se demanda Guy.

— Je retourne à Broome Hall. La Révérende Mère m'a invité, dit encore le lieutenant.

Quand, comment, pourquoi ? se demandait Guy. Mais il dit seulement :

— Vous connaissez le chemin ?

— Bien sûr.

Le lord-lieutenant s'était attardé avec Box-Bender dans la partie communale et anglicane du cimetière.

— Je ne veux pas déranger votre femme et votre beau-frère, dit-il. Présentez-leur mes condoléances, voulez-vous ?

Et, comme Box-Bender l'accompagnait jusqu'à sa voiture, il ajouta :

— J'avais votre beau-père en grande estime. Evidemment je ne l'ai guère vu ces dix dernières années. Personne d'ailleurs ne le voyait. Mais, dans le Comté, on le respectait profondément.

La famille et les amis du défunt remontèrent à pied la rue principale. Le dernier bâtiment avant le portail d'entrée était la « Seconde Maison » dont la façade en stuc masquait la structure beaucoup plus ancienne. Elle n'était pas louée aux religieuses. Ayant servi dans le passé à différents usages, réservée souvent à la veuve du maître, elle était habitée maintenant par le régisseur, et les volets en demeurèrent clos au passage du cerceuil. C'était une maison calme. Face à ses fenêtres, la rue formait un peu cul-de-sac. Par derrière, elle donnait sur le parc. C'est là, avait suggéré Mr. Crouchback, que Guy pourrait finir ses jours.

Le pensionnat était prospère, le parc bien entretenu, même en cette année où l'on voyait partout les ifs et les buis à l'abandon, les pelouses labourées pour faire pousser des légumes.

Gardée par une tourelle, la première cour de Broome précédait deux bâtiments rectangulaires de plan médiéval présentant l'allure classique du collège universitaire. Une aile massive de style gothique avait été ajoutée par Gervase et Hermione au temps où ils avaient fait construire l'église. A l'entrée principale, la Révérende Mère se tenait au milieu d'un cercle de religieuses. Aux fenêtres supérieures et à la Tourelle, où le bienheureux Gervase Crouchback avait été fait prisonnier, des têtes d'élèves apparaissaient, les unes angéliques, d'autres cocasses comme les corbeaux de la vieille église, essayant de jeter en fraude un coup d'œil sur ces gens en deuil.

Le grand hall avait été doté au XVIIIe siècle d'un plafond de plâtre que Gervase et Hermione avaient fait sauter pour laisser apparaître les poutres robustes. Dans l'enfance de Guy, les murs, au-dessus des boiseries de chêne, étaient tapissés d'armes récoltées en divers pays et disposées avec symétrie, les lames et les canons de fusil formant des soleils d'acier. Tout cela avait été vendu avec le reste du mobilier. Quelques images pieuses lamentables, du genre de ce qu'on lègue aux couvents, remplaçaient les armes ; douceâtres gravures allemandes du XIXe siècle où des scènes de piété suave alternaient avec des épisodes de martyres lugubres et extravagants, apparentés de loin au baroque méridional. Au-dessus du dais, là où étaient accrochés les portraits de famille, un écran de cinéma se dressait sur toute la hauteur de la pièce et des chaises en métal tubulaire s'empilaient dans un coin parmi les éléments d'un jeu de « badminton ». Ce hall était le lieu de récréation du pensionnat. Durant les soirées d'hiver, les élèves y dansaient au son du phonographe, tandis que se nouaient et se dénouaient de tendres et exclusives amitiés ; le concert annuel s'y donnait en été et une comédie choisie pour l'innocence du sujet et la multiplicité des rôles y était laborieusement présentée.

Les religieuses avaient dressé une table sur des tréteaux et offert un repas aussi généreux que le permettait la rigueur des temps, l'ingéniosité de la présentation compensant la carence des matières premières. Des gâteaux, fait d'œufs en poudre et de farine grise, s'ornaient de noix et de fruits confits prélevés sur le colis mensuel d'une de leurs maisons d'Amérique ; « cadeaux spontanés » qui, à l'époque, venaient garnir tant de tables vides. Des tranches de jambon congelé étaient découpées en forme de trèfles. Les aînées du pensionnat, en uniforme bleu, apportaient des cafetières dont le contenu avait été préalablement sucré à la saccharine. Box-Bender se demanda s'il pouvait fumer et opta pour la négative.

Guy fit le tour des invités, l'oncle Peregrine, près de lui, l'aidant à les identifier.

— J'attends mon affectation, répondait-il à ceux qui s'enquéraient de ce qu'il faisait.

Beaucoup évoquaient des événements de son enfance depuis longtemps oubliés. Certains s'étonnaient qu'il ne fût plus au Kenya. Une personne lui demanda des nouvelles de sa femme, puis, consciente de sa gaffe, s'enfonça davantage en disant :

— Que je suis sotte ! Je croyais que vous étiez le mari d'Angela.

— Elle est là-bas, avec son mari.

— Oui, bien sûr, où avais-je la tête ? Je me souviens, maintenant : vous êtes Ivo, n'est-ce pas ?

— Confusion bien naturelle, dit Guy.

Il se trouva peu après en face du notaire.

— Nous pourrions peut-être échanger quelques mots ?

— Sortons.

Ils se parlèrent dans la première cour. Les têtes aux fenêtres avaient disparu. Les élèves rassemblées étaient parquées dans leurs salles de classe.

— Homologuer un testament demande toujours un certain temps, mais je crois que votre père a laissé ses affaires en ordre. Il était très à l'aise, tout en ayant choisi de vivre simplement. Il a hérité d'une très vaste propriété et l'a vendue à un mauvais moment, mais il a su investir intelligemment ses capitaux et n'y a jamais touché ! Quant aux revenus, il les distribuait pour la plupart, et c'est de cela que je veux vous parler. Il avait assuré à des institutions comme à des particuliers des pensions qui, bien entendu, prennent fin avec sa mort. Une moitié de l'argent investi vous revient, l'autre moitié va à votre sœur, ensuite à ses enfants et naturellement aux vôtres si vous en avez. Les frais de succession acquittés, il restera une somme assez considérable. Le revenu que vous allez vous partager tourne autour de sept mille livres pour ces dernières années.

— Je n'avais aucune idée d'une telle somme.

— Et il ne dépensait pas sept cents livres pour lui. Maintenant, il y a la question des pensions. Désirez-vous les continuer ? Un grand nombre des bénéficiaires de ces pensions, à ma connaissance, ne vivent que de cela. Leur suppression pourrait entraîner des situations critiques.

— En ce qui concerne les institutions, nous verrons, mais je suis sûr que ma sœur sera d'accord pour verser les pensions aux particuliers, déclara Guy.

— Entendu, je la verrai à ce sujet.

— A combien cela se monte-t-il ?

— Pas plus de deux mille livres pour les particuliers. Et beaucoup de ces bénéficiaires, étant très âgés, ne vous seront pas longtemps à charge. Une petite question encore. Votre père avait à Matchet quelques meubles sans grande valeur : les uns sont à l'hôtel, d'autres en dépôt à l'école. Je suggère une vente locale. On manque de tout cela à l'heure actuelle. Si vous vous en souvenez, c'est du travail bien fait, on peut en tirer un bon prix.

Le lit de cuivre, la table de toilette triangulaire, le prie-dieu, le canapé de cuir, le bureau d'acajou, la bibliothèque des auteurs favoris, quelques chaises, le pot à tabac aux armes de *New College* acquis par l'étudiant, le crucifix d'ivoire, les photographies encadrées, tout cela, « du travail bien fait » comme avait dit le notaire, et en bon état, c'était tout ce que Mr. Crouchback avait choisi dans sa chambre et son fumoir à Broome pour meubler les quartiers restreints de sa retraite. Angela avait, à l'époque, gardé les portraits de famille et quelques petits meubles de valeur pour la maison de Box-Bender dans les Cotswolds. Puis, durant six jours de vente, argenterie, porcelaines, tapisseries, lits à baldaquins, consoles, secrétaires, chaises de toutes les époques avaient été mis aux enchères ; et les enluminures aussi, les armures et les oiseaux empaillés ; pas de trésor rare, pas de pièces réunies par un collectionneur avisé ; simplement des reliques hétéroclites, accumulées par une famille prospère au goût bourgeois ; tout cela, descendu dans la première cour où Guy se trouvait maintenant, avait été emporté, dispersé, laissant la maison entière dénudée à l'exception de la chapelle ; là, le changement de propriétaire était passé inaperçu. Et pourtant, la lampe du sanctuaire, trouvaille d'Hermione, dans la Via Babuino, n'était pas à proprement parler un objet ancien. Le dicton souvent répété selon lequel, à Broome, la lampe du sanctuaire ne s'était jamais éteinte devait s'entendre au figuré.

Les plus anciens souvenirs que Guy avait de son père étaient liés à ces salles spacieuses : son père, force centrale et dirigeante d'un régime rigoureux, typiquement évoqué par le bruit des sabots des cheveaux sur les pavés et celui des râteaux sur les graviers de la cour... Mais, dans l'esprit de Guy, la maison était avant tout le domaine de sa mère. Il se souvenait du tapis jonché de journaux sur lesquels séchaient les pétales qu'elle destinait à ses sachets parfumés ; de sa mère, abritée d'une ombrelle, marchant à ses côtés sur les bords du lac, ou les soirs d'hiver, assise près de lui, l'aidant à composer son album. Ici, elle était morte, transformant pour son père et pour lui cette maison vivante en un lieu désolé. Il avait oublié l'image ancienne de son père, doté de biens et d'autorité (car même au déclin de sa fortune, jusqu'à son départ de Broome, Mr. Crouchback avait fidèlement assumé ses responsabilités, siégeant au tribunal et au conseil municipal, visitant les prisons, les hôpitaux, les asiles de fous, présidant de nombreuses sociétés, les conseils d'administration des écoles et des œuvres, inaugurant expositions et ventes de charité et, après une journée chargée, rentrant chez lui dans une maison habituellement pleine d'invités), et ne se rappelait plus que l'ermite des dernières années, imprégné d'odeurs de chien et de tabac, dans le petit hôtel au bord de la mer. C'était devant cette image qu'il avait prié ce matin-là.

— Non, je préfère que tout cela reste à Matchet, dit Guy. L'oncle Peregrine descendait les marches.

— Il est temps d'aller dire au revoir à la Révérende Mère. Le train part dans vingt minutes. Je n'ai pas pu faire réserver de voiture pour le retour.

Sur le chemin de la gare, Miss Vavasour s'approcha de Guy :

— Vous allez me trouver très indiscrète, mais j'aimerais tant garder un souvenir de votre père, n'importe quelle babiole. Pensez-vous pouvoir me trouver quelque chose ?

— Bien sûr, Miss Vavasour, j'aurais dû y penser.

Mais quoi donc ? Mon père avait si peu d'objets personnels.

— Si personne n'en veut, ne pourrais-je avoir son vieux pot à tabac ?

— Certainement. Mais ne verriez-vous pas quelque chose de plus personnel ? Un de ses vieux livres, une canne ?

— Le pot à tabac est ce que je préférerais, si ce n'était pas trop demander. J'ai l'impression que c'est tellement personnel. Vous devez me trouver sotte...

— Prenez-le donc.

— Oh ! merci. Je ne peux vous dire combien je vous suis reconnaissante. Je ne pense pas rester bien longtemps à Matchet. Les Cuthberts n'ont pas été très gentils. Sans votre père, l'ambiance ne sera plus la même. Le pot à tabac me le rappellera.... L'odeur, comprenez-vous ?

Box-Bender ne rentrait pas à Londres. Le gouvernement lui allouait un bon d'essence, qu'Angela avait utilisé pour venir à Broome. Tous deux avec Félix, le chien, rentraient chez eux, dans les Cotswolds.

— Tout le monde tenait votre père en grande estime, remarqua Box-Bender.

— Oui, ç'a été le leitmotiv de la journée...

— Avez-vous parlé au notaire ?

— Oui.

— Moi aussi. Aviez-vous la moindre idée de la fortune de votre père ? Naturellement cet argent vous appartient, Angie, mais il arrivera juste à point. On a parlé de pensions. Vous savez que rien ne vous oblige à continuer de les verser.

— Je sais, mais Guy et moi nous continuerons.

— Simple remarque : il n'est pas sûr que tous les cas soient dignes d'intérêt, ça vaudrait la peine d'y regarder de plus près. Votre père était très crédule. Nos charges sont plus lourdes chaque année. Quand nos filles reviendront d'Amérique, nous devrons faire face à de multiples dépenses. Pour Guy, c'est différent, il n'a personne à charge. Vous savez qu'il avait touché sa part avant son départ au Kenya et n'attendait plus rien.

— Guy et moi nous continuerons à verser ces pensions.

— A votre guise, Angie, ça ne me regarde pas. Ce n'était qu'une suggestion. D'ailleurs ces versements cesseront tous un jour.

4

Lorsque Virginia Troy revint chez le Dr Puttock, il la reçut très cordialement.

— Mrs. Troy, j'ai le plaisir de vous annoncer que l'analyse est positive.

— Voulez-vous dire que je vais avoir un enfant ?

— Sans aucun doute. Ces nouveaux tests sont infaillibles.

— Mais c'est affreux !

— Chère Mrs. Troy, soyez sans inquiétude. Vous avez trente-trois ans, votre état général est excellent, je ne vois aucune raison de craindre un ennui. Continuez normalement vos activités et revenez me voir dans trois semaines pour être sûre que tout va bien.

— Mais tout va *mal !* je ne peux absolument pas avoir un enfant !

— Vous ne pouvez pas, dans quel sens ? Je

suppose que vous avez eu des rapports conjugaux au bon moment.

— Conjugaux ! Mais je n'ai pas vu mon mari depuis quatre ans !

— Ah ! bon, je vois. Mais n'est-ce pas là un problème légal plutôt que médical ? Devrais-je dire social ? Ces accidents sont assez fréquents de nos jours, dans toutes les classes de la société : les maris au front ou prisonniers... Les conventions ont perdu de leur vigueur. La bâtardise n'est plus stigmatisée comme autrefois. Je suppose que vous connaissez le père de l'enfant ?

— Pour le connaître, je le connais. Il vient de partir en Amérique.

— Ah ! c'est un peu ennuyeux, mais je suis sûr que tout finira bien. En dépit des difficultés, les services de maternité fonctionnent normalement. Certains même trouvent que nous pensons trop à la génération future.

— Docteur Puttock, *il faut* que vous fassiez quelque chose.

— Moi ? Je ne comprends pas ce que vous voulez dire, trancha Puttock d'un ton glacial. Je dois malheureusement vous demander de laisser la place à d'autres clientes. Nous autres, médecins civils, sommes débordés. Présentez mes hommages, je vous prie, à Lady Kilbannock.

Virginia avait accepté jusqu'ici les vicissitudes avec un imperturbable sang-froid. Sans se soucier des ennuis causés aux autres, elle avait toujours réussi à se ménager, dans son univers compliqué, une petite place entourée d'un halo de fraîcheur, de gaieté et de paix. Elle avait occupé cette place après s'être posément soustraite à son enfance turbulente et l'avoir rayée de son esprit. Du jour où elle avait épousé Guy, jusqu'au jour où elle avait abandonné

Mr. Troy et pendant l'année suivante, elle avait goûté une certaine *douceur de vivre*[1] assez étrangère à son époque. Elle ne cherchait rien, acceptait ce qui venait et en jouissait sans remords. Mais depuis sa rencontre avec Trimmer, dans un Glasgow noyé de brouillard, des ombres glaciales n'avaient cessé de l'entourer, s'épaississant chaque jour. Tout cela à cause de cette damnée guerre, songeait-elle en descendant Sloane Street...

Elle se dirigea vers son travail, dans le bureau de Ian Kilbannock, et téléphona à Kerstie, au « Chiffre ».

— Il faut que je te voie. Au déjeuner ?

— J'ai rendez-vous avec un garçon.

— Plaque-le, Kerstie, j'ai des ennuis.

— Oh ! Virginia, encore ?

— C'est la première fois. Tu sais sûrement ce que les femmes veulent dire quand elles parlent « d'ennuis ».

— Pas *ça,* Virginia ?

— Précisément ça, oui.

— Alors, d'accord, je le plaque. Sois au club à une heure.

Le club des officiers, au Q.G. des commandos, était plus lugubre que la cantine nº 6 du camp de transit. On l'avait destiné à d'autre usages. Les murs s'ornaient de bas-reliefs en céramique représentant des philosophes rationalistes de l'époque victorienne agrémentés de favoris, de robes et de toques. Le service était assuré par les épouses et les filles des officiers, sous la direction de la générale Whale. Celle-ci, distribuant les tâches, s'arrangeait pour mettre hors de vue, à la cuisine et à l'office, les plus jeunes et les plus jolies. Outre bien d'autres choses,

1. En français dans le texte.

Mrs. Whale contrôlait le robinet du percolateur. Dès qu'apparaissait au bar une de ces beautés cloîtrées, Mrs. Whale pouvait faire jaillir un nuage de vapeur qui la dérobait aux regards. Elle s'était opposée à l'emploi du personnel féminin ; on avait passé outre, mais elle s'ingéniait à tracasser les jeunes femmes, les réprimandant constamment :

— Vous ne pouvez pas vous installer là comme au café... Vous empêchez les officiers de s'asseoir et *eux* ont du travail...

Ce fut ainsi qu'elle accueillit Virginia, alors que celle-ci commençait d'expliquer la situation à Kerstie.

— Oh ! Mrs. Whale, nous venons d'arriver.

— Vous avez eu tout le temps de déjeuner. Voici l'addition.

Le colonel indéfinissable qui concourait à la libération de l'Italie cherchait justement une place. Il prit avec reconnaissance la chaise toute chaude de Virginia.

— Si je pouvais faire cuire cette putain dans son jus... dit celle-ci en s'éloignant.

Elles trouvèrent un coin sombre au dehors et Virginia raconta sa visite au Dr Puttock.

— Ne t'inquiète pas, ma chérie, finit par dire Kerstie. J'irai lui parler moi-même, il raffole de moi.

— Vas-y vite.

— Ce soir, en rentrant, je te dirai le résultat.

Virginia était déjà à Eaton Terrace quand Kerstie revint. Elle avait gardé ses vêtements de la journée et se tenait assise, les mains croisées, dans une position d'attente.

— Alors, quelles nouvelles ?

— Nous ferions mieux de boire un verre.

— Ça n'a pas marché ?
— C'est plutôt inquiétant. Gin ?
— Qu'a-t-il dit, Kerstie ? Il veut bien ?
— Non, il ne veut pas. Il a été étrangement distant. Je ne l'avais jamais vu ainsi. Très aimable, tant qu'il ignora le but de ma visite. Puis il a parlé de conscience professionnelle ; je l'incitais à commettre un crime ; irais-je suggérer au directeur de ma banque de détourner des fonds pour moi ? Oui, dis-je, s'il y avait des chances qu'il acceptât... Ça l'a un peu adouci. J'ai expliqué ta situation pécuniaire. « Elle s'apercevra que ce n'est pas une opération bon marché. » Là, il avait été trop loin. « En voilà assez, dis-je. Vous savez très bien qu'il y a des médecins qui font ce genre de choses.
— Qu'on entend parler de cela dans les cours de justice », reprit-il. J'étais tenace : « Je parie que vous en connaissez un ou deux qui n'ont pas été pris. C'est courant. Virginia et moi n'avons jamais jusqu'ici eu à nous en informer, voilà tout. » Puis j'ai fait de la lèche, rappelé que j'avais toujours recouru à ses soins quand j'ai eu mes enfants. Évidemment, ce n'était pas tout à fait *à propos*[1], mais je le sentais fléchir. A la fin, il a avoué connaître quelqu'un qui pourrait peut-être te tirer de là. C'est comme ami de la famille et non comme médecin qu'il consentirait à me donner le nom... Tu penses bien qu'il n'a jamais été pour moi un ami. Il n'est jamais venu à la maison que pour me soutirer une guinée. Mais je n'ai pas soulevé ce lièvre. « Allons, écrivez » lui ai-je dit. Alors, Virginia, cela m'a donné un coup : « Non, c'est *vous* qui allez l'écrire. » J'ai tendu la main pour prendre une feuille de papier sur son bureau. « Une minute », a-t-il dit. Et, avec une

1. En français dans le texte.

paire de ciseaux, il a découpé l'en-tête : « Maintenant, vous pouvez écrire. Je n'ai pas entendu parler de cet homme depuis longtemps et je ne sais pas s'il exerce encore. Si votre amie veut un rendez-vous, elle fera bien de prendre sur elle une centaine de livres en liquide. C'est tout ce que je peux faire. Et rappelez-vous que je n'y suis pour rien. J'ignore tout de cette affaire. Je n'ai jamais vu votre amie. » Il m'avait rendue nerveuse au point que je pouvais à peine écrire.

— Mais tu as le nom ?

Kerstie sortit de son sac le papier qu'elle lui tendit.

— Brook Street, dit Virginia. Je l'imaginais plutôt du côté de Paddington ou de Soho. Pas de numéro de téléphone. Regardons dans l'annuaire.

Elles trouvèrent le nom, la respectable adresse, mais n'obtinrent pas la communication.

— J'y vais tout de suite, dit Virginia. Quant aux cent livres, il attendra. Il faut que je voie comment il est. Tu ne veux pas venir avec moi ?

— Non.

— Oh ! si tu pouvais, Kerstie ?

— Non, cela me fait peur.

Virginia partit donc seule. Il n'y avait pas de taxi dans Sloane Square. Elle prit le métro jusqu'à Bond Street, et se fraya un chemin parmi les soldats américains jusqu'à la rue autrefois aristocratique et calme.

Arrivée devant la maison, elle se trouva en face d'un cratère de bombe, encadré de falaises de briques et de plâtre déchiquetés. En pareil cas, une affiche indiquait généralement l'adresse des anciens occupants. Virginia brandit sa lampe électrique et découvrit que le photographe du coin et un marchand de chapeaux avaient déménagé. Pas trace du médecin avorteur. Peut-être gisait-il avec ses instruments sous les décombres...

Elle était près du *Claridge* et, par habitude, y chercha refuge. Le lieutenant Padfield se tenait debout devant la cheminée, juste en face d'elle. Feignant de ne pas le voir, elle tourna la tête et s'engagea dans le corridor. Là elle se ravisa. « Pourquoi me mettrais-je à bouder les gens ? ». Elle se retourna et sourit.

— Je ne vous avais pas reconnu, loot. En sortant du black-out on est comme un cheval de mine. Vous n'offririez pas un verre à une pauvre fille ?

— J'allais vous le proposer, mais je dois aller au *Dorchester* pour voir Ruby.

— C'est là qu'elle habite, maintenant ? J'allais toujours à ses soirées à Belgrave Square.

— Vous devriez allez la voir. Elle se sent seule. C'est une femme charmante. Sa mémoire est fantastique. Hier, elle m'a tout raconté sur Lord Curzon et Elinor Glyn.

— Je ne vous retarderai pas, mais je sens que j'ai besoin d'un verre.

— Il paraît qu'ils s'intéressaient tous deux aux sciences occultes...

— D'accord, d'accord, loot, offrez-moi un verre.

— L'occultisme ne m'a jamais passionné. Je préfère les vivants. Je veux dire que la Ruby qui se souvient m'attire plus que ses souvenirs eux-mêmes. Je suis allé ces derniers jours à un enterrement catholique dans le Somerset. Beaucoup de monde, les gens m'intéressaient. C'était l'enterrement de Mr. Crouchback à Broome.

— Oui, j'ai vu qu'il était mort. Je l'aimais beaucoup, dans le temps, dit Virginia.

— Un homme charmant, dit le lieutenant.

— Mais vous ne le connaissiez certainement pas ?

— Pas personnellement, non, mais de réputation. Quelqu'un de très bien, paraît-il. Je me suis réjoui d'apprendre qu'il était fort à l'aise financièrement.

— Vous avez mal compris, loot. Mr. Crouchback était ruiné depuis longtemps.

— On a vu des gens comme ça, il y a douze ans, aux États-Unis, ruinés par le krach et bien regonflés depuis...

— Ce n'était pas le cas de Mr. Crouchback, je peux vous l'affirmer.

— D'après ce que j'ai compris, il n'a jamais été ruiné, mais ses biens immobiliers ne produisaient aucun revenu et nécessitaient des frais d'entretien considérables. Quand Mr. Crouchback a vendu sa propriété, non seulement il a touché une très grosse somme, mais il a supprimé les frais. Tout bien pesé, il a préféré vider les lieux plutôt que de les laisser à l'abandon. Le château contenait quelques objets de valeur qu'il a vendus. Et il a fini avec une fortune substantielle.

— Vous êtes vraiment au courant des affaires de tout le monde, loot.

Virginia n'était pas de celles qui taisent leurs pensées.

— Je sais le rôle que vous avez joué dans mon divorce.

— Mr Troy est un client de ma firme, très ancien et très estimé. Les affaires passent les amis, avoua le lieutenant.

— Vous me considérez encore comme une amie ?

— Naturellement.

— Alors, allez me chercher un taxi.

Pour cela, le lieutenant était toujours aussi doué. Tandis que Virginia rentrait en voiture à Eaton

Terrace, des hommes et des femmes, dans la faible lueur des phares, agitaient vigoureusement des billets de banque à l'intention du chauffeur. Elle éprouva un bref sentiment de triomphe à se sentir ainsi à l'abri, assise dans l'obscurité. Puis le poids de son échec l'accabla et elle arriva effondrée devant son gîte, sa tête touchant presque ses genoux.

Kerstie était sur le seuil.

— Quelle chance ! Je garde le taxi. Tout va bien ?

— Ça va mal. J'ai vu le lieutenant.

— Chez le docteur ?

— Au *Claridge*. Il a mangé le morceau.

— Mais le docteur ?

— Néant. Sa maison a été bombardée.

— Quel ennui ! Mais j'ai une autre idée. Demain matin, j'en parlerai à Mrs. Bristow. (Mrs. Bristow était la femme de ménage). Elle sait tout. Je pars, maintenant. Je vais voir la pauvre vieille Ruby.

— Tu y rencontreras le lieutenant.

— Je vais te le saquer !

— Il paraît que nous sommes toujours amis. Je crois bien que je serai au lit quand tu reviendras.

— Bonne nuit.

— Toi aussi.

Virginia rentra seule dans la maison vide. Ian Kilbannock était pour plusieurs jours en Écosse, où il montrait à un groupe de journalistes un corps-franc à l'entraînement. Dans la salle à manger, la table n'était pas mise. Virginia alla au garde-manger, y trouva une tranche de pain grisâtre, un peu de margarine, un morceau d'ersatz de fromage et les mangea sur la table de la cuisine.

Elle n'était pas femme à s'apitoyer sur elle-même. Non loin de là, dans le salon de son hôtel, Ruby, elle, s'appesantissait sur son sort. La chirurgie esthétique avait tendu la peau de son visage. Elle fixait les quatre personnages insignifiants assis à sa petite table et évoquait ses brillantes réceptions de Belgrave Square : pendant trente ans, soir après soir, elle avait reçu les puissants, les célèbres, les gloires futures, les plus rares beautés. Trente ans d'effort pour s'assurer une situation dominante dans la société et finir ainsi, en telle compagnie... Quel était leur nom ? Que faisaient-ils, ces gens assis devant des radiateurs électriques, et de quoi s'entretenaient-ils ? « Ruby, parlez-nous de Boni de Castellane... Parlez-nous de la Marchesa Casati... Parlez-nous de la Pavlowa. »

Virginia, elle, n'avait jamais souhaité faire figure de premier plan. Elle avait donné dans toute l'Europe et dans certaines régions d'Amérique des soirées très réussies. Elle avait oublié les noms de ses invités. A l'époque déjà, elle ne les connaissait pas tous. Tandis qu'elle mangeait dans la cuisine son pain à la margarine, elle n'établissait pas de comparaison entre sa situation passée et la présente. Mais depuis plusieurs mois elle était atterrée en pensant à l'avenir.

Kerstie entra le lendemain matin de bonne heure dans la chambre de Virginia.

— Mrs. Bristow est là. J'entends son raffût. Je descends l'entreprendre. Toi, reste à l'écart.

Virginia mettait peu de temps à s'habiller à présent : plus d'hésitations devant sa garde-robe ou parmi le luxueux encombrement de sa coiffeuse. Elle attendit, toute prête, assise sur son lit, limant nerveusement un ongle cassé. Kerstie revint enfin.

— Ça a marché !

— Mrs. Bristow peut me tirer de là ?

— Elle ne sait pas que c'est toi. Elle soupçonnerait plutôt Brenda, pour qui elle a toujours eu un faible. Ça l'a rendue très compatissante. Pas du tout le genre du Dr Puttock. Elle connaît l'homme qu'il te faut. Il est tout à fait sûr, d'après ses amies qui l'ont été voir. Et il ne prend que vingt-cinq livres. Malheureusement, c'est un étranger...

— Un réfugié ?

— Oh ! pire que cela ! Un Noir, pour tout dire...

— Qu'est-ce que cela peut me faire ? dit Virginia.

— Il y en a qui n'aimeraient pas ça... En tout cas, voilà son nom et son adresse : Dr Akonanga, 14 Blight Street W.2. Ça donne dans Edgware Road.

— Pas le même genre que Brook Street...

— Et quatre fois moins cher. Mrs. Bristow ne pense pas qu'il ait le téléphone, mais elle dit qu'il est très connu dans le quartier et qu'il faut se présenter de bonne heure à son cabinet.

Une heure plus tard, Virginia était devant la porte du 14. Pas de bombes, dans Blight Street. Des bureaux de tabac misérables et des garnis qui auraient dû fourmiller d'enfants. Mais comme par enchantement le magicien des écoles d'État les avait entraînés vers des homes, ou à la campagne, chez l'habitant. Seuls restaient les gens d'un certain âge et les traîne-savates. On lisait *« Chirurgien »* sur ce qui avait été une vitrine. Une femme en pantalon, coiffée d'un turban, fumait sur le seuil.

— Le Dr Akonanga est-il chez lui ?

— Il est parti...

— Oh !...

Virginia sentit monter en elle à nouveau le désespoir de la veille. Elle n'avait jamais eu grande confiance. Le destin... Depuis des semaines elle était hantée par l'impression que, dans un monde voué à la destruction et au massacre, cette petite vie embryonnaire qui lui était odieuse allait précisément être épargnée.

— Parti depuis presque un an. C'est le gouvernement qui l'a pris.

— En prison ?

— Lui ? Jamais ! Il travaille à l'échelon national. C'est un homme intelligent, tout noir qu'il est. Y a des choses que les Noirs savent et que les civilisés savent pas... C'est là qu'ils l'ont mis.

Elle désigna du doigt le chambranle de la porte où on pouvait lire sur une carte : *« Dr Akonanga, thérapeutique naturelle, psychologue des profondeurs, a suspendu momentanément l'exercice de sa profession. Envoyez paquets, et messages à... »* Suivait une adresse. A deux maisons près, c'était l'endroit où Virginia, la veille au soir, avait fait ses recherches dans l'obscurité autour du cratère de bombe.

— Brook Street ? C'est étrange...

— L'a fait son chemin, remarqua la femme : Il faut une guerre pour apprécier les gens intelligents.

Une voiture trouvée dans Edgware Road conduisit Virginia à l'adresse indiquée : un vaste hôtel particulier maintenant occupé par l'armée. Un sergent était assis dans le hall.

— Je cherche le Dr Akonanga.

— Votre carte, s'il vous plaît.

Virginia sortit la carte d'identité délivrée par le Q.G. des Commandos.

— O.K., dit le sergent. Vous ne pouvez pas le manquer. Quand le docteur est au travail, nous le savons. Écoutez.

Du haut du grand escalier venaient des sons qui ne pouvaient être que les battements d'un tam-tam.

Virginia grimpa en direction de ce bruit, pensant à Trimmer qui, infatigablement, fredonnait à son intention *Night and day*. Elle atteignit la pièce d'où jaillissaient les rythmes africains. Dans ce bruit, frapper lui parut superflu. Elle essaya la poignée, mais la porte était fermée à clef. Au-dessus du nom du docteur, elle remarqua une sonnette et appuya sur le bouton. Le tam-tam s'arrêta. Une clef tourna. Virginia fut accueillie par un petit nègre d'un certain âge, ridé, simiesque, souriant et de mise soignée ; quelques poils gris parsemaient la maigre broussaille de sa barbiche. Ce qui avait dû être le blanc de ses yeux évoquait les doigts de Trimmer, jaunis par les cigarettes. Une vague odeur, mélange d'épices et de matières en putréfaction, s'élevait derrière lui. Son sourire révélait de nombreuses couronnes en or.

— Bonjour, entrez. Comment allez-vous ? Avez-vous les scorpions ?

— Non, pas de scorpions ce matin, répondit Virginia.

— Je vous en prie, entrez.

Elle pénétra dans la pièce. Au mobilier conventionnel s'ajoutaient plusieurs tambours, une statue criarde du Sacré-Cœur, un coq décapité mais non plumé, cloué sur la table, les ailes déployées comme celles d'un papillon, des ossements humains, crâne compris, un cobra en cuivre provenant de Bénarès, des bols remplis de cendres, de fioles bouchées contenant des liquides troubles. Un agrandissement de la photographie de Mr. Winston Churchill regardait sévèrement l'abondance des munitions de guerre du Dr Akonanga. Mais Virginia ne les détailla point. Ce fut le volatile qui attira son attention.

— Vous n'êtes pas du Q.G. des Commandos ? demanda le docteur.

— Si. Comment avez-vous deviné ?

— J'attends des scorpions depuis trois jours. Le commandant Albright m'a affirmé qu'on me les expédiait d'Egypte par avion. Ils constituent les ingrédients essentiels d'une de mes préparations les plus précieuses.

— Ces retards sont malheureusement fréquents. Je regrette de ne pas connaître le commandant Albright. C'est Mrs. Bristow qui m'a donné votre nom...

— Mrs. Bristow ? Je ne crois pas avoir l'honneur...

— C'est comme malade privée que je viens. Vous avez soigné beaucoup de ses amies, des femmes comme moi, expliqua-t-elle avec candeur, des femmes enceintes qui veulent se débarrasser de leur enfant.

— Ah ! oui, il y a longtemps sans doute, aux beaux jours de l'avant-guerre, comme vous dites. Tout a changé. Je suis maintenant au service du gouvernement. Le général Whale n'aimerait pas me voir reprendre ma clientèle privée. La démocratie est en jeu.

Le regard de Virginia passa du volatile décapité à ce ramassis d'objets insolites. Elle remarqua un exemplaire de *Pas d'orchidées pour Miss Blandish.*

— Dr Akonanga, demanda-t-elle, croyez-vous que ce dont vous vous occupez ait plus d'importance que moi ?

— Je suis en train de donner à Von Ribbentrop les cauchemars les plus horribles, déclara le Dr Akonanga avec orgueil et gravité.

Virginia ne sut jamais quels cauchemars troublèrent le sommeil de Ribbentrop cette nuit-là. Mais elle se vit, en rêve, étendue sur une table, ligotée, sans tête et couverte de plumes sanguinolentes, tandis qu'une voix émanant de ses entrailles mêmes ne cessait de répéter sur un rythme de tam-tam : « Toi, toi, toi... »

5

L'école de parachutistes que commandait Ludovic était installée dans une grande villa réquisitionnée. Les propriétaires, qui avaient choisi une région encore désolée de l'Essex, étaient partis volontiers lorsqu'ils avaient vu et entendu les bulldozers au travail dans les champs voisins, pour l'établissement du nouvel aérodrome ; entreprise assez modeste d'ailleurs (il s'agissait de tracer deux pistes perpendiculaires et d'élever une douzaine de baraques), mais suffisante pour troubler le silence qu'ils étaient venus chercher. Ils avaient laissé derrière eux la plus grande partie de leur mobilier ; et le quartier de Ludovic qui était l'ancienne nursery, comportait tout ce dont il avait besoin. Il n'avait jamais partagé le goût de Sir Ralph et de ses amis pour le bric-à-brac. Son bureau n'était pas sans ressembler au salon de Mr. Crouchback à Matchet, moins l'odeur caractéristique de pipe et de chien de chasse. Ludovic ne fumait pas, et n'avait jamais eu de chien.

Il avait reçu à sa nomination quelques avis sur les services qu'on attendait de lui :

— Vous n'avez pas à connaître l'identité de vos « clients », non plus que la destination qui leur sera assignée. Vous veillerez seulement à leur installation pendant dix jours qu'ils auront à passer chez vous et leur assurerez un confort dont vous serez bien entendu le premier à jouir. Le changement ne sera sans doute pas désagréable (un coup d'œil jeté au dossier) après votre expérience au Moyen-orient...

Bien qu'il eût été à bonne école avec Sir Ralph Brompton en ce qui concernait l'art de bien vivre, Ludovic n'apportait pas dans la recherche du confort l'entrain ou l'ingéniosité de Jumbo Trotter. Il partageait son ordonnance avec Fremantle, le capitaine du camp ; son ceinturon et ses bottes brillaient toujours, car il avait pour le cuir la vénération des vieux cavaliers. Ses « clients », qui se dépensaient beaucoup physiquement et souffraient pour la plupart d'anxiété nerveuse, avaient droit à une ration spéciale. Ludovic mangeait abondamment et sans discernement. Son genre de vie était celui d'un intellectuel, mais ses attributions militaires n'occupaient guère son esprit. Le capitaine assumait les fonctions administratives et trois moniteurs étaient chargés de l'entraînement physique. Ces jeunes officiers tremblaient devant Ludovic. Ils étaient encore moins renseignés que lui sur l'identité de leurs élèves, ignorant jusqu'aux initiales du service auquel ceux-ci appartenaient. Ils soupçonnaient à juste titre les agents de la sécurité en civil, qui leur payaient à boire lorsqu'ils allaient au bourg, d'essayer d'obtenir des renseignements sur leur emploi. A la fin de chaque cours, ils rédigeaient un rapport sur les prouesses de leurs « clients ». Ludovic transcrivait et au besoin interprétait leurs verdicts, puis les adressait aux autorités dans un paquet d'enveloppes.

Il s'attela à cette tâche, son unique travail ou presque en ce matin de fin novembre, ouvrit un des rapports d'entraînement posé sur son bureau et lut :

P.T.[1] *O.K., mais du genre nerveux. Appréhension s'accentue. A dû être poussé pour le dernier saut.* N.B.G.[2] Ludovic écrivit : *Son énergie psychique ne vaut pas son excellent état physique. Il consulta son Roget et trouva, à la rubrique troubles de la personnalité : couardise : pusillanimité, poltronnerie, lâcheté, frousse abjecte, peur bleue, poule mouillée, cuistre. Poule mouillée* était bon, mais peut-être un peu fort... Le commandant Hound avait été une poule mouillée. Il continuait à feuilleter quand il fut rappelé à l'ordre par l'entrée du capitaine Fremantle qui tendait une enveloppe portant la mention *Secret.* Ludovic compléta en hâte le rapport : *Déficiences enracinées malgré l'entraînement. Non recommandable pour les opérations de commando,* et signa.

— Merci, Fremantle, dit-il. Vous pouvez prendre les rapports confidentiels, les cacheter et les remettre aux motards pour qu'ils les emportent. Que dites-vous de notre dernière fournée ?

— Pas grand-chose.

— Un ramassis de couards...

— Sir ?

— Ça va.

Chaque fournée de « clients » quittait le camp le matin de bonne heure, remplacée deux jours après, en fin d'après-midi, par la fournée suivante. L'intervalle laissait des loisirs aux moniteurs qui, s'ils étaient en fonds, pouvaient aller à Londres. Seul, le moniteur chef resta de garde ce jour-là. C'était un homme sérieux, abandonnant difficilement l'équipement de gymnastique qui remplissait le poste. Il se reposait dans l'antichambre, après une heure d'entraînement au trapèze, quand le capitaine le

1. P.T. : Physical training (Entraînement physique).
2. N.B.G. : "No bloody good" (Bon à rien).

trouva. Il refusa un verre. Le capitaine se prépara un cocktail, l'inscrivit scrupuleusement sur le livre des comptes, et après un moment demanda :

— Ne trouvez-vous pas le vieux un peu bizarre depuis quelque temps ?

— Je l'vois pas beaucoup.

— Je ne comprends pas la moitié de ce qu'il dit.

— Il en a vu de dures, en s'échappant de Crète... Des semaines sur un rafiot. Ça suffirait à rendre n'importe qui un peu dingue. Mais moi, je n'ai pas d'ennuis avec lui.

Au premier étage, Ludovic ouvrait l'enveloppe, sortait la liste des « clients » du lendemain, la parcourait du regard. Fournée totalement militaire. Il n'avait qu'une vague crainte : ses premières armes étaient si vivantes dans son esprit qu'il n'aurait pas aimé trouver sous ses ordres un officier de la Cavalerie royale. Le cas ne s'était jamais présenté, ne se présentait pas encore cette fois-ci, mais la liste portait un nom de mauvais augure. Elle suivait l'ordre alphabétique et, en tête, on lisait *« Crouchback, G. T/Y Capit. R.C.H.*

Même en ce moment de panique, son récent vocabulaire surgit. Un mot définissait parfaitement son état : *Commotion.* Bien que Ludovic n'en connût pas l'étymologie, il évoquait, par un rapprochement subtil, le mot « catastrophe ».

Après deux ans de répit, être frappé deux fois en un mois, là où il pouvait se croire le mieux à l'abri, dans la tour d'ivoire de l'*avant-garde*[1] littéraire, dans le donjon inexpugnable de son for intérieur ! Il avait lu assez de livres de psychologie pour que le mot *traumatisme* lui fût familier. Il savait que survivre à des blessures sans cicatrice apparente ne donne

1. En français dans le texte.

aucune garantie de santé durable. Des choses étaient arrivées à Ludovic durant l'été 1941 et il en avait perpétré qui, d'après les anciens, entraînent un sort funeste. Non seulement les anciens, mais presque tous les hommes pris individuellement, dépourvus de moyens de communication entre eux, avaient découvert et proclamé cette alliance sinistre des puissances ténébreuses et de la justice. Qui donc était Ludovic, se demandait Ludovic, pour opposer l'étroitesse de son scepticisme moderne à la longue expérience du genre humain ?

Il ouvrit son dictionnaire et lut : *Sort : destin irrévocable (habituellement défavorable), destruction, ruine, mort.* Il se tourna vers Roget et trouva : *Némésis : Euménides ; plaie qui reste ouverte ; lex talionis impitoyable, qui ne pardonne pas, inexorable, implacable.* Ses livres sacrés ne lui furent d'aucun réconfort ce matin-là.

Tandis qu'au milieu des plaines d'Essex Ludovic scrutait les démarches occultes de Némésis, Kerstie, énonçant simplement la loi des causes et effets dans l'ordre naturel, provoquait l'effarement à Eaton Terrace.

Ian était rentré de sa tournée dans les Highlands. Il avait quitté ses journalistes sur le quai d'Edimbourg, et retardé son retour d'une nuit pour aller saluer sa mère dans le château crénelé de la côte du Ayrshire. Son grand-père, le premier baron, avait fait édifier ce château comme demeure de famille. Actuellement réquisitionné, le bâtiment principal était, bien que solide, saccagé par les hommes de troupe. La vieille Lady Kilbannock habitait la maison du régisseur, et s'y réjouissait d'amuser les fils de Ian pendant les vacances. La première visite de celui-ci depuis la guerre avait été une fête, et il savourait encore la chaleur inhabituelle de l'accueil.

Arrivé à Londres au petit jour, il n'avait nullement l'intention de se présenter à son bureau avant l'après-midi. Virginia, adjointe à son secrétariat, répondrait au téléphone. Après sa nuit dans le train, il avait pris un bain, s'était rasé, avait déjeuné, allumé un cigare, et il se préparait à une matinée paisible quand Kerstie le rejoignit. Les horaires des agents du Chiffre sont irréguliers. Elle venait de passer la nuit, rentrait à la maison prendre un bain, et fut contrariée que Ian eût utilisé toute l'eau chaude.

Dans sa mauvaise humeur, elle claironna la nouvelle des ennuis de Virginia.

— Grand Dieu ! A son âge ! Avec son expérience ! s'écria Ian. En tout cas, ajouta-t-il, elle ne peut pas accoucher ici !

— Elle est bizarre et semble avoir perdu tout ressort. Mais le pays fourmille de médecins compréhensifs ou au besoin de sages-femmes. Beaucoup se font ainsi de petits bénéfices supplémentaires. Il se trouve qu'elle a essuyé deux échecs. Maintenant elle abandonne, en invoquant le Destin !

Ian aspira une profonde bouffée de son cigare et tourna vers Virginia des pensées plus affables. Il s'était vu d'abord en acteur de mélodrame, la chassant de sa maison. Maintenant il reprit :

— A-t-elle pensé au lieutenant ?

— Comme docteur ?

— Non, comme mari. Beaucoup de filles se décident au mariage, qui ont le trac de l'opération.

— Je ne crois pas que le lieutenant aime les femmes.

— Il en est toujours entouré. Mais il ne ferait pas l'affaire. Il faut à Virginia quelqu'un en partance pour la Birmanie ou l'Italie. Des tas de types se marient pendant leur dernière permission, avant l'embarquement. Elle n'annoncera l'heureux événement qu'en temps voulu. A son retour, si tant est qu'il revienne, il est peu probable qu'il demande le bulletin de naissance. Il sera fier comme Artaban de trouver un enfant à la maison. Le cas est courant.

Il fuma silencieusement devant le poêle à gaz tandis que Kerstie montait se laver à l'eau froide et se changer. Quand elle revint, vêtue d'un costume de Virginia 1939, Ian, par la pensée, suivait toujours cette dernière.

— Et Guy Crouchback ? demanda-t-il.

— Quoi, Guy Crouchback ?

— Ne va-t-il pas partir pour l'Italie ?

— Quelle idée. J'aime bien Guy.

— Moi aussi. Mais Virginia lui plaît. Elle m'a laissé entendre qu'à son premier retour de Londres il s'était montré entreprenant. On dit au *Bellamy* qu'il a fait récemment un bel héritage. Tiens, mais j'y repense ! Il a été le mari de Virginia, il y a longtemps. Tu devrais lui mettre cette idée en tête. Que ça y reste, que ça mijote. Elle fera le reste. Il n'y a pas de temps à perdre.

— Ian, tu me donnes la nausée.

— Bien. Peut-être ferais-je mieux d'aborder le sujet avec elle, au bureau, en tant que patron. On doit s'intéresser à ses subordonnés...

— Il y a des moments, vraiment, où je te déteste.

— Oui, Virginia aussi. Alors, trouvez-en un autre qui puisse la tirer de là. Un des Américains peut-être. Mais, vu le nombre des produits anticonceptionnels qu'ils laissent traîner partout, l'instinct de reproduction doit leur manquer.

— Tu ne ferais pas rappeler Trimmer ?

— Mettre à l'eau le travail de plusieurs mois ?

Jamais de la vie. Et par-dessus le marché, Virginia le déteste. Arriverait-il en kilt, escorté de cornemuses, elle ne l'épouserait pas. Il avait eu le coup de foudre, rappelle-toi. C'est ce qui a dégoûté Virginia. J'entends encore cette rengaine, *Night and day,* dont il me rebattait les oreilles en pensant à elle : *Comme le battement éternel du tam-tam, quand les ombres s'étendent sur la jungle...* C'était atroce.

Kerstie s'assit devant la cheminée, dans un nuage de fumée, tout contre Ian, non par tendresse, mais attirée par la chaleur des pauvres flammes bleues.

— Pourquoi ne vas-tu pas au *Bellamy* en parler à tes sales amis.

— Je ne tiens pas à rencontrer quelqu'un du Q.G. des Commandos. Officiellement, je suis encore en Écosse.

— Alors, moi, je vais dormir. Je n'ai plus envie de parler.

— A ton aise et bon courage. Mais, si elle ne peut se faire accepter comme femme d'officier, il existe des maternités spéciales pour les filles-mères qui travaillent. Trimmer, dans sa tournée d'usines, en a visité une.

— Tu vois Virginia dans une maternité ?

— Mieux que chez nous. Beaucoup mieux...

Kerstie ne dormit pas longtemps, mais elle constata, en descendant à midi, que l'attrait du *Bellamy* l'avait emporté sur la prudence de Ian et qu'il était parti. Mrs. Bristow couronnait son ouvrage de la matinée par une tasse de thé, en écoutant à la radio *Travaillez en musique.*

— Je pars, ma biche, annonça-t-elle. Quelqu'un va peut-être me donner l'adresse d'un autre médecin pour votre amie.

— Merci, Mrs. Bristow.
— Seulement il habite Canvey Island. De nos jours, n'est-ce pas, on ne peut pas trouver ce qu'on veut, là où on veut. C'est la guerre, ma biche.
— Bien sûr, malheureusement !
— Bon. J'apporterai le nom demain. Au revoir.
Kerstie ne pensait pas que Canvey Island fût un séjour engageant et son opinion se trouva confirmée quelques minutes après par Virginia, qui téléphonait du bureau.
— Canvey Island ? Où ça se trouve-t-il ?
— Quelque part près de Southend, je crois.
— Pas question !
— C'est le dernier espoir de Mrs. Bristow...
— Canvey Island !... bon, mais ce n'est pas pour ça que je te téléphone. Dis-moi, Ian est-il au courant de ma situation ?
— Je crois que oui.
— Tu lui en as parlé ?
— Heu... oui.
— Oh ! ça m'est égal, mais écoute : il m'invite à déjeuner, ce que je trouve bizarre. Peux-tu m'expliquer pourquoi ?
— Ça, non.
— Comme s'il ne me voyait pas assez tous les jours chez lui et au bureau ! Il veut me parler en privé. Crois-tu que c'est au sujet de mes ennuis ?
— C'est possible.
— Bon, je te raconterai tout à mon retour.
Kerstie réfléchit. Elle avait des principes de morale que son mari ne partageait pas. Finalement, elle essaya de téléphoner à Guy, mais une voix étrangère lui répondit que le capitaine Crouchback avait reçu une nouvelle affectation et n'appartenait plus au service.

Ludovic fut tiré de la demi-somnolence dans laquelle il avait sombré par un avion décollant à cinq cents mètres de lui et rasant avec fracas les cheminées de la maison. C'était un vieux bombardier récemment transformé pour servir à l'entraînement des paras. Ludovic quitta son fauteuil confortable et, assis à son bureau, nota une *pensée*[1] sur la première page d'un nouveau carnet : *Le prix de la paresse est la longévité.* Puis il se dirigea vers la fenêtre et regarda dans le vide à travers les carreaux.

Il avait choisi ces pièces, très éloignées des agrès et des tremplins d'entraînement installés devant la maison. Ses quartiers donnaient sur un demi-arpent de pelouse où s'élevait ce que les propriétaires appelaient « l'arboretum ». Ludovic disait simplement « les arbres ». Le vent d'est qui soufflait de la mer avait emporté des feuillages caducs ; les conifères des îles et les ifs glauques, dorés, et d'un vert si profond que par cet après-midi sans soleil il tournait au noir, composaient des dessins rigoureusement étudiés. Ludovic n'en tira aucune joie.

Où se cacher, se demandait-il, pendant les dix jours à venir ? Pas de permission possible : il avait pris toutes celles auxquelles il avait droit et, de sa formation initiale, il gardait un respect religieux de la discipline. Jumbo Trotter, lui, aurait inventé, pour s'absenter, une douzaine de prétextes parfaitement réguliers. S'il avait échoué, il se serait inscrit à un cours de perfectionnement pour officiers supérieurs. Ludovic n'avait jamais cherché à se faufiler dans les chemins détournés de la vie militaire. Les yeux fixés sur « l'arboretum », il se rappela le proverbe : « L'arbre cache la feuille. »

1. En français dans le texte.

Il descendit, traversa le hall et pénétra dans l'antichambre. Le capitaine Fremantle était toujours là, avec le chef moniteur.

— Asseyez-vous, dit-il.

Il n'avait jamais réussi ni même cherché à entretenir avec ses subalternes les rapports cordiaux qui, à Windsor, ou chez les Hallebardiers, régnaient au quartier des officiers.

— Voici les noms de la fournée de demain... Fremantle, les hommes qui suivent les cours, connaissent-ils mon nom ?

— Généralement, sir, c'est vous qui leur dites, le premier soir : « Je suis le commandant. Mon nom est Ludovic. N'hésitez pas à venir me voir si une difficulté se présente. »

C'était en effet une habitude héritée d'un prédécesseur cordial, mais le regard fixe et sinistre de Ludovic lorsqu'il énonçait ces formules de bienvenue avait découragé plus d'un « client » nerveux. Aucun jamais n'était venu le voir.

— Ah... Mais si je ne les *vois* pas, peuvent-ils savoir qui je suis ? Mon nom figure-t-il sur les règlements ou les consignes journalières ?

— Je crois que oui, sir, je vais vérifier.

— Dorénavant, toutes les consignes seront signées par vous : « Capitaine du camp pour le commandant. »

— Bien, sir.

— Je n'irai pas au mess. Pendant une semaine environ, je prendrai mes repas dans mon bureau.

— Très bien, sir.

Le capitaine Fremantle le regardait avec une surprise inquiète.

— Vous trouvez cela étrange, Fremantle ? C'est une question de sécurité. Le camp fait partie du Service secret et il y a eu des fuites. J'ai reçu ce matin l'ordre de... disparaître, pour ainsi dire. C'est excessif, j'en conviens, mais ce sont des ordres. Dites au chef de popote de me servir à déjeuner là-haut.

— Très bien, sir.

Il les quitta et sortit par la porte-fenêtre, en direction des arbres.

— Que pensez-vous de cette histoire ? demanda le chef moniteur.

— Il n'a reçu aucun ordre. J'ai vu le courrier. Il ne contenait qu'une enveloppe secrète : la liste des noms.

— Manie de la persécution, reprit le moniteur, ce ne peut être que cela.

Ludovic se promena seul sous les arbres. Sur l'emplacement des anciennes allées, on enfonçait maintenant jusqu'aux chevilles dans les feuilles mortes, les pommes et les aiguilles de pins. Ses bottes luisantes se ternirent. Il revint sur ses pas, mais, évitant les portes-fenêtres, il gagna l'escalier de service par une autre entrée.

On avait posé sur sa table une assiette de roast-beef — la ration hebdomadaire d'un civil — une plâtrée de pommes de terre, une épaisse sauce froide et un dessert invraisemblable. Il contempla tout cela d'un air indécis. La sonnette était détraquée, mais eût-elle fonctionné que les ordonnances du mess n'étaient pas habituées à y répondre. Il ne put supporter l'idée de s'asseoir devant ces nourritures peu engageantes. Une fois de plus il se dirigea vers les bois. De temps en temps un avion descendait pour atterrir, ou prenait bruyamment de l'altitude au-dessus de sa tête. Le soir commençait à tomber. Ludovic sentait l'humidité. Quand il regagna enfin sa chambre, le repas avait été enlevé. Il s'enfonça dans son fauteuil, tandis que le crépuscule tournait à l'obscurité.

On frappa à la porte. Il ne répondit pas. Le capitaine Fremantle passa la tête et la lumière du couloir éclaira Ludovic, assis, les mains vides, le regard fixe.

— Oh ! pardon, sir, s'excusa le capitaine. Je vous croyais sorti. Vous vous sentez bien ?

— Tout à fait bien, merci. J'aime à rester sans rien faire, à penser. Cela paraîtrait peut-être plus normal si je fumais la pipe ? Croyez-vous que je doive en acheter une ?

— Question de goût, sir.

— J'ai horreur de la pipe, mais j'en achèterai une si cela peut vous rassurer.

Le capitaine Fremantle se retira. En fermant la porte, il entendit Ludovic allumer la lumière.

— Le vieux est complètement timbré, annonça-t-il en regagnant l'antichambre.

Le fait que sa situation géographique restait ignorée des « clients » contribuait à créer autour de la villa de Ludovic un halo de mystère. Elle était connue officiellement sous le nom de Centre d'entraînement spécial Nº 4. Ceux qui étaient désignés pour y faire un stage avaient à se présenter à cinq heures du soir au bureau de contrôle d'un terminus de Londres. Là, ils étaient passés en revue par un officier de la R.A.F. ; un car les transportait dans l'Essex, et jusqu'au jour du départ ils ne revoyaient plus cet aviateur dont la contribution à l'effort national consistait à les accompagner la nuit, à s'assurer qu'aucun ne déserterait ni n'échangerait de propos avec des agents ennemis.

Ce stratagème déroutait les étrangers qui constituaient le principal contingent des cours d'entraînement ; s'ils étaient pris et torturés par la Gestapo, ils ne pourraient que répondre qu'ils avaient été emmenés la nuit pour une destination inconnue. Les Anglais, eux, reconnaissaient généralement l'itinéraire.

Guy, arrivé au rendez-vous, trouva un groupe d'une douzaine d'officiers. Aucun ne dépassait le grade de capitaine, mais tous étaient plus âgés que les minces athlètes du Régiment des Parachutistes. Guy était leur aîné de cinq ou six ans. Appartenant à différents régiments, ils avaient été, comme lui, manifestement choisis pour leur connaissance d'une langue étrangère et, sinon pour leur soif d'aventure, du moins pour leur désir de changement. Guy reconnut le dernier qui se présenta, un Hallebardier, son ancien subalterne : Frank de Souza.

— L'Oncle ! Que diable fais-tu là ? Appartiendrais-tu à l'état-major de cette sale boîte de Dotheboys[1] où l'on nous emmène ?

— Bien sûr que non ! J'y vais comme toi, pour suivre l'entraînement.

— Ouf ! C'est ce que j'ai entendu de plus réconfortant depuis que je suis en route. S'ils prennent de vieilles barbes comme toi, ce ne sera pas si dur qu'ils le disent.

Ils s'assirent l'un près de l'autre au fond du car et, pendant le trajet, échangèrent les plus récents potins sur les Hallebardiers. Le colonel Tickerige était maintenant général de brigade, Ritchie-Hook commandait un corps d'armée.

— Il est furieux et ne fait pas l'affaire. Jamais à

1. Pension de réputation douteuse dans « Nicholas Nickleby », de Dickens (N. d. T.)

son Q.G., toujours sous pression aux premières lignes.

Erskine avait été promu à la tête du 2e Bataillon ; de Souza commandait encore la compagnie quelques semaines auparavant ; il avait demandé son changement en invoquant sa connaissance du serbo-croate.

— J'en avais assez de me battre, dit-il. Quatre ans dans le même bain, c'est trop long pour qui a une vocation de civil. Et puis, ce n'était plus ça. Il ne restait presque plus personne des anciens. Pas tellement de pertes, à vrai dire... Il y a même eu un suicide à la compagnie, je n'ai jamais su pourquoi. Un milicien, apparemment normal, s'est tiré une balle dans la tête, un soir, sous sa tente. Quelques-uns ont attrapé de mauvaises blessures. On les a renvoyés chez eux. Un seul officier tué : Sarum-Smith, mais on a dispersé les types un peu partout ; d'abord un, puis deux sont partis suivre des cours comme officiers temporaires et ne sont jamais revenus ; parmi les sous-officiers, une bonne moitié avait l'âge de la retraite et les nouveaux n'étaient pas drôles. On s'apercevait brusquement que tout avait changé. En Italie, des Américains partout, réclamant à cor et à cri du Coca-Cola et des ice-creams. Enfin, j'ai décidé de mettre à profit ma connaissance de la Yougoslavie.

— Tu connais bien ce pays, Frank ?

— J'ai passé un mois en Dalmatie. C'est un endroit très agréable. J'ai potassé un peu la langue, assez pour satisfaire les examinateurs.

Guy raconta sa petite histoire, sans oublier son point culminant : le choix du sélecteur électronique au Q.G. des Commandos.

— Y as-tu rencontré Ralph Brompton, par hasard ?

— Tu le connais ?

— Plutôt. C'est lui qui m'a parlé de cette mission de liaison avec les Partisans.

— Quand tu étais en Italie ?

— Oui, il m'a écrit. Nous sommes de vieux amis.

— Je croyais que tous ses amis étaient des tapettes ?

— Mais pas du tout, je peux te l'assurer. En fait, ajouta de Souza d'un air mystérieux, je ne serais pas surpris que la moitié de ces types, dans le car, soient plus ou moins des amis de Ralph Brompton.

Il n'avait pas fini sa phrase qu'un individu portant pardessus et béret et n'ayant rien d'un militaire, se retourna sur le siège devant eux pour lui lancer un regard noir.

— Hello ! Gilpin, dit de Souza, avec une désinvolture affectée. Comment va le théâtre, à Londres, en ce moment ?

Gilpin émit un grognement et tourna le dos. Du coup, de Souza commença à parler spectacles.

L'accueil à l'arrivée fut cordial. Des ordonnances les attendaient, qui portèrent les bagages dans les chambres.

— Vous, les deux Hallebardiers, je vous ai mis ensemble, annonça le capitaine Fremantle. Je vous verrai après dîner. Allez boire un verre en attendant. On dîne dans une demi-heure.

Guy monta seul dans sa chambre. En redescendant, il s'arrêta sur l'escalier, entendant son nom. De Souza et Gilpin, se croyant seuls, bavardaient. Gilpin morigénait de Souza qui, d'un ton de soumission assez inhabituel, essayait de se disculper.

— Il n'y a pas de danger avec Crouchback.

— C'est possible, mais vous avez eu tort de mettre le nom de Brompton sur le tapis. Vous êtes censé ignorer à qui vous parlez et ne devez faire confiance à personne.

— Mais je connais Crouchback depuis 1939 ! Nous sommes entrés le même jour aux Hallebardiers.

— Quel rapport ? Sacré esprit de corps de la Huitième Armée ! Vous en prenez un peu trop à votre aise.

Ils passèrent tous deux dans le vestibule et Guy, étonné, les suivit peu après. Voyant de Souza sans sa capote, il remarqua qu'il portait le ruban de la Military Cross.

Ce fut le capitaine Fremantle, ce soir-là, qui leur adressa la parole :

— Je suis le capitaine du camp. Mon nom est Fremantle. Le commandant tient à ce que vous veniez me voir si une difficulté se présente...

Il lut le règlement, et expliqua l'organisation du mess, les dispositions de sécurité.

Le chef moniteur exposa ensuite le programme des cours : cinq jours d'enseignement théorique et d'entraînement physique ; puis les cinq sauts réglementaires du certificat d'aptitude, subordonnés aux conditions météorologiques. Il donna quelques statistiques encourageantes concernant les rares accidents.

— De temps en temps, nous avons un parachute en « torche ». Il arrive que certains s'embarrassent dans leurs cordes et fassent un mauvais atterrissage. Au total, beaucoup moins de risques qu'au steeple-chase...

Guy n'avait jamais pris part à un steeple-chase. Personne non plus, probablement, dans l'auditoire, pensa-t-il en jetant un coup d'œil autour de lui, et l'orateur pas davantage.

Ils montèrent se coucher de bonne heure.

— Les camps d'entraînement de l'armée ressemblent aux écoles préparatoires : on y fait bon accueil aux nouveaux, remarqua de Souza ; mais nous sommes bien tombés. Pas mal du tout, le dîner. Un programme pas trop chargé. Je crois que nous devrions être heureux ici.

— Frank, qui est Gilpin ?

— Gilpin ? Un type du camp d'entraînement. Professeur, je crois, dans le civil. Le genre plutôt sérieux.

— Qu'est-ce qu'il fait ici ?

— La même chose que nous, j'imagine. Il avait envie de changement.

— Comment le connais-tu ?

— Je connais des gens de tout poil, l'Oncle.

— Il appartient à la confrérie de Sir Ralph ?

— Oh ! je ne crois pas. Et toi ?

Pendant deux jours, les membres du peloton « dérouillèrent la machine ». Vu l'âge de Guy, le moniteur lui témoigna une sollicitude dont il ne s'offensa nullement.

— Allez-y doucement, sir. On voit que vous avez travaillé dans un bureau. N'en faites pas trop, au début. On les prend de toute taille et toute forme ici. Le mois dernier, nous en avions un si lourd qu'il lui a fallu deux parachutes.

Le troisième jour, ils sautèrent six pieds et firent un roulé-boulé en arrivant sur l'herbe. Le quatrième jour, dix pieds ; l'après-midi, grimpés sur un échaudage plus haut que la maison, ils sautèrent tout équipés, mais attachés à un câble muni d'un ressort et d'un poids qui les déposa doucement sur leurs pieds à l'arrivée au sol. Le chef moniteur guettait tout symptôme d'hésitation à l'instant du saut.

— Ça ira, Crouchback, dit-il... Un peu lent, Gilpin.

Au cours de cette période, Guy dormit à poings fermés, car il n'y avait pas de vols de nuit, et jouit d'un parfait bien-être physique. L'interdiction de sortir du camp lui était moins pénible qu'à d'autres.

De Souza manifestait quelque curiosité au sujet du directeur de leur petite école :

— Ce commandant existe-t-il ? Quelqu'un l'a-t-il vu ? On se croirait dans un de ces anciens pays d'Orient où les vizirs transmettaient les messages d'un prêtre-roi invisible...

Le lendemain, il y eut du nouveau :

— J'ai vu qu'on montait un repas par l'escalier de service, annonça-t-il. Il est bouclé quelque part au dernier étage.

— Peut-être qu'il boit ?

— Très vraisemblable. Je suis revenu à bord d'un bateau où notre chef de corps, un pochard convaincu, est resté enfermé dans sa cabine pendant tout le voyage.

Jour après jour, de Souza suivait son idée :

— Ce n'est pas possible que ce soit l'alcool. J'ai vu les plats redescendre vides. Les alcooliques ne mangent pas, c'est bien connu. C'était le cas de notre chef de corps.

— Le dîner du gardien, alors ?

— C'est ça. Ou il est saoul, ou il est fou ; de toute façon, un homme doit le garder nuit et jour pour l'empêcher de se suicider.

Plus tard, à un groupe qui stationnait dans le vestibule, il confia ses dernières hypothèses :

— Le commandant n'est pas malade. Il est prisonnier. Il y a eu mutinerie et les hommes vendent les rations au marché noir. A moins que tout le camp ne soit aux mains de la Gestapo... Où des parachutistes pourraient-ils atterrir avec plus de sécurité que sur une base d'entraînement ? Ils ont fusillé tout le monde, sauf le commandant parce qu'ils ont besoin de lui pour signer la paperasserie. Ils sont en train de se procurer le signalement de tous nos agents. Voyez ce moniteur, toujours fourré partout avec son appareil, soi-disant pour prendre des vues « en mouvement »... En réalité il prend des photos de nous qui seront tirées en microfilm et envoyées aux Fritz par le Portugal. Alors, la Gestapo possédera toute une galerie de portraits qui lui permettra de nous rafler dès que nous montrerons le bout du nez. Il nous reste à organiser une équipe de sauvetage...

A l'énoncé de ces fantaisies, Gilpin manifesta son mépris par un grognement et quitta la pièce.

— Un type sérieux, dit de Souza, je t'avais prévenu.

Mais Guy crut discerner dans son ton une légère *nuance*[1] de provocation.

— Et puis, il a le trac parce qu'il doit sauter demain...

— Moi aussi, dit Guy.

— Moi aussi, avouèrent quelques autres.

Au milieu de tout l'attirail dressé sur la pelouse, on pouvait voir le fuselage d'un avion. Des sièges de métal étaient fixés sur les côtés ; une ouverture, obturée par une trappe, avait été pratiquée dans le fond ; c'était une réplique de l'appareil d'où ils sauteraient. Ils s'entraînèrent là, au cours du dernier après-midi qui précéda le saut.

— Attention, nous arrivons sur le point de chute ! lança l'officier en ouvrant la trappe. Les deux premiers en position...

1. En français dans le texte.

Deux des hommes s'assirent l'un en face de l'autre, les jambes dans le vide.

— Numéro un, sautez !

Il abaissa le bras. Le premier s'élança sur le gazon et le numéro trois prit sa place.

— Numéro deux, sautez !... Ne pensez à rien, regardez seulement ma main. Le parachute, muni d'une coulisse, s'ouvre automatiquement. Quand vous avez sauté, veillez à garder les jambes serrées et à faire un petit roulé-boulé en arrivant au sol.

Mais une atmosphère de nervosité régna ce soir-là dans le vestibule. De Souza essaya de replacer sa plaisanterie sur le commandant fantôme.

— J'ai vu une tête à la fenêtre, un énorme visage blafard et repoussant. Il m'a dévisagé, puis a disparu, saisi sans doute par ses geôliers. C'était le visage d'un homme en proie au désespoir. Ils doivent le droguer.

— Qu'est-ce que c'est que cette histoire de « torche » ? demanda Gilpin.

— C'est quand le parachute ne s'ouvre pas. Tu tombes comme une pierre.

— Quand ça se produit-il ?

— Quand le parachute est mal plié, je crois.

— Dire que ces parachutes sont pliés par des filles ! Un seul agent fasciste dans le circuit suffirait à causer la mort de centaines, de milliers d'hommes peut-être !

— Dis donc, tu as les foies, on dirait !

— Je pèse les risques.

— Si ces salauds croient qu'ils vont me faire sauter comme ça d'un avion, dit un des jeunes « clients », ils feraient bien d'y regarder à deux fois.

— Naturellement, continua de Souza, il est très possible que le commandant soit à la tête de cette organisation. Ils évitent de le montrer parce qu'il ne parle pas anglais, mais ukrainien. Il sort la nuit et replie les parachutes pour qu'ils ne s'ouvrent pas. Ça demande de longues heures... C'est pourquoi il dort le jour.

— Pour l'amour du ciel ! lança Gilpin d'un tel ton que le silence régna.

De Souza comprit qu'il avait perdu la sympathie de l'auditoire.

— L'oncle, fit-il remarquer ce soir-là dans leur chambre, je crois qu'il n'y a que toi et moi qui n'avons pas la frousse ; et encore, je n'en suis pas si sûr en ce qui me concerne...

Quand toutes les lumières furent éteintes, Ludovic sortit de sa retraite, gagna en trébuchant la lisière de la forêt, respira un moment l'odeur des feuilles mouillées qui, pour lui, n'évoquait aucun tendre souvenir, et regagna sa chambre pour écrire.

Ceux qui prennent un trop grand intérêt au monde extérieur peuvent se trouver un jour à la porte de leur demeure... Ce n'était pas une *pensée*[1] tout à fait originale. Il se souvenait vaguement de l'avoir lue dans une revue d'étudiants jetée par Ralph Brompton dans la corbeille à papier. Elle lui parut pourtant appropriée.

Le lendemain matin, il n'y avait presque pas de vent, et même un semblant de soleil ; fameux temps pour sauter.

— Si ça dure, dit le chef moniteur, comme s'il promettait une réjouissance supplémentaire, nous pourrons peut-être faire un saut de nuit à la fin de l'entraînement.

Il se rendit de bonne heure sur le terrain, une

1. En français dans le texte.

lande dénudée à quelques milles de là, pour vérifier que les signaux étaient en place et installer le haut-parleur qui transmettrait ses admonestations, tandis que ses élèves descendraient vers lui. Le peloton fut conduit en voiture jusqu'à l'aérodrome, où il ne semblait pas attendu.

— Toujours la même chose, grommela l'officier « dispatcher ». Ils n'ont rien à faire qu'à organiser le vol, mais au dernier moment ce n'est jamais prêt.

Les paisibles soldats s'installèrent dans une baraque bourdonnante de jazz où un officier les considéra sans intérêt par-dessus le *Daily Mirror* et sortit lentement.

— N'y a-t-il pas moyen d'arrêter cette musique ? demanda Guy.

On trouva le bouton. Il y eut un bref répit. Puis un bras bleu-gris apparut par une porte, manipula le bouton, et le jazz reprit de plus belle.

Une demi-heure après, l'officier « dispatcher » revint. Il était accompagné du lecteur du *Daily Mirror.*

— Vous êtes prêts ?

L'officier d'aviation avait complété son uniforme.

— En réalité le taxi est à la révision, dit-il, mais je pense qu'on peut y aller.

Ils traversèrent la piste et grimpèrent dans le vieux coucou. Ils attachèrent leurs parachutes et l'officier « dispatcher » les examina rapidement puis vérifia les cordes d'ouverture attachées à une tige d'acier au-dessus de la trappe. Une faible lumière éclairait l'avion. Guy était assis près de Gilpin, qui devait sauter avant lui, leurs numéros respectifs étant 7 et 8.

— Je voudrais bien qu'ils se dépêchent, dit-il, mais toute conversation devint impossible dans le ronflement des moteurs.

Gilpin semblait avoir mal au cœur.

Un des buts de l'exercice était d'habituer le peloton au vol. On ne les emmena pas directement sur l'aire de parachutage ; ils firent de grands circuits, survolant la mer, pour revenir ensuite au-dessus des terres. On ne voyait pas grand-chose par les hublots. Le harnachement paraissait plus gênant qu'il n'en avait donné l'impression au sol. Ils étaient serrés, recroquevillés dans la pénombre, le bruit et l'odeur d'essence. Arrivés enfin au-dessus de l'aire de parachutage, l'officier « dispatcher », aidé du sergent, ouvrit la trappe.

— Prêts, les deux premiers, cria-t-il.

De Souza se jeta dans le vide sans hésiter. Le n° 3 prit sa place. Un intervalle d'une minute séparait chaque saut, pendant lequel l'appareil virait et revenait au-dessus du point de chute. Bientôt, Gilpin et Guy se trouvèrent face à face. Le paysage au-dessous d'eux tournait à une allure vertigineuse.

— Ne regardez pas en bas, regardez ma main, dit l'officier « dispatcher ».

Gilpin ne leva pas les yeux au signal. L'ordre retentit :

— N° 7, sautez.

Mais Gilpin resta rigide, les pieds pendant dans le vide, les mains crispées, regardant sous lui d'un œil fixe. L'officier ne dit rien jusqu'à ce que l'appareil eût accompli sa révolution.

— A vous, n° 8. Sautez !

Guy sauta. L'espace d'une seconde, sous le coup de fouet de l'air, il perdit conscience, puis il revint à lui, les sens libérés du bruit, de l'odeur, des vibrations de l'appareil. Le soleil embrumé de novembre l'enveloppait d'une lumière d'or. Sa solitude était complète.

Il connut l'extase et, autant que le lui permettait

son âme retenue à la terre, découvrit un avant-goût du paradis, *locum regrigerii lucis et pacis.* L'avion lui semblait aussi loin que nous paraîtra la terre à l'instant de notre mort. Le harnachement qui, dans l'appareil étroit, sombre et bruyant, l'avait irrité, le portait maintenant de manière presque imperceptible. Comme débarrassé des entraves de la chair, des muscles et des nerfs, il se sentait un pur esprit, flottant librement dans un élément aussi frais qu'au jour de la création.

Le ravissement cessa trop vite. Il n'était plus suspendu, immobile, il tombait à toute vitesse. D'en bas, une voix amplifiée l'admonestait :

— Vous balancez, nº 7 ! Mettez-vous d'aplomb en tirant vos cordages. Jambes serrées.

Le ciel, un moment, avait semblé lui appartenir et voilà que la terre venait à sa rencontre comme dans une chute de cheval. Dès que ses pieds touchèrent le sol, il exécuta le roulé-boulé qu'on lui avait appris, mais ressentit au genou une douleur aiguë. Étourdi, hors d'haleine, il resta étendu dans les hautes herbes. Puis, suivant les ordres, il se débarrassa de son parachute. Mais c'est vainement qu'il essaya de se mettre debout ; la douleur au genou était trop forte, il retomba. Un des moniteurs s'approcha :

— Bravo, nº 7... Ah, c'est vous, Crouchback... Quelque chose qui ne va pas ?

— J'ai dû me blesser au genou.

Déjà, il s'était foulé ce genou, au cours de la soirée des Hallebardiers à la caserne.

— Bon. Eh bien restez tranquille jusqu'à la fin de l'exercice. On s'occupera de vous alors.

Au-dessus de Guy, l'avion continua de virevolter, semant le ciel de parachutes. Finalement, Gilpin vint tomber non loin de lui, et s'approcha, figure robuste et peu militaire. Mais, son angoisse apaisée, il débordait d'une désinvolture inhabituelle.

— Eh bien ! ce n'était pas si terrible. Qu'en pensez-vous ? dit-il.

— Très plaisant, jusqu'à un certain point.

— J'ai raté le coche la première fois, je ne sais trop pourquoi. C'est comme à l'exercice : je n'ai jamais eu le sens de l'obéissance instinctive et aveugle.

Guy pensa lui demander s'il avait fallu « l'aider » à sauter. Il se retint. Et comme Gilpin était le dernier du peloton personne, en dehors de ceux qui devaient lire le rapport confidentiel, ne le sut jamais.

— Je crois que nous ferons un autre saut cet après-midi. Je me sens tout prêt.

— Pas moi, dit Guy. Fichtre non !

Le soir, le capitaine Fremantle vint faire son rapport à Ludovic.

— Un accident, sir, Crouchback.

— Crouchback ? dit Ludovic, comme si le nom ne lui disait rien.

— L'un des Hallebardiers, sir. Nous le trouvions un peu âgé pour le métier.

— Oui, approuva Ludovic. Il a fait une « torche » ?

— Oh ! non, rien d'aussi grave ! Une entorse, je pense.

Ludovic dissimula sa déception.

— Nous l'avons envoyé pour une radio à l'hôpital. Ils le garderont sans doute quelque temps. Irez-vous le voir ?

— Non, je crains de ne pas pouvoir. Trop de travail sur les bras... Passez un coup de fil pour le résultat de la radio. Plus tard, vous-même ou l'un des moniteurs irez vous assurer qu'il a tout ce qu'il faut.

Le capitaine Fremantle connaissait la nature exacte du travail de Ludovic. Celui-ci s'était toujours rendu en personne près des « clients » blessés. Il assistait même, de loin en loin, à leur enterrement.

— A propos, voulez-vous dire au chef de popote que je dînerai en bas ?...

L'atmosphère dans le vestibule, ce soir-là, était à l'exubérance, presque à l'exaltation. Les onze « survivants » avaient exécuté leur second saut par calme plat ; et, l'appréhension surmontée, ils se faisaient fort de terminer cet entraînement à leur honneur. Debout ou étalés confortablement sur les fauteuils et les divans, tous riaient à gorge déployée. Gilpin ne restait pas étranger à la joie générale.

— Ce n'est pas que j'aie tellement goûté l'impression première..., avoua-t-il en acceptant un verre de bière offert par l'officier « dispatcher », le même qui, le matin, l'avait expédié sans cérémonie dans l'espace, piétinant carrément ses doigts qui s'accrochaient aux rebords de la trappe.

Au milieu de cette joyeuse compagnie, Ludovic apparut comme l'ange de la mort. Personne, jamais, n'avait pris au sérieux les élucubrations de Souza, mais il les avait si souvent répétées en les enjolivant que ce commandant dissimulé à l'étage supérieur, ni vu ni entendu de personne, baignait dans un halo de mystère et de crainte que son apparition ne dissipa pas.

Il dépassait de plusieurs centimètres le plus grand du groupe. Face à ces jeunes gens sveltes, et florissants, la masse molle, le teint blême de Ludovic faisaient moins penser au bureau qu'à la tombe. Un silence complet s'établit.

— Présentez-moi à ces messieurs, dit Ludovic.

Il fit, derrière le capitaine Fremantle, le tour du groupe, touchant de sa main moite toutes les paumes chaudes et sèches, répétant chaque nom, semblant déchiffrer les titres de livres qu'il n'aurait pas eu l'intention d'ouvrir.

— Puis-je vous offrir quelque chose, sir ? demanda hardiment de Souza.

— Non, non, répondit Ludovic des profondeurs de son sarcophage. J'ai moi aussi des consignes à respecter.

Et jetant un regard sur cette assemblée réduite au silence :

— L'un de vous s'est blessé, m'a-t-on dit... Quelles sont ses nouvelles, Fremantle ?

— Rien de nouveau, sir. Il sera radiographié demain.

— Tenez-moi au courant. Mais je vous en prie, messieurs, ne vous gênez pas pour moi. De là-haut, vous me paraissiez très gais, continuez. Ma présence ici n'a rien de protocolaire.

Les jeunes officiers vidèrent leurs verres, sans penser à les remplir.

Le regard de Gilpin se posa sur la poitrine de Ludovic.

— Vous vous demandez sans doute, dit soudain celui-ci, comment j'ai mérité cette médaille ?

— Non, sir, je me demandais simplement ce que c'était.

— C'est la distinction conférée aux hommes de troupe. Je l'ai gagnée en vol. Pas en vol comme celui que vous venez d'expérimenter. Le mien était une fuite devant l'ennemi.

La voix de Ludovic eût-elle laissé percer la

moindre intention de plaisanterie, les rires ne demandaient qu'à éclater. Mais l'auditoire se tint coi. Ludovic tira de sous ses médailles une grosse montre d'acier.

— C'est l'heure de dîner, annonça-t-il. Faites les honneurs, Fremantle.

L'habitude était jusqu'alors d'arriver au mess pour dîner à une demi-heure près et de s'asseoir n'importe où. Mais, après que Ludovic se fut placé à l'une des extrémités de la table et le chef moniteur à l'autre, il y eut compétition pour prendre place près de ce dernier jusqu'à ce que deux malheureux dussent s'asseoir à côté de Ludovic.

— Faites-vous la prière au mess ? demanda-t-il à l'un d'entre eux.

— Quand il y a des invités, sir.

— Ce n'est pas un repas de fête. Au contraire. Nous déplorons l'absence d'un blessé. Connaissez-vous le bénédicité, Fremantle ? Personne d'autre ?... Bon, nous nous en passerons.

Du point de vue culinaire, ce dîner fut particulièrement réussi. Le malaise dû à la présence de Ludovic ne coupait pas l'appétit de ces jeunes affamés. Près du chef moniteur, la conversation se poursuivait à voix basse, sans gagner toutefois l'autre extrémité où Ludovic mangeait de bon appétit, mais avec distinction, maniant méticuleusement couteau et fourchette, « comme un dentiste » devait dire ensuite de Souza. Il semblait qu'autour de lui un vide se fût créé, aussi parfait que celui où avait flotté Guy durant sa brève descente en parachute.

A la fin du repas, il se leva et quitta la pièce sans un mot, discrètement, d'un pas lourd. Mais l'ambiance n'était plus à l'entrain. Ils s'aperçurent tous qu'ils étaient fatigués et montèrent se coucher après les informations de neuf heures. De Souza eût aimé évoquer avec Guy la sinistre apparition de la soirée. Il avait déjà trouvé un surnom au chef de camp : « Dracula »[1] — et son esprit bouillonnait de détails macabres qui auraient bien sûr suscité la réprobation méprisante de Gilpin. Les moniteurs s'attardèrent en bas. Ludovic ne leur faisait pas peur, à eux, mais ils prévoyaient une désorganisation ridicule selon les uns, impensable selon les autres, dommageable en tout cas à la quiétude de leur train-train quotidien.

— J'ignore la marche à suivre si un chef devient fou, s'inquiéta le moniteur. Qui doit prendre l'initiative du rapport, et le faire à qui ?

— Ça va peut-être lui passer...

— Il avait une sacrée gueule ce soir, et qui n'annonçait rien de bon.

— Tu crois que les clients l'ont remarqué ?

— Je ne vois pas comment ils auraient pu faire autrement. Il n'y a pas d'étrangers dans cette fournée.

— Jusqu'ici, on ne peut pas dire qu'il ait vraiment *fait* quelque chose.

— Mais le jour où ça le prendra, qu'est-ce qu'il va inventer ?

Il fit beau le lendemain, et les exercices se déroulèrent normalement, mais la soirée manqua d'entrain. Tous, même les plus jeunes, les plus aptes, se plaignaient de bleus, de foulures et tous étaient d'accord pour constater que la répugnance naturelle de l'homme pour le saut dans le vide résiste à la répétition. Ludovic parut aux repas, sans *éclat*[2] cette fois. Au dîner, il lança seulement, et pour le capitaine Fremantle :

1. Nom d'un vampire du roman de Bram Stoker.
2. En français dans le texte.

— Je crois que je vais m'acheter un chien.
— Ah oui, sir ? Ce sont de petites bêtes amusantes.
— Je ne veux pas un chien amusant.
— Un chien de garde peut-être ?
— Non. (Il s'arrêta un moment, fixant le capitaine abasourdi et les hôtes intrigués). Je cherche un être à aimer.
Personne ne dit mot. On servait un entremets, tour de force pour l'époque. Ludovic le happa, d'une bouchée vigoureuse.
— Le capitaine Claire avait un pékinois, dit-il.
Et, après un silence :
— Vous ne connaissez pas le capitaine Claire. Il s'est sauvé de Crète, lui aussi, mais il n'a pas été décoré...
Nouveau silence de quelques secondes, qui leur parut durer des heures :
— J'aimerais avoir un pékinois affectueux...
Puis, comme pour clore le débat, il se leva de table aussi brusquement que la veille. Tandis qu'il faisait une sortie majestueuse, on eût dit que l'animal de son choix l'attendait déjà de l'autre côté de la porte de chêne et qu'il allait le ramasser, l'emporter dans les ténèbres hantées, sa vraie demeure.
Il avait fermé la porte derrière lui, mais à travers les lourds panneaux on pouvait l'entendre chanter. La chanson ne datait pas de sa jeunesse mais de plus loin, du temps d'un père ou d'un oncle, qui l'avait apprise à ce très étrange petit garçon qui était devenu Ludovic :

Papa n'veut pas m'acheter un ouah ouah ouah,
Papa n'veut pas m'acheter un ouah ouah ouah,
J'ai un p'tit chat et ça me va
Mais c'que j'veux moi c'est un beau ouah ouah.

— Peut-être serait-il bon, dit plus tard le moniteur au capitaine Fremantle, de sonder l'un des clients au sujet du vieux.

Le lendemain le vent d'est souffla dur. Toute la matinée, le peloton attendit en baguenaudant les rapports météorologiques, et le chef annonça à midi la suppression de l'exercice. Le capitaine Fremantle, que l'aggravation évidente de l'état de Ludovic avait rendu de plus en plus nerveux au cours des dernières trente-six heures, accueillit volontiers un répit opportun pour réaliser le plan du moniteur.

Son choix se porta sur de Souza.

— Faudrait bien voir le Hallebardier à l'hôpital. Nous pourrions déjeuner dehors. Je connais une petite auberge assez sympa.

Ils partirent dans la bourrasque, sans chauffeur. Dès que la villa ne fut plus en vue, Fremantle s'aventura :

— Il n'est pas strictement réglementaire, bien sûr, de parler d'un officier supérieur, mais vous me paraissez quelqu'un de sensé et officieusement, en confidence, je voudrais vous poser une question... Entre nous, n'auriez-vous pas remarqué quelque chose de bizarre chez le commandant ?

— Dracula?

— Le commandant Ludovic. Pourquoi l'appelez-vous ainsi ?

— C'est le nom que lui a donné le peloton. Son vrai nom, personne ne nous l'a jamais dit... Pour étrange, il l'est. C'est récent ?

— Non, mais ça s'accentue, depuis quelques jours surtout. La bonhomie n'a jamais été son fort. Nous le trouvions réservé, secret. Mais rien de plus précis.

— Et maintenant ?

— Vous l'avez vu, ces deux soirs.

— Évidemment, mais je ne sais pas comment il

était avant... J'avais bien une idée, mais, d'après ce que vous me dites, je crois que je me suis trompé.

— Qu'est-ce que vous pensiez ?

— Je le croyais mort.

— Quoi ?

— Un souvenir d'Haïti. Là-bas, ils appellent « zombies » des hommes qu'on déterre, qu'on fait travailler et qu'on enterre à nouveau. J'ai cru qu'il avait peut-être été tué, en Crète ou ailleurs. Mais c'est manifestement une erreur.

Le capitaine Fremantle commençait à craindre d'avoir été mal inspiré dans le choix du confident.

— Je n'aurais pas abordé ce sujet si j'avais prévu que vous le tourneriez en plaisanterie, dit-il d'un ton contrarié.

— Simple hypothèse, admit de Souza avec désinvolture, et basée sur une observation sommaire. D'où l'impression que la véritable explication est plus prosaïque. Il devient dingue, tout simplement.

— Un cas pour les psychiatres, selon vous ?

— Oh ! certes non ; *ceux-là,* je ne les ai jamais jugés bons à grand-chose. Non. A votre place je lui achèterais un pékinois et je le tiendrais à l'écart, dans la mesure du possible. D'après mon expérience, les postes les plus importants de l'armée sont généralement occupés par des fous. Ils n'y causent pas plus d'ennuis que les autres.

— Vous prenez tout à la blague... commença le capitaine Fremantle.

— Une bonne blague, pour Guy Crouchback, assurément, interrompit de Souza. Et il en a besoin. Les plaisanteries des Forces aériennes sont lamentables.

Ils arrivèrent à l'hôpital, triste construction temporaire, au-dessus de laquelle le drapeau de la R.A.F. claquait furieusement dans l'ouragan. Pliés en deux par le vent, ils franchirent la pente de béton et pénétrèrent dans le bâtiment.

Un jeune soldat aux cheveux trop longs, portant l'uniforme de la R.A.F., était assis à une table près de la porte, une tasse de thé devant lui, la cigarette collée à la lèvre inférieure.

— Nous venons voir le capitaine Crouchback.

— Vous savez où il est ?

— Non, mais peut-être pouvez-vous nous le dire.

— Je ne pense pas. Un capitaine ? Nous n'avons pas de types de l'armée ici.

— Il est arrivé hier, pour une radio.

— Demandez au service radiographie.

— Où est-ce ?

— C'est écrit sur la porte.

— Je pense qu'il serait superflu de faire un rapport sur l'insolence de ce type, dit le capitaine Fremantle.

L'hôpital n'était pas surchargé et c'était l'heure creuse. Les malades avaient pris leur repas et le personnel déjeunait. Personne dans la salle de radiographie.

Les deux officiers errèrent dans des corridors vides, au sol recouvert d'une substance sombre et légèrement collante, destinée à étouffer le bruit des pas.

— Il doit pourtant y avoir un planton quelque part.

Une pancarte « Visites interdites » était clouée sur une porte que de Souza ouvrit. Il se trouva en face d'un homme très excité, apparemment en proie au délire et qui devait voir son lit envahi par des insectes venimeux.

— *Delirium tremens,* dit de Souza. Sonnons, il viendra bien quelqu'un.

Il sonna et un infirmier parut.

— Nous cherchons un officier du nom de Crouchback.

— Ce n'est pas lui. Celui-ci est dangereux, vous feriez mieux de sortir.

Et dans le corridor :

— Je n'ai jamais vu ça. A Alexandrie, un farceur lui a confié un paquet pour Londres : « Ne remettre qu'à des officiers ». C'étaient des scorpions, qui se sont échappés...

— Quels dangers vous courez pour nous, vous, les bleus[1]. Mais comment trouver le capitaine Crouchback ?

— Voyez au Secrétariat.

Ils découvrirent un officier dans un bureau.

— Crouchback ? Connais pas.

— Vous dressez bien une liste des arrivants ?

— Bien sûr. Qu'est-ce que vous imaginez ?

— Il est arrivé hier.

— Hier, ce n'était pas moi.

— Peut-on voir l'officier qui était de service ?

— Il est de sortie aujourd'hui.

— Un enlèvement, tout simplement, fit de Souza.

— Dites-donc, vous deux, je ne sais même pas qui vous êtes, bon sang, ni comment vous êtes entrés. Pouvez-vous me dire ce que vous êtes en train de faire ici ?

— Visite de contrôle, dit de Souza. Nous adresserons notre rapport à qui de droit.

Le vent soufflait avec une telle violence, quand ils quittèrent le bâtiment, qu'ils durent attendre, pour parler, l'abri de la voiture.

— A mon avis, dit Fremantle, vous n'auriez pas dû le prendre de si haut. Ce type pourrait nous attirer des ennuis.

1. Les aviateurs anglais portaient un uniforme bleu (N.d.T.)

— A vous peut-être, pas à nous, les « clients ». Mon identité ne doit-elle pas rester rigoureusement secrète ?... En route pour le marché noir.

L'auberge offrait un refuge contre l'ouragan, mais sans aucun des mets somptueux de chez Ruben. Elle différait seulement des hôtels voisins par l'abondance des tickets que lui vendait le fourrier du capitaine Fremantle. Mais, loin du regard sinistre de Ludovic, ils mangèrent avec entrain.

— Dommage que nous n'ayons pu voir Crouchback, dit le capitaine Fremantle. Ils ont dû le changer d'hôpital.

— Ces oubliettes s'ouvrent et se referment continuellement, dans l'armée. Notre ami n'aurait-il pas été enlevé sur l'ordre du commandant ? Il a un peu trop insisté sur son accident, pour mon goût. On pourrait presque dire qu'il s'en délectait...

Mise en branle par le vin généreux d'Afrique du Nord, l'imagination de Souza entra en action comme s'il participait à une conférence de scénaristes épuisés.

— En le supposant fou, nous acceptions une explication trop simple de la conduite du commandant. Nous sommes en pleine machination politique, Fremantle. J'ai été surpris de trouver l'oncle Crouchback au terminus du car. Il a nettement passé l'âge de s'amuser avec des parachutes. J'aurais dû me douter de quelque chose, mais je pensais à l'officier que j'ai connu en 1939. Quatre années de guerre peuvent changer un homme. Elles m'ont changé. J'ai laissé une partie de mon oreille gauche en Crète ; ça ne me gêne pas, mais ça se voit. Dans quel but Crouchback a-t-il été envoyé ici ? Pour surveiller le commandant, peut-être ? Ou pour être surveillé par lui ? L'un des deux est un agent fasciste ; les deux peut-être. L'oncle Crouchback travaillait au Q.G. des Commandos, nid notoire de conspirateurs. Pourquoi votre Ludovic n'aurait-il pas reçu un pli cacheté : *l'officier désigné ci-dessus peut être sacrifié,* sans commentaire ? Quelqu'un remarquait l'autre jour qu'il n'est pas difficile de provoquer une « torche ». Le numéro de Crouchback dans le peloton était connu. C'est un piège de ce genre que Ludovic et ses complices ont tendu...

L'esprit simple du capitaine Fremantle, également échauffé par le vin, se prit au jeu.

— En fait, dit-il, c'est le premier mot que le commandant a prononcé quand je lui ai fait part de l'accident de Crouchback. « Une torche » ? Comme si c'était la chose la plus naturelle du monde...

— Ça aurait paru naturel. Le commandant devait ignorer l'heure de l'assassinat, qui pouvait être fixé au premier après-midi comme au dernier. Le petit accident de Crouchback l'a momentanément sauvé. Maintenant qu'ils l'ont retrouvé, je crains que ni vous ni moi ne revoyions jamais mon vieux frère d'armes...

Ils passèrent en revue les possibilités d'un complot, d'un plan contrecarré et même d'une trahison. Le capitaine Fremantle était un homme simple. Il occupait avant la guerre un emploi modeste dans une compagnie d'assurances. Depuis trois ans, son poste l'avait mis à même de se faire une idée des services secrets. Trop de personnages avaient brièvement traversé son champ visuel limité, pour qu'il ignorât complètement l'existence de ce monde de duperie et de péril qui le dépassait. Il était prêt à croire tout ce qu'on lui disait. Mais l'abondance des explications possibles le troublait.

Tandis qu'ils rentraient en voiture, de Souza développa une nouvelle théorie.

— Ne sommes-nous pas obnubilés par le présent ? Nous pensons en hommes des années trente. Mais l'oncle Crouchback comme le commandant ont atteint la maturité dans les années vingt. Pourquoi ne s'agirait-il pas d'une histoire d'amour ? Votre Dracula a manifestement tout d'une tante et la vie sexuelle de Crouchback a toujours été plus ou moins mystérieuse. Il ne s'est jamais montré *coureur*[1] quand j'étais avec lui. Nous sommes peut-être en face d'un cas classique de chantage ou de jalousie.

Le capitaine Fremantle perdait complètement pied.

— Mais pourquoi y aurait-il un rapport entre le commandant et la disparition de Crouchback ?

— C'est notre hypothèse de base.

— Je ne sais vraiment pas si je dois vous prendre au sérieux.

— Vous ne savez pas ? Avouez que vous n'êtes pas sans apprécier notre petite escapade, et qu'elle vous fournit matière à réflexion.

— En un sens, oui.

Ce fut un capitaine troublé et déconcerté qui regagna, au début de l'après-midi, son quartier général. Il avait été chargé d'une délicate enquête auprès d'un des « clients », apparemment des plus sérieux, pour apprécier ce que lui-même ou ses camarades avaient pu remarquer des petites singularités du commandant. Et voilà qu'il était mêlé à un mystère, à un meurtre peut-être, dont le motif se perdait dans les ténèbres de la politique internationale ou les bas-fonds du vice. Le capitaine Fremantle n'était pas à l'aise dans un tel climat.

La maison, à leur arrivée, semblait vide. Tout y était silencieux ; on n'entendait que le hurlement du vent dans les cheminées. Les occupants, consignés,

1. En français dans le texte.

sans travail, étaient allés se coucher. Une sentinelle du corps des sapeurs assurait la garde du hangar. Le capitaine Fremantle apprit que Ludovic, accompagné d'un chauffeur, était parti en voiture alors que le peloton attendait encore sur l'aérodrome ; comme tout officier investi d'une charge et devant motiver son absence, il avait déclaré être appelé en conférence.

— Je crois que je vais aller me coucher, moi aussi, annonça de Souza. Merci pour la promenade.

Le capitaine du camp jeta un coup d'œil sur son bureau en ordre, s'assura qu'aucun pli n'était arrivé dans la journée et put poser enfin sur l'oreiller sa tête en proie à la perplexité. Les vertus soporifiques du vin africain se firent doucement sentir. Il dormait quand l'ordonnance entra pour accrocher les rideaux de la défense passive.

— Pardon, sir, dit-il en apercevant la silhouette aux cheveux ébouriffés. Je ne vous croyais pas ici.

Le capitaine revint à lui.

— Serait temps que je montre mon nez... Le commandant est-il arrivé ?

— Oui, sir, répondit l'homme avec un sourire.

— Qu'y a-t-il de drôle, Ardingly ?

Une confiance et une cordialité régnaient entre eux à laquelle Ludovic, bien qu'il usât aussi des services d'Ardingly, restait étranger.

— Le commandant devient bizarre, sir.

— Bizarre ?

Des souvenirs fantasmagoriques envahirent soudain l'esprit de Fremantle.

— Oui, sir. Il a acheté un petit chien.

— Qu'est-ce que cela a de bizarre ?

— Ben, ça ne ressemble pas au commandant, sir... Peut-être qu'il retombe en enfance ? hasarda Ardingly.

Le capitaine, en s'allongeant, s'était contenté d'ôter ses chaussures, ses guêtres et sa veste. Il revêtit son uniforme réglementaire et suivit le corridor jusqu'aux quartiers de Ludovic. A la porte, il s'immobilisa ; une sorte de gloussement lui parvenait, rappelant l'appel d'une fermière qui distribue le grain de ses volailles. Il frappa et entra.

Le sol de la chambre était parsemé de soucoupes contenant du lait, de la viande de conserve, des saucisses, des biscuits et autres nourritures exclusivement délivrées moyennant tickets ou bourse bien garnie. Rien ne semblait avoir souri à l'appétit du chiot, blotti sous le lit de Ludovic dans un nid de papiers déchiquetés. C'était une jolie petite bête aux yeux aussi exorbités que ceux de son nouveau maître. Accroupi à quatre pattes, celui-ci émettait les bruits que Fremantle avait entendus.

Il leva vers Fremantle une face épanouie et radieuse : pas trace d'embarras ou de mécontentement devant cette intrusion, mais le besoin de laisser déborder l'allégresse de son cœur.

— Ce fripon n'aime rien de ce que je lui donne ! J'étais inquiet, je le croyais malade, j'allais appeler le toubib. Je me retourne un quart de seconde... il n'avait fait qu'une bouchée du dernier numéro de *Survival !* Que pensez-vous de cet appétit ?

Tout à sa toquade, il reprit sur le mode enjôleur :

— Que vont dire le gentil capitaine si tu ne veux pas de ses bonnes réserves et le gentil éditeur si tu bouffes son journal ?

A moins d'un mille de là, Guy était dans son lit. Comme l'avait fait remarquer de Souza, des oubliettes s'ouvraient de temps en temps pour engloutir les soldats de Sa Majesté. Guy y était tombé. Il portait un pyjama de flanelle d'emprunt. Sa jambe était immobilisée dans le plâtre et il semblait avoir perdu tout droit sur elle. La musique était si bruyante dans le baraquement qu'elle couvrait les ronflements du vent. C'était l'infirmerie de l'aérodrome. On l'y avait amené en ambulance, depuis l'hôpital de la R.A.F., et un jeune médecin avait estimé que son cas ne justifiait aucun traitement.

— Restez tranquillement étendu, mon vieux. Nous retirerons le plâtre dans quelques semaines et tout ira bien, vous verrez.

Mais Guy n'était pas bien du tout. L'infirmerie n'abritait pas d'autre malade et les soins étaient assurés par un jeune garçon qui, assis sur le lit de Guy, déclara dès le départ des infirmiers :

— Je suis un O.C.

— Officier chef ? demanda Guy sans surprise, tout lui paraissant possible.

— Non : objecteur de conscience.

Par-dessus le tumulte du jazz, il développa en long et en large ses objections. Ni politiques, ni morales, elles étaient ésotériques, basées sur les dimensions de la Grande Pyramide.

— J'aurais pu vous prêter un livre là-dessus, mais on me l'a piqué.

Il n'y avait pas de méchanceté chez ce garçon, mais pas non plus de désir de faire plaisir. Guy lui demanda quelque chose à lire.

— Un type du service social est venu avec des bouquins. Quelqu'un a dû les faucher pour les revendre. Ce n'était en tout cas pas des livres marrants. Et jamais de journaux, à la R.A.F. La radio leur suffit.

— Ne pouvez-vous faire cesser ce bruit infernal ?

— Quel bruit ?

— La radio.

— Impossible. C'est exprès. Diffusé dans tout le camp. Il y a des disques aussi. Vous vous y habituerez, vous verrez. Vous n'y ferez plus attention.

— Où sont mes vêtements ?

L'objecteur de conscience jeta un regard vague dans la baraque.

— Pas l'impression qu'ils sont là. On les a peut-être bien laissés à l'hôpital. Faudrait demander à Admin.

— Qui est Admin ?

— Un type qui vient une fois par semaine.

— Écoutez, dit Guy, il faut que je sorte d'ici. Voulez-vous téléphoner à l'école de parachutistes et demander au capitaine Fremantle de venir ?

— Peux pas faire ça.

— Pourquoi diable ?

— Il y a qu'Admin qui a le droit de téléphoner. Quel numéro, cette école ?

— Je ne sais pas.

— Ben alors, comment voulez-vous que je fasse ?

— Pourrais-je voir Admin ?

— Vous le verrez quand il viendra faire sa tournée.

Guy passa dans son lit une journée atroce, dans les braillements et les vrombissements du jazz, les yeux fixés sur la tôle ondulée du toit. A intervalles réguliers, l'infirmier lui présentait des tasses de thé et des assiettes contenant un brouet immangeable. Au cours des heures d'insomnie de la seconde nuit, il forma le projet de s'échapper.

Le vent était tombé pendant la nuit. Ses camarades, songea-t-il, devaient s'apprêter pour leur cinquième saut. A grand-peine et non sans souffrance, il traversa la baraque à cloche-pied, s'appuyant au bord des lits vides. Dans un coin se trouvait un balai, sans poil ou presque, avec lequel l'infirmier était censé nettoyer le sol. S'en servant comme d'une béquille, Guy sortit en titubant et reconnut les bâtiments. L'espace goudronné qui le séparait du mess des officiers eût paru négligeable à un homme valide ; mais pour la première fois depuis son fâcheux atterrissage Guy sentait violemment sa douleur. Dans l'air frisquet de ce matin de novembre, il fut bientôt couvert de sueur. Une telle entreprise, à la caserne des Hallebardiers, eût attiré l'attention. Ici, personne n'avait charge ni de l'arrêter, ni de l'aider.

Il se laissa enfin tomber dans un fauteuil.

Un ou deux pilotes le dévisagèrent mais acceptèrent l'intrusion de ce boiteux en pyjama avec la même indifférence qui avait accueilli son arrivée en uniforme dans le peloton de parachutistes.

— Je voudrais écrire une lettre, cria-t-il à l'un d'eux par-dessus le bruit de la musique.

— Allez-y, ça ne me dérange pas.

— Y a-t-il quelque chose qui ressemble à une plume et du papier ?

— Je n'en vois pas. Et vous ?

— Mais que faites-vous quand vous avez une lettre à écrire ?

— Le vieux m'a toujours dit : « N'écris jamais ».

Guy attendit, et ce ne fut pas en vain. Une heure plus tard, le groupe des parachutistes arriva, conduit cette fois par le capitaine Fremantle.

Le capitaine du camp avait dormi (deux fois) sur le problème de la disparition de Guy. Il ne donnait plus son accord de principe à aucune des « hypothèses » de Souza, mais un halo de mystère subsistait et il n'était nullement préparé à l'apparition de Guy en pyjama de flanelle, brandissant un balai. Il s'approcha avec précaution.

— Dieu merci ! vous voilà, s'exclama Guy avec une chaleur à laquelle Fremantle était peu habitué.

— Oui, je dois voir l'officier de l'aérodrome.

— Il faut que vous me sortiez d'ici.

Le capitaine Fremantle avait trois ans d'expérience militaire. Tandis que Guy expliquait avec frénésie sa situation fâcheuse, une solution réglementaire surgit toute prête.

— Ce n'est pas mon rayon, mon petit. Il n'y a qu'un toubib qui puisse vous laisser sortir.

— Il n'y en a pas, ici, rien qu'un vague infirmier.

— Ça ne va pas. La signature d'un médecin militaire est indispensable.

Les onze « clients » étaient moroses. Avec la peur, l'excitation était tombée ; ce dernier saut n'était qu'une corvée de plus. De Souza, apercevant Guy, s'approcha :

— Te voilà sain et sauf, l'Oncle ! dit-il.

Guy avait alimenté son imagination pendant une journée de pluie. La plaisanterie épuisée, de Souza avait hâte d'en finir avec son entraînement, de retrouver Londres et la fille qui l'attendait.

— On est en train de me rendre fou, Frank !

— Je m'en doute.

— Le capitaine prétend ne rien pouvoir pour moi.

— Ça ne m'étonne pas... Bon. Enfin, je suis content de t'avoir vu en forme. Je crois qu'on va nous faire décoller.

— Frank, tu te souviens de Jumbo Trotter, à la caserne ?

— Ma foi, non.

— Il pourrait m'aider, lui. Veux-tu lui téléphoner dès ton retour ? Dis-lui seulement ce qui m'est arrivé et où je suis. Je te donne son numéro.

— Mais vais-je *revenir ?* Pour moi, tu sais, c'est la

question qui compte. Chaque fois que nous grimpons dans cet engin, nous risquons notre vie — chaque fois que nous le quittons, plutôt. Tu peux me retrouver dans le coma sur le lit à côté du tien. Ou bien je serais mort. On creuse, dit-on, sa propre tombe. Ce sont les mots exacts du moniteur. Si ton parachute ne s'ouvre pas, tu fais un trou de cinq pieds dans la terre et ils n'ont plus qu'à le refermer sur toi. Je ne cesse de le rappeler à Gilpin. « Cette terre riche cache une poussière plus riche encore. »...

— Frank, veux-tu téléphoner à Jumbo pour moi ?

— Si je survis, l'Oncle, je le ferai.

Guy, péniblement, regagna l'infirmerie.

— Il ne faisait pas un peu froid, dehors ? s'informa l'objecteur de consciense.

— Glacial.

— Je me demandais qui avait pris mon balai.

Épuisé par ses efforts, Guy s'étendit sur son lit. Depuis l'accident, sa jambe plâtrée n'avait jamais été aussi douloureuse. L'objecteur de conscience apporta du thé.

— J'ai ramassé quelques livres dans le bureau du chef.

Il tendit à Guy deux illustrés déchirés qu'on avait pris l'habitude d'appeler « comics », leur aspect pouvant évoquer certaines revues humoristiques destinées à la jeunesse. En fait, « sinistres » eût été plus juste.

Un avion atterrit.

— C'est celui des paras ? demanda Guy.

— Sais pas.

— Soyez gentil : allez voir et demandez si personne n'a été blessé.

— Ça, ils ne me le diront pas. Je pense pas,

d'ailleurs, qu'il peuvent savoir eux-mêmes. Ils les laissent sauter et ils reviennent. C'est le personnel au sol qui va ramasser les corps.

Guy se plongea dans les illustrés du chef d'escadrille.

Partout où il passait, de Souza faisait régner sa ridicule anxiété.

Pour exciter la pitié de Jumbo, le meilleur moyen était de lui parler d'un Hallebardier tombé aux mains de la R.A.F. Il manquait de décision, même ceux qui ne le connaissaient que de fraîche date pouvaient le dire, mais, pour Guy, sa placidité habituelle se changea en frénésie. Non seulement il partit en voiture avec chauffeur et ordonnance, mais il mit en branle le médecin militaire du camp, son chauffeur et son ordonnance, une ambulance, son personnel, et tout ce monde quitta Londres à vive allure en direction de l'Essex. Les papiers indispensables furent exhibés, les formalités remplies, les vêtements de Guy réclamés à l'hôpital, ses bagages au centre d'entraînement, Guy lui-même enlevé à l'infirmerie et, avant que de Souza, Gilpin, et leurs camarades fussent de retour par le car au centre, il était installé à Londres dans le calme de sa chambre.

Le lendemain matin, le capitaine Fremantle présenta à son commandant la liasse habituelle de rapports confidentiels. Il trouva Ludovic devant un bureau net de tout papier. Le pékinois avait pris possession de cette surface de chêne où tant de *pensées*[1] avaient été notées. De temps en temps il prêtait quelque attention à son maître, qui s'efforçait de l'amuser avec une balle de ping-pong, un bout de ficelle ou une gomme.

— Comment l'appellerez-vous, sir ? demanda le capitaine Fremantle d'un ton obséquieux qui eût dû lui attirer une rebuffade, mais fut accueilli ce jour-là avec cordialité.

— J'y pense beaucoup. Le capitaine Claire avait appelé sa chienne Freda. Ce nom est exclu, question de sexe. J'ai connu aussi un chien appelé Dragon ; mais c'était un animal beaucoup plus gros et d'un caractère différent.

— Un nom de Chinois, peut-être ?

— Certainement pas, fit sèchement Ludovic. Ça me rappellerait les souscriptions de Lady Cripps.

Il jeta un regard de dégoût sur les documents qu'on lui présentait.

— Du travail, dit-il. La routine. Bon, posez ça.

Avec tendresse, il porta le chien dans sa corbeille.

— Reste-là, lui dit-il, il faut que papa gagne ton miam-miam...

Le capitaine Fremantle salua et se retira. Ludovic trouva les papiers habituels et commença son travail d'annotation.

De Souza O.K., lut-il, et il traduisit noblement : *L'officier ci-dessus nommé a achevé son cours d'une manière satisfaisante. Éminemment indiqué pour le travail de commando.*

Pour Gilpin, il écrivit : *Répulsion initiale surmontée, mais avec un effort évident. Avant que cet officier puisse être considéré apte, il est indispensable de prêter une attention particulière à la stabilité de son caractère.*

1. En français dans le texte.

Délibérément, il garda Guy pour la fin. Le chef moniteur avait écrit « *NBG*[1] *trop vieux, esprit prompt, chair faible* ». Ludovic s'arrêta, cherchant les termes appropriés pour l'inévitable sentence qu'il était décidé à prononcer. Enfant, on lui avait inculqué de solides connaissances d'Écriture Sainte et l'histoire d'Urie le Hittite, lui était familière. Mais il résista à la tentation et composa cette *pensée*[2] : *Un léger accident, qui en aucune façon ne peut être imputable à la négligence ou au mauvais état de santé de cet officier, ne lui a pas permis d'achever son stage. Cependant, il a fait montre d'une si remarquable aptitude qu'il est particulièrement désigné pour un emploi immédiat dans l'action, sans entraînement supplémentaire.*

Il plia les papiers, inscrivit *Ultra-secret* sur la liasse, glissa le tout dans plusieurs enveloppes superposées et appela le capitaine du camp.

— Voilà, dit-il au chiot. Papa a fini son vilain travail. Tu croyais qu'on t'avait oublié ? Tu étais jaloux des méchants soldats, hein ?

Quand le capitaine Fremantle se présenta, Ludovic tenait le toutou sur son cœur, enfoui sous sa veste, d'où sortait seulement la tête blanche.

— J'ai trouvé un nom, dit Ludovic. Vous me direz qu'il manque d'originalité, mais il évoque pour moi des souvenirs poignants. Je vais l'appeler Fido.

1. Voir note précédente.
2. En français dans le texte.

6

Au cours des dernières années, Jumbo en était venu à considérer Guy comme son contemporain ou presque ; il ne voyait plus en lui un fougueux officier d'active, mais un Hallebardier un peu tassé, et comme lui cruellement mais justement relégué, sans gloire. Bien qu'il eût apporté une évidente bonne volonté à faire bénéficier Guy d'un traitement de faveur, le camp de transit ne constituait pas une résidence rêvée pour un blessé alité. Très acceptable si l'on en partait le matin pour n'y revenir que le soir, en sortant du *Bellamy*, ce n'était pas un lieu où demeurer nuit et jour, compte tenu surtout des nuits presque blanches que Guy endurait avec le poids terrible de son genou plâtré et les élancements douloureux qu'il y ressentait.

— Tu devrais voir du monde, lui dit Jumbo. On s'ennuie ici. Pas une seule femme à reluquer... Le camp est en principe interdit aux civils. Tu ne connais pas quelqu'un qui te prendrait chez lui ? Rien de plus simple que de toucher des primes de logement.

Guy réfléchit. Chez Arthur Box-Bender ? Il ne serait pas très bien accueilli. Chez Kerstie Kilbannock ? Virginia y habitait.

— Je ne vois personne, dit-il.

— Dommage... Si j'adressais un message à ton club ? Le portier t'enverrait peut-être quelques visites ? Et ton genou, à propos, comment va-t-il aujourd'hui ?

Guy ne s'était pas sérieusement blessé. Rupture de ligaments, quelque chose aussi de froissé et de déplacé. Il considérait son état comme un peu plus grave, pas beaucoup, qu'après la soirée des Hallebardiers, mais il était empêtré et souffrait. Le mollet et la cheville avaient enflé sensiblement, à cause du plâtre.

— Sans ce machin, je suis sûr que ça irait mieux.

— Qui l'y a mis ?

— Le toubib de la R.A.F.

— Enlève-moi ça, dit Jumbo. Je t'envoie mon homme immédiatement.

Le médecin-major attaché au camp (son poste était un des moins lourds d'un service surchargé) arriva docilement avec de grands ciseaux et, laborieusement, coupa le plâtre.

— Je pense que c'est sans inconvénient, dit-il. Ils auraient dû m'envoyer la radio, mais naturellement ils ne l'ont pas fait. Ça va-t-il mieux, maintenant ?

— Beaucoup mieux.

— C'est l'essentiel. Je crois qu'un peu de chaleur ne ferait pas de mal là-dessus. Je vais vous envoyer un garçon avec une lampe.

Cette réincarnation de Florence Nightingale n'apparut pas. Le mollet et la cheville s'enflèrent légèrement, mais le genou devint énorme. Au lieu d'une souffrance continue, Guy ressentait des douleurs aiguës chaque fois qu'il remuait dans son lit. Tout compte fait, c'était préférable.

L'appel de Jumbo au *Bellamy* eut un résultat immédiat : la visite du lieutenant Padfield. Il arriva le matin, à l'heure où la plupart des hommes et femmes sont en principe au travail, le dernier numéro de *Survival* sous le bras, et portant une statuette de Mr. Gladstone. Un superbe bouquet de chrysanthèmes, aussi, mais ce n'était pas pour Guy.

— Je vais au *Dorchester*, expliqua-t-il. Un contretemps a chagriné Ruby. Un général, de passage à Londres, s'est avoué grand admirateur de Peter Pan.

Ruby l'a invité à dîner pour lui faire rencontrer Sir James Barrie et m'a invité aussi. Je ne savais pas que Barrie fût encore de ce monde ; c'est moi qui avais raison. Nous l'avons attendu une heure. Enfin Ruby a sonné pour le dîner, mais le service était terminé et de toute façon il y avait alerte. « Tout s'explique a-t-elle dit. Il sera descendu dans un abri. Ridicule, à son âge... » Et nous n'avons pas dîné. Le général était furieux, Ruby aussi.

— Vous menez une vie compliquée, loot.

— Le même genre d'histoires arrive constamment à New York. Toutes les secrétaires sont à Washington. Alors, j'ai pensé que quelques fleurs...

— Vous pourriez peut-être lui offrir Mr. Gladstone, loot ?... C'était très gentil de votre part, mais voyez, je ne sais où le mettre.

— Croyez-vous que cela ferait vraiment plaisir à Ruby ? Presque tout ce qu'elle a vient de France.

— Son mari faisait partie du cabinet Asquith.

— Oui, bien sûr, j'avais oublié. Dans ce cas, c'est différent... Bon, il faut que je m'en aille.

Le lieutenant s'attarda un peu à la porte, regardant avec hésitation la statuette.

— Les Glenoban vous envoient leurs sympathies.

— Je ne les connais pas.

— Votre oncle Peregrine aussi. Quel homme intéressant... Non, vraiment, je ne vois pas ça dans la chambre de Ruby.

— Donnez-le aux Glenoban !

— Ils sont libéraux ?

— Je pense, beaucoup d'Écossais le sont.

— Peut-être vais-je échanger cela contre un Highlander. J'en ai vu un dans la boutique.

Le lieutenant partit enfin, laissant *Survival* à Guy.

C'était le numéro qui avait fait le régal de Fido. On l'avait mis sous presse avant qu'Everard Spruce reçût le manuscrit de Ludovic. Guy tourna distraitement les pages. La comparaison avec les « comics » du chef d'escadrille était en faveur de ces derniers, surtout quant aux dessins. A l'époque où il flirtait avec les marxistes, Everard Spruce se gardait d'avouer que son goût personnel l'inclinait vers Fragonard plutôt que vers Léger ; il se désintéressait complètement des arts plastiques et affirmait avec une assurance justifiée que les travailleurs partageaient son indifférence.

— Voyez en Russie, disait-il.

Mais aux premiers jours de *Survival*, avant l'alliance russe, le ministère de l'Information avait décidé qu'Hitler ayant proclamé sa préférence pour l'art figuratif, la défense de *l'avant-garde* devenait en Angleterre un devoir patriotique. Spruce s'inclina sans discussion et *Survival* publia des « suppléments artistiques » choisis par Coney et Frankie. Les pages du numéro que feuilletait Guy étaient couvertes de traits informes et sinueux. Il passa ensuite à un essai du pacifiste en exil Parsnip, qui soulignait les affinités existant entre Kafka et Klee, noms illustres mais que Guy ignorait.

La seconde visite fut celle de son oncle Peregrine.

L'oncle Peregrine, comme le lieutenant, avait d'amples loisirs. Il n'apportait aucun cadeau, considérant sa seule présence comme un régal. Son parapluie et son minable chapeau mou entre les mains, il s'assit et regarda son neveu avec reproche.

— Tu devrais davantage prendre soin de toi, dit-il, maintenant que tu es le chef de famille.

De cinq ans plus jeune que le père de Guy, il semblait son aîné ; exemplaire fruste et imparfait sorti du même moule.

Quand le lieutenant Padfield qualifiait Peregrine d'intéressant, il émettait une opinion toute personnelle et même unique. Non que, pour des raisons multiples, il ne fût digne d'intérêt : il avait beaucoup lu, beaucoup voyagé, s'était minutieusement informé sur maintes questions obscures, c'était un collectionneur avisé de bibelots, élégant dans sa mise jusqu'à la recherche lorsqu'il remplissait ses fonctions à la cour papale, mais quelqu'un pourtant que l'on évitait soigneusement, eût-on partagé ses goûts. Il incarnait cette indéfinissable torpeur que Guy découvrait en lui par intermittence, ce tempérament taciturne qui, chez Ivo, s'était gonflé jusqu'à la démence et qui hantait Box-Bender quand il étudiait les lettres de son fils prisonnier.

A la suite d'une étrange dysenterie contractée dès le premier jour de son arrivée aux Dardanelles, en 1915, l'oncle Peregrine avait dû y attendre la fin de la guerre comme aide de camp d'un gouverneur colonial qui ne cessait, vainement d'ailleurs, de demander son rapatriement. Tandis qu'il traînait, vers les années 1920, dans les services diplomatiques en qualité d'attaché honoraire, Sir Ralph Brompton, premier secrétaire à la même ambassade, avait essayé de faire de Peregrine le souffre-douleur de la chancellerie. Peine perdue. Sa solide et apathique assurance était imperméable au ridicule ; aucune étincelle à attendre de cet élément inerte. Depuis la dernière décade, après la chute de la livre sterling, l'oncle Peregrine occupait à Londres un appartement vieillot, proche de la cathédrale de Westminster. Sous les couleurs de livrées variées, il y remplissait de temps à autre de très honorifiques fonctions. Aux yeux d'un étranger curieux, comme le lieutenant, il devenait peut-être un légitime objet d'intérêt, qu'on ne pouvait rencontrer ailleurs qu'en Angleterre et en nul autre temps que le sien.

L'oncle Peregrine s'était installé dans la guerre

paisiblement et sans déplaisir. A cet homme frugal, elle fournissait une bonne excuse pour se passer de vin et de bonne chère, pour porter ses vieux vêtements et ne changer de linge qu'une fois la semaine. Les bombes tombaient sans l'inquiéter pour sa propre sécurité et il se réjouissait de voir s'accomplir tant de sombres prophéties que lui avait inspirées la politique étrangère. Il s'était consacré un certain temps à l'expédition de colis aux civils en détresse tombés aux mains de l'ennemi. Récemment, il avait découvert une occupation qui lui convenait mieux. Une campagne de récupération était en cours, on engageait les patriotes à vider leurs bibliothèques et à livrer au pilon leur contenu afin de fabriquer du papier pour les administrations officielles (et pour *Survival*). Maints volumes rares disparurent ainsi avant que l'idée germât dans un ministère que la vente de ces livres serait plus profitable. Un comité fut alors autorisé à inspecter deux siècles de littérature anglaise et les volumes s'alignèrent, dos apparent, dans ce qui avait été une salle de gymnastique. Hommes et femmes d'âge canonique fouillaient parmi toutes ces reliures, choisissant ce qui devait être sauvé, étiqueté, mis en vente. Ils se rencontraient deux ou trois fois par semaine pour ces transactions dans lesquelles l'oncle Peregrine apportait son habituelle scrupuleuse honnêteté. Mais, comme tout organisateur de vente charitable, il n'était pas sans jouir de prérogatives de préoption. Il priait un collègue de fixer le prix du moindre livre qu'il convoitait et, si c'était dans ses moyens, payait et l'emportait. Sa petite bibliothèque s'enrichit ainsi d'une vingtaine de volumes, pas plus, mais acquis au prix d'avant-guerre. Et chacun de ces livres constituait un joyau de bibliophile...

— J'ai appris par un jeune Américain, mon

protégé, dit l'oncle, que tu étais ici. Peut-être te souviens-tu de l'avoir rencontré chez moi... L'installation ne me paraît pas très confortable, ajouta-t-il en inspectant la chambre de Guy d'un œil critique. Je ne crois pas avoir déjà entendu parler de ce camp.

Il s'informa de l'état du genou de Guy, du traitement suivi et du médecin. Le major Blenkinsop ? Ce nom ne lui disait rien.

— Es-tu sûr qu'il s'y entend ? Le genou demande un spécialiste.

Il évoqua une foulure qui lui était survenue bien des années auparavant sur un court de tennis à Bordighera.

— J'ai eu affaire à un type qui ne s'y connaissait pas en genoux. Il m'en est toujours resté quelque chose.

Il ramassa *Survival*, jeta un coup d'œil sur les illustrations et passa aux affaires publiques. Les nouvelles du front oriental n'étaient pas bonnes. Les Allemands n'y paraissaient pas en mesure d'arrêter l'avance continue des bolchevistes.

— J'aimerais mieux voir les Japonais en Europe. Ils ont au moins un roi et une religion, quelle qu'elle soit. Si on en croit les journaux, nous prêtons notre concours aux bolchevistes. Le monde est fou, ma parole !... Je suis ici pour t'inviter, annonça-t-il finalement. Pourquoi ne viendrais-tu pas vivre jusqu'à ton rétablissement dans mon appartement. Il est spacieux, j'ai encore Mrs. Warner qui fait ce qu'elle peut avec les tickets, et l'ascenseur marche, ce qui n'est pas commun. Tu serais mieux qu'ici. Je reste à la maison presque tous les soirs, ajouta-t-il, comme si cela constituait une inestimable attraction.

Guy se sentait mélancolique, triste et déprimé. Il ne rejeta pas cette offre.

Une ambulance appelée par Jumbo le transporta à sa nouvelle adresse, l'ascenseur le monta comme promis jusqu'à un grand appartement sombre et trop meublé et Mrs. Warner, la gouvernante, l'accueillit comme un héroïque blessé de guerre.

Non loin de là, le colonel Grace-Groudling-Marchpole étudiait un dossier soumis à son approbation.

— Crouchback ? demanda-t-il. N'avons-nous pas un dossier sur lui ?

— Si, le cas Box-Bender.

— Oui, je me souviens. Et les nationalistes écossais...

— Et le prêtre, à Alexandrie. Depuis, pas grand-chose.

— Il me semble avoir perdu contact avec son Q.G. C'est aussi bien que nous ne l'ayons pas utilisé. En Italie, ne va-t-il pas nous mener dans les filets des néo-fascistes ?

— Là-bas, il ne sera pas si facile de le surveiller. La Huitième Armée n'est pas méfiante.

— C'est discutable. Tout considéré, la négative l'emporte peut-être.

Il écrivit : *Cet officier ne peut être désigné pour faire partie des services secrets en Italie*, et passa à de Souza.

— Membre du parti communiste, dit-il. Tout à fait sûr pour le moment.

La pièce où Guy allait passer six semaines et où il allait prendre une décision capitale avait rarement été habitée depuis que Peregrine occupait l'appartement. Sa fenêtre donnait sur un mur de briques. Les meubles provenaient de Broome.

Guy était étendu dans un grand lit ancien orné de

boules de cuivre lorsque le médecin-major Blenkinsop vint lui faire une rapide visite.

— Encore gonflé, hein, ce genou ? Bon. Le seul traitement : rester étendu.

Grâce à Jumbo, Guy put s'approvisionner en gin et en whisky. Le cercle de ses connaissances s'était élargi depuis quatre ans. Dès le début de son séjour chez son oncle, il reçut plusieurs visites dont celle de Ian Kilbannock.

— Te souviens-tu d'Ivor Claire ? demanda Ian après vingt minutes de conversation à bâtons rompus.

— Oui, bien sûr.

— Il s'est engagé dans les Chindits, en Birmanie. Tu ne trouves pas ça étonnant ?

Guy se rappela sa première rencontre avec Ivor dans les jardins Borghese.

— Non, pas tellement.

— Les cancans des mauvaises langues ont mis quelque temps à gagner l'Extrême-Orient... A moins qu'il ne se soit fatigué de l'entourage du vice-roi ?

— Ivor ne croit pas au sacrifice. Qui y croit, aujourd'hui ? Mais il avait la volonté de gagner.

— Je ne vois pas de plus grand sacrifice que ces marches dans la jungle avec ces cerveaux brûlés. Que croit-il gagner là-bas ?

— Autrefois, j'aimais beaucoup Ivor.

— Moi, je *l'aime* beaucoup. Tout le monde d'ailleurs ; et tout le monde a oublié son petit *faux pas*[1] en Crète. C'est ce qui rend si étrange ce nouveau désir de jouer les héros.

Après le départ de Ian, Guy continua à rêver. Cette antithèse entre l'acceptation du sacrifice et la volonté de gagner le retenait. Il y croyait voir un

1. En français dans le texte.

rapport, encore assez vague, avec sa propre situation.

Il relut la lettre de son père, qu'il avait toujours dans son calepin : *Le Corps Mystique ne prend pas des poses, ne se drape pas dans sa dignité. Il accepte la souffrance et l'injustice... Il faut se garder des jugements quantitatifs.*

Une conférence se tenait précisément, à ce moment-là, à Téhéran, tout occupée à porter des jugements quantitatifs.

7

L'histoire rapporte qu'à la fin de cette première semaine de décembre Mr. Winston Churchill fit faire à Mr. Roosevelt la connaissance du Sphinx. Soutenus dans leur confiance par leurs conseillers militaires, qui prévoyaient la reddition des Allemands au cours de l'hiver, les deux illustres vieillards firent le tour du colosse de pierre et regardèrent silencieusement les ombres du soir brouiller ses traits illustres. Quelques heures plus tard, ce même soleil, abandonnant les couleurs violentes du désert, s'éteignait timidement à Londres, dans la pluie qui mouillait les rues sans lumière. A la même heure, l'oncle Peregrine, à la porte d'entrée de son appartement, se trouvait en face d'une femme qui venait de sonner. Son visage avait ce côté débonnaire, cette expression de vaine spéculation que reflétaient aussi les traits des dirigeants du Monde Libre.

— Je suis venue voir Guy Crouchback, annonça-t-elle.

Le palier était sans lumière. Dans l'entrée, une simple lueur. L'oncle Peregrine trouvait le black-out à son goût et observait les instructions de la défense passive avec une intransigeante rigueur.

— Il vous attend ?

— Non, je viens seulement d'apprendre qu'il est ici. Vous ne vous souvenez pas de moi ? Virginia.

— Virginia ?

— Virginia Crouchback, quand vous m'avez connue.

— Oh ! dit-il. C'est vous ?

L'oncle Peregrine ne se déconcertait pas facilement, mais parfois, quand un fait étrange se présentait, il prenait son temps pour l'assimiler.

— Quelle soirée maussade. J'espère que vous ne vous êtes pas mouillée en venant ici ?

— J'ai pris une voiture.

— Pardonnez-moi de ne pas vous avoir reconnue. Il fait sombre, et, n'est-ce pas, je ne vous ai jamais très bien connue. Êtes-vous sûre que Guy voudra vous voir ?

— Oui, je crois.

L'oncle Peregrine ferma la porte d'entrée et ajouta :

— J'étais à votre mariage. Nous sommes-nous revus, depuis ?

— Une ou deux fois.

— Vous êtes allée en Afrique, puis en Amérique, a-t-on dit. Et maintenant vous voulez voir Guy.

— Oui, s'il vous plaît.

— Entrez, je vais le prévenir. (Il conduisit Virginia dans le salon). Vous trouverez ici des tas de choses intéressantes pour vous distraire, ajouta-t-il comme s'il prévoyait une longue attente. Si toutefois vous vous intéressez aux choses...

Il ferma la porte derrière lui, ferma aussi celle de la chambre de Guy avant d'annoncer à voix basse :

— C'est une jeune femme qui dit être ta femme.

— Virginia ?

— C'est ce qu'elle dit.

— Oh ! tant mieux. Envoyez-la-moi.

— Tu *désires* vraiment la voir ?

— Oui, beaucoup.

— S'il y a quelque chose qui ne va pas, sonne. Mrs. Warner est sortie, mais j'entendrais.

— Qu'imaginez-vous, oncle Peregrine ?

— Tu sais comment sont les femmes...

Il sortit, ramena Virginia et les laissa ensemble.

Virginia avait soigné sa toilette. Elle portait des vêtements récemment vendus à Kerstie et qu'elle lui avait empruntés pour la circonstance. Guy ne pouvait déceler la grossesse de Virginia ni les changements subis depuis leur dernière rencontre. Elle alla droit à son lit et l'embrassa.

— Mon chéri ! dit-elle. Comme il y a longtemps !

— 14 février 1940, répondit Guy.

— Tant que cela ? Comment vous rappelez-vous ?

— Un jour marquant dans ma vie, un jour triste, dont on se souvient... J'ai eu de vos nouvelles. Vous travaillez au bureau de Ian et vous habitez avec lui et Kerstie.

— Avez-vous entendu dire autre chose ? Côté scandale ?

— Des rumeurs.

— Au sujet de Trimmer ?

— Vous savez ce que racontait Ian ?

— C'était la vérité. (Virginia frissonna). Les choses qui vous arrivent ! Enfin, c'est fini. Je regrette presque d'avoir quitté l'Amérique. Ça paraissait si amusant, au début, mais ça n'a pas duré.

— Sous un angle assez différent, j'ai eu la même impression que vous. Ces deux dernières années m'ont paru aussi creuses que le temps de paix.

— Vous auriez pu venir me voir.

— A notre dernière rencontre, je me suis conduit plutôt comme un idiot.

— Si vous saviez le nombre de gens que j'ai vus se conduire comme des idiots ! Je l'ai oublié.

— Pas moi.

— Idiot, dit Virginia.

Elle approcha une chaise, alluma une cigarette et lui demanda des nouvelles de sa blessure.

— Vous savez que vous êtes vraiment courageux ? dit-elle, *parachutiste !* Moi qui ai déjà peur de monter en avion !... J'ai été peinée d'apprendre la mort de votre père.

— J'avais toujours pensé, jusqu'à ces derniers mois, qu'il vivrait beaucoup plus longtemps.

— J'aurais bien voulu le revoir. Mais lui ne l'eût peut-être pas souhaité ?

— Il ne venait jamais à Londres, dit Guy.

Pour la première fois, Virginia regarda la chambre sombre :

— Pourquoi êtes-vous ici ? Ian et Kerstie disent que vous êtes très riche, maintenant.

— Pas *maintenant.* Les notaires sont encore au travail. Mais il semble, en fin de compte, que je doive me trouver un peu plus à l'aise.

— Moi, je suis complètement fauchée, avoua Virginia.

— Cela ne vous ressemble pas.

— Oh, j'ai changé sur bien des points... Que puis-je faire pour vous distraire ? Nous jouions au piquet, autrefois...

— Je n'y ai pas joué depuis des années. Je ne pense pas qu'il y ait des cartes dans la maison.

— Demain j'en apporterai, si vous voulez.

— Si vous venez...

— Bien sûr, je viendrai. Enfin, si vous en avez envie...

Avant que Guy pût répondre, la porte s'ouvrit et l'oncle Peregrine entra.

— Je venais voir si tout allait bien.

Que craignait-il ? Assassinat ? Séduction ? Il restait là à contempler le couple comme les hommes d'État avaient contemplé le Sphinx, n'attendant pas vraiment une réponse, mais vaguement conscient de l'existence de problèmes qui le dépassaient. Peut-être aussi, plus simplement, voulait-il à nouveau regarder Virginia. Il n'avait pas coutume de recevoir de tels visiteurs ; et elle, en particulier, lui rappelait de sinistres souvenirs. Ayant beaucoup voyagé, beaucoup lu, beaucoup étudié, il restait pourtant étranger au monde. Il n'avait guère compris les plaisanteries que Ralph Brompton inventait autrefois à ses dépens. Virginia était la femme adultère, la femme fatale qui avait entraîné la chute de la maison Crouchback. Et elle tenait fort bien le rôle, pensa l'oncle Peregrine. La marque à peine perceptible, indélébile pourtant, de l'échec, de la dégradation et du désespoir n'apparaissait qu'à un regard plus pénétrant que le sien. Après l'avoir introduite chez Guy, il n'avait pas repris sa lecture. Assis à côté de son poêle à gaz, il avait réfléchi à ce qu'il avait vu, et il revenait pour vérifier son impression.

— Je n'ai malheureusement pas d'alcool, dit-il. Mais je crois que Guy a du gin.

— Fini, dit Guy, jusqu'à la prochaine visite de Jumbo.

L'oncle Peregrine était fasciné. Il ne pouvait se décider à sortir. Ce fut Virginia qui donna le signal.

— Il faut que je m'en aille, dit-elle bien que rien

ne l'attendît. Je reviendrai. Je sais maintenant ce qu'il vous faut : des cartes et du gin. Mais vous voudrez bien les payer ?

L'oncle Peregrine sortit avec elle et la suivit dans l'ascenseur ; il se tint près d'elle un moment sur les marches envahies par la nuit, regardant la pluie tomber.

— Qu'allez-vous faire ? demanda-t-il. Prendre un taxi, peut-être, à Victoria ?

— Je retourne à Eaton Terrace. J'irai à pied.

— C'est loin, voulez-vous que je vous accompagne ?

— Ne faites pas l'idiot, dit Virginia s'aventurant sous la pluie. A demain.

C'était loin, comme l'avait remarqué l'oncle Peregrine. Courageusement, Virginia marchait à grands pas, faisant clignoter sa lampe de poche aux carrefours. Chaque porche, même par cette nuit hostile, abritait un couple enlacé. La maison, quand elle arriva, était vide. Elle accrocha son manteau pour le faire sécher. Elle lava sa lingerie, puis ouvrit le placard où Ian rangeait sa boîte de somnifère. Kerstie, elle, n'en avait jamais besoin. Elle avala deux cachets et sombra dans l'inconscience, tandis que les sirènes annonçaient un raid psychologique, lointain et insignifiant.

A Carliste Place, l'oncle Peregrine revint dans la chambre de Guy.

— Il est admis de nos jours, je suppose, qu'un couple divorcé se rencontre amicalement ?

— Ça se passe depuis longtemps ainsi aux États-Unis.

— Elle y a beaucoup vécu, n'est-ce pas ? Comment s'appelle-t-elle ?

— Troy, je crois, du moins la dernière fois que je l'ai vue.

— Mrs. Troy ?
— Oui.
— Drôle de nom. Es-tu sûr que ce n'est pas Troyte ? Il y a des gens près de chez nous qui s'appellent Troyte.
— Non, Troy, comme Hélène de Troie[1].
— Ah ! dit l'oncle Peregrine. Oui, Hélène de Troie... Une femme étonnante... Payer le gin et les cartes, que voulait-elle dire par là ? Elle n'a pas d'argent ?
— Pas un sou, pour le moment.
— Quel dommage, dit l'oncle Peregrine. On ne s'en douterait pas.

Quand Virginia vint le lendemain, elle appela l'oncle Peregrine par son prénom. Il eut un léger sursaut, la suivit dans la chambre de Guy et la regarda vider son panier. Sur la table, près du lit, elle posa gin, fortifiants et cartes. Il insista pour régler ses achats, semblant tirer un plaisir particulier de cette transaction. Il alla à l'office et rapporta des verres.

Il ne but pas de gin, ne joua pas au piquet, mais, comme fasciné, resta à tourner dans la pièce.

— Quel amour ! s'exclama Virginia quand il les laissa enfin seuls. Pourquoi ne me l'aviez-vous jamais laissé rencontrer ?

Elle vint tous les jours, tantôt pour une demi-heure, tantôt pour deux heures, s'insinuant aisément dans la vie monotone de Guy. Il attendait ses visites. Elle jouait le rôle de toute femme occupée allant voir son mari alité. L'oncle Peregrine, lui, tenait un rôle de duègne, avec une fausse malice irritante.

Virginia vint le dimanche dans la matinée, pendant que l'oncle Peregrine était à la cathédrale.

1. Troie se prononce *troy* en anglais (N. d. T.).

— Avez-vous pensé à ce que vous ferez après la guerre ? demanda-t-elle à Guy.

— Ce n'est guère le moment de faire des projets.

— Les gens disent que les Allemands vont capituler avant le printemps.

— Je ne crois pas ; et même si c'est le cas, d'autres difficultés commenceront.

— Oh ! Guy, soyez plus optimiste ! Il y a toujours quelque chose d'amusant qui nous attend. Si je ne le croyais pas, je ne pourrais pas vivre. Quelle fortune allez-vous avoir ?

— Mon père a laissé quelque chose comme deux cents mille livres.

— Grand Dieu !

— La moitié va à Angela et un tiers au gouvernement. Puis, pendant quelques années, nous aurons des pensions à verser. La location de Broome me donne encore trois cents livres.

— Et tout cela représente quel revenu ?

— Environ deux milles livres, je suppose.

— Ce n'est pas énorme, mais ce n'est pas si mal. Et vous n'étiez déjà pas tout à fait sans le sou. L'oncle Peregrine doit avoir quelques biens. Ce sera pour vous ?

— Je n'en ai aucune idée. Plutôt pour les enfants d'Angela.

— Ça peut changer...

Il y eut un faisan, ce jour-là, pour déjeuner. Mrs. Warner, qui admettait maintenant sans commentaire la présence de Virginia, mit le couvert pour deux dans la salle à manger. Pendant que Guy, mal à l'aise dans son lit, s'arrangeait d'un repas sur un plateau, Virginia et l'oncle Peregrine déjeunèrent en tête à tête, prenant tout leur temps.

Le dixième jour, l'oncle Peregrine ne revint que le soir après sept heures. Virginia allait partir quand il entra dans la chambre, un éclair de résolution malicieuse dans les yeux.

— Je ne vous ai pas vue, dit-il.

— Non, vous m'avez manqué.

— Seriez-vous libre, ce soir ! J'aimerais dîner quelque part.

— Libre comme l'air, exulta Virginia. Quelle chance !

— Où voulez-vous aller ? Je ne suis pas très connaisseur en restaurants.

— Il y a Ruben, proposa Virginia.

— Je ne crois pas connaître.

— Ça vous coûtera une fortune, déclara Guy de son lit.

— Vraiment ! dit l'oncle Peregrine, effaré de cette infraction aux bonnes manières. Ce ne sont pas des choses à dire en présence de mon invitée !

— Mais si ! reprit Virginia. Guy a tout à fait raison. Je cherchais seulement un lieu sympathique.

— Je connais un petit coin tranquille, en face de la gare de Victoria... Et puisque la question d'argent a été soulevée, dit l'oncle en jetant à son neveu un regard de reproche, laissez-moi vous dire que ce n'est pas non plus un endroit particulièrement bon marché...

— Partons, dit Virginia, je ne peux plus attendre.

Avec un amusement où entrait peut-être une pointe de mécontentement, Guy regarda partir ce couple assez mal assorti. Si Virginia n'avait rien à faire ce soir, sa place n'eût-elle pas été près de lui ?

Ils allèrent à pied jusqu'au restaurant, dans l'obscurité humide. Virginia avait pris le bras de l'oncle Peregrine. Comme il tentait, selon une étiquette désuète, de changer de côté aux tournants pour prendre le bord du trottoir, elle resserra son étreinte.

Nouvelle pour Virginia, connue d'un public discret et des connaisseurs, la longue salle et ses quelques tables baignaient dans une lumière rose. Peregrine se défit de son vieux manteau et de son chapeau, tendit son parapluie au garçon et, un peu gêné, dit à Virginia :

— Vous voulez peut-être... c'est-à-dire... vous laver les mains, vous recoiffer ? Pour les dames, c'est là-haut, je crois.

— Non, merci. Peregrine, ajouta-t-elle tandis qu'on les conduisait vers une table, n'avez-vous jamais emmené une femme au restaurant ?

— Si, bien sûr.

— Qui ? Quand ?

— Oh ! il y a un certain temps, dit l'oncle Peregrine sans préciser.

Ils prirent des huîtres et un turbot. Virginia demanda de la bière. Puis elle commença :

— Pourquoi ne vous êtes-vous jamais marié ?

— J'étais le plus jeune. De mon temps, les cadets ne se mariaient pas.

— Allons donc ! J'en connais des centaines qui sont mariés.

— Chez les propriétaires terriens c'était considéré comme un peu *outré*[1], à moins bien sûr qu'ils ne trouvassent de riches héritières. Impossible de s'établir avec la petite rente qui leur était versée, et qui devait revenir ensuite à la famille, à leurs neveux, aux autres cadets. Il faut bien qu'il y ait des cadets, quand le chef de famille meurt jeune. Leur utilité est apparue durant la dernière guerre. Peut-être sommes-nous une famille plutôt vieux jeu...

— Et vous n'avez jamais eu envie de vous marier ?

— Pas vraiment.

1. En français dans le texte.

L'oncle Peregrine n'était nullement désarçonné par ces questions directes. Personne, autant qu'il s'en souvînt, ne lui avait jamais témoigné cet intérêt. L'expérience lui semblait agréable, même lorsque Virginia lui demanda :

— Vous avez eu beaucoup d'aventures ?

— Juste ciel, non...

— Vous n'êtes pas une tante, pourtant ?

— Une quoi ?

— Un homosexuel.

Oncle Peregrine avait rarement entendu un homme aborder ce sujet, et jamais une femme. Pourtant, il fut moins déconcerté que frappé par le côté enfantin et attachant de la franchise de Virginia.

— Certes non... Mais l'*o* est bref, je vous le signale. Le mot vient du grec, pas du latin.

— Je savais bien que vous n'en étiez pas. Ça se voit tout de suite. Je vous taquinais seulement.

— C'est la première fois qu'on me taquine là-dessus. J'ai connu quelqu'un, dans la diplomatie, qui avait cette réputation. Usurpée, d'ailleurs. Il a fini ambassadeur, ce qui est impensable s'il « en » avait été, comme vous dites. Mais il jouait au dandy, ce qui suffisait à mettre en branle les mauvaises langues.

— Peregrine, n'avez-vous jamais couché avec une femme ?

— Si, répondit oncle Peregrine, d'un air avantageux. Deux fois. Mais je n'ai pas l'habitude d'en parler.

— Racontez...

— Une fois quand j'avais vingt ans, une fois quand j'en avais quarante-cinq. Je ne peux pas dire que j'en aie gardé un bon souvenir.

— Parlez-m'en...

— C'était la même femme.

Le rire spontané de Virginia, un de ses plus grands charmes autrefois, s'était rarement fait entendre depuis quelques années. Claire, immodérée, allègre, sa gaieté résonna dans le petit restaurant calme, et des visages où se mêlaient l'envie et la sympathie se tournèrent de son côté. Se penchant sur la table, elle saisit la main de Peregrine et, suffoquant de rire, sans pouvoir dire un mot, serra convulsivement les doigts noueux. L'oncle Peregrine eut un sourire suffisant. Il n'avait jamais encore eu un tel succès. Au cours des soirées de sa jeunesse, il avait entendu les autres rire de cette manière, mais il y était resté étranger. Il ne se rendait pas tout à fait compte de ce qui lui valait aujourd'hui cette grâce, mais il en était extrêmement flatté.

— Oh ! Peregrine, dit Virginia avec une sincérité rayonnante. Je vous aime.

Sans crainte de compromettre son succès, il fut prolixe.

— Beaucoup d'hommes, je le sais, cherchent l'aventure et ne peuvent se passer de femmes. Beaucoup d'autres, mais sans doute n'en avez-vous guère rencontré, s'en soucient en réalité assez peu. Surpris d'une indifférence qu'ils ne s'expliquent pas, ils passent leur vie à courir après des femmes dont ils n'ont pas envie. Je vais vous dire une chose que vous ignorez peut-être : certains grands séducteurs, parvenus à mon âge et voyant s'éteindre à la fois le désir et le pouvoir de poursuivre leur carrière, loin de se féliciter d'un tel repos, absorbent des médicaments qui leur donnent envie de recommencer. J'ai entendu dire cela à mon club...

— Au *Bellamy ?*

— Oui. Je n'y vais plus guère, sinon pour lire les journaux. Beaucoup trop bruyant maintenant. Des parrains m'y ont introduit quand j'étais jeune et je continue, je ne sais pourquoi, à payer la cotisation. Je n'y connais plus grand monde... Imaginez que, l'autre jour, deux de mes contemporains s'interrogeaient sur le médecin qu'il était préférable de consulter pour retrouver une nouvelle jeunesse ; et il s'agissait de traitements très onéreux. Vous pouvez comprendre cela ?

— J'ai connu un certain Augustus qui suivait un tel traitement.

— Ah oui ? Et il vous en parlait ? Extraordinaire !

— Pourquoi ? Faire une promenade pour se donner de l'appétit, avant de déjeuner, ou faire *cela*, quelle différence ?

— Mais c'est *mal !* dit l'oncle Peregrine.

— D'après les préceptes de votre religion, sans doute ?

— Il y a autre chose : il suffit de regarder ces affreux individus qui ont du succès auprès des femmes pour se convaincre que le jeu n'en vaut pas la peine.

Mais Virginia n'écoutait plus. Avec les coquilles d'huîtres vides, elle édifiait une petite pagode sur son assiette.

— Je pense parfois à me convertir au catholicisme, déclara-t-elle sans lever les yeux.

L'oncle Peregrine passait pour n'être jamais déconcerté. Le mécontentement brutal qui le frappa soudain fut une exception. La facilité de discuter librement, et même avec indécence, du péché de luxure en compagnie d'une jolie femme, est un des plaisirs admis du célibat. Oncle Peregrine en avait joui prodigieusement. Et voilà que Virginia laissait tomber brutalement la guillotine...

— Ah ? dit-il. Pourquoi ?

— Ne serait-ce pas une bonne chose ?

— Cela dépend de vos raisons.

— N'est-ce pas *toujours* une bonne chose ?

D'un air réprobateur, le garçon, avant d'enlever l'assiette de Virginia, étala les coquilles d'huîtres.

— Eh bien ? insista-t-elle. Allons, parlez. Pourquoi êtes-vous effaré, tout à coup ? J'ai toujours entendu dire que l'Église catholique est l'Église des pécheurs.

— Ce n'est pas moi qui l'ai dit.

Le garçon leur apporta le turbot.

— Si vous préférez, naturellement, n'en parlons plus.

— Je ne suis pas vraiment compétent, dit le Camérier Privé, le Chevalier de l'Ordre de Saint-Jean de Jérusalem. Il m'est difficile, pour ma part, de considérer les convertis comme des catholiques.

— Ne soyez pas poseur. Et Lady Plessington, alors ? N'est-elle pas un pilier de votre Église ?

— Je n'ai jamais parlé religion avec Éloïse Plessington. Elle est entrée dans l'Église en se mariant.

— Exactement.

— Mais pas vous, ma chère !

— Croyez-vous que cela eût changé quelque chose, entre Guy et moi ?

L'oncle Peregrine, après avoir hésité entre son acceptation théorique de l'efficacité de la grâce divine et sa connaissance lointaine mais très précise des hommes et des femmes, répéta :

— Je ne suis vraiment pas compétent.

Le silence s'installa entre eux, l'oncle Peregrine déplorant le tour qu'avait pris la conversation, Virginia se demandant comment l'animer d'un nouvel élan, dans la direction voulue. Ils mangèrent leur turbot, et leurs assiettes n'étaient pas enlevées qu'on leur apportait le café. Les clients, à cette époque, n'étaient guère incités à s'attarder.

— Savez-vous, dit enfin Virginia, que je comptais sur votre appui pour le plan que j'ai projeté ? J'en ai assez de bourlinguer. Je pensais aller retrouver mon mari.

— Troy ?

— Non, Guy. Après tout, n'est-ce pas mon véritable mari ? J'ai pensé que ma conversion serait un premier pas. Le nombre des divorces civils ne compte pas, dans votre religion. Il faudra, je suppose, faire légaliser la situation dans une mairie ; mais, aux yeux de Dieu, nous sommes toujours mariés, à ce qu'il m'a dit.

— Récemment ?

— Non, pas très.

— Croyez-vous qu'il souhaite votre retour ?

— Je parie que je pourrais l'en persuader.

— Ça changerait tout, avoua l'oncle Peregrine.

Il la regarda avec des yeux chagrins.

— C'était *Guy* que vous veniez voir, tous ces jours-ci ?

— Bien sûr. Qu'avez-vous cru ? Oh ! Peregrine, vous pensiez que j'avais des vues sur vous ?

— La pensée m'a traversé l'esprit.

— Vous imaginiez peut-être que j'allais vous servir de troisième...

Elle employa alors un mot inimprimable qui, malgré son éternelle obscénité, ne fit pas broncher l'oncle Peregrine. Il le trouva même joli, dans sa bouche, tant elle était débordante de bonne humeur et d'espièglerie, au bord d'un autre fou rire.

— Oui, dit-il, c'était vaguement mon idée.

— Mais *cela*, c'eût été mal !

— Très mal, sans aucun doute, et je ne m'y suis pas arrêté. Mais elle me traversait l'esprit quand je triais les livres. Vous auriez pu vous installer dans la chambre actuelle de Guy. Mrs. Warner n'y eût pas trouvé à redire. Vous êtes ma nièce, après tout.

Virginia fit entendre à nouveau son rire, le plus attrayant de ses charmes.

— Peregrine chéri ! Et vous n'auriez pas eu besoin de ces traitements onéreux recommandés par vos copains du *Bellamy ?*

— Dans votre cas, dit l'oncle Peregrine avec sa galanterie coutumière, je suis sûr que non.

— C'est gentil de votre part. Vous ne croyez pas que je me moque de vous, n'est-ce pas ?

— Je ne le crois pas.

— Quand vous voudrez, cher Peregrine, vous serez le bienvenu...

La joie disparut du vieux visage affligé de Peregrine Crouchback.

— Oh ! ce ne serait plus la même chose. Ainsi présentée, cette proposition me gêne.

— J'ai gaffé ?

— Oui. Tout cela n'était que pure imagination. Vous en faites une réalité si terre à terre. Je me suis surpris, comprenez-vous, à désirer vous voir dans l'appartement. Ça n'allait pas beaucoup plus loin...

— Et moi, je veux un mari, dit Virginia. Vous ne voulez pas considérer la chose ?

— Oh ! non. Ça, c'est tout à fait impossible.

— Votre religion encore ?

— Oui.

— Alors il faudra que ce soit Guy. Voyez-vous, maintenant, pourquoi je veux me faire catholique ? A votre avis, il ne peut guère dire non ?

— Oh ! si.

— Mais, connaissant Guy, vous ne pensez pas qu'il dira non ?

— Je connais très peu Guy, répondit l'oncle Peregrine d'un air maussade.

— Mais vous m'aiderez ? Quand le problème se posera, vous lui direz que c'est son devoir ?

— Il y a très peu de chances pour qu'il me consulte.

— Mais s'il le fait ? Et quand il s'agira de régler l'affaire avec Angela ?

— Non, ma chère, répondit l'oncle Peregrine. Plutôt mourir.

Ni pour l'un, ni pour l'autre, la soirée ne s'était déroulée selon le plan prévu. L'oncle Peregrine accompagna Virginia jusqu'à sa porte et, au moment de le quitter, elle l'embrassa pour la première fois. Il souleva son chapeau dans l'obscurité, régla le taxi et, déprimé, rentra chez lui à pied. Dans l'appartement, Guy lisait.

— Bon dîner ? demanda-t-il.

— Dans la mesure où le permet l'époque. C'est toujours bon dans ce restaurant. Cela m'a coûté plus de deux livres, ajouta-t-il, contrarié encore du soupçon d'avarice que Guy avait fait peser sur lui.

— Vous êtes-vous bien amusé ?

— Oui et non. Plutôt non que oui.

— Virginia m'avait paru d'excellente humeur.

— Oui et non. Plutôt oui que non. Elle a beaucoup ri.

— Eh bien, j'ai l'impression que ça a marché.

— Oui et non... Guy, il faut que je t'avertisse. Cette fille a des vues...

— Sur vous, oncle Peregrine ?

— Sur toi.

— Êtes-vous sûr ?

— Elle me l'a dit.

— Et croyez-vous que vous deviez me le dire ?

— Vu les circonstances, oui.

— Pas oui et non ?
— Simplement oui.

Sir Ralph Brompton avait été formé autrefois, dans la diplomatie, à éviter les tâches ingrates et à s'immiscer là où il n'avait rigoureusement rien à faire. Dans l'organisation plus lâche du temps de guerre, la possibilité s'offrait à lui de vaquer de bureau en bureau, de comité en comité. Les chefs de commandos considéraient que toute décision intéressant la marche des affaires les concernait et qu'ils devaient être représentés à la discussion. Fixés eux-mêmes dans les sphères supérieures, ils déléguaient volontiers Sir Ralph comme porte-parole auprès de leurs subordonnés immédiats, et lui les tenait au courant de ce qui s'y passait.

La Libération était la principale préoccupation de Sir Ralph. Partout où l'on projetait le démembrement de la Chrétienté — que ce fût à l'échelon inférieur ou à celui du ministre et des chefs d'état-major — on était sûr de le trouver.

Peu de temps avant Noël, Sir Ralph entra un matin dans un bureau tout à fait indépendant du Q. G. des Commandos pour étudier la possibilité d'établir une liaison avec les terroristes des Balkans. L'homme qu'il venait voir avait été nommé de façon assez inattendue général de brigade. Sur ces fonctions, aussi mal définies que celles de Sir Ralph, était appliquée l'étiquette de « Coordination ». Au cours de sa carrière, Sir Ralph s'était rendu compte que certains de ses collègues et, plus tard, de ses subordonnés appartenaient aux Services secrets. Ces étranges personnages, ne faisant pas partie du bureau, étaient nantis de lettres de créance et utilisaient la valise diplomatique et la salle du chiffre.

Sir Ralph avait dédaigneusement détourné son attention de leurs activités. A présent, rappelé après sa retraite, il prenait un malin plaisir à ce qu'il évitait autrefois.

Sir Ralph arborait un costume léger en tweed à chevrons qui, en temps de paix, à Londres, n'eût pas été de saison à cette époque de l'année ; et de scintillantes chaussures noires irlandaises. Il avait croisé ses grandes jambes et fumait une cigarette turque. Le général portait un uniforme de confection, aux boutons ternis, avec une ceinture en tissu. Aucune décoration n'ornait sa poitrine replète. Une pipe branlait de manière inquiétante entre ses fausses dents. Un lien impersonnel mais solide les unissait. Leurs sympathies politiques étaient similaires.

— C'est une bonne chose que le contrôle de la libération des Balkans soit passé du Caire à nos bureaux.

— Oui, la situation au Moyen-Orient était gravement compromise par la présence des réfugiés royalistes. Nous allons pouvoir utiliser nos hommes sûrs. Pour les autres, nous trouverons des emplois adaptés.

— L'Islande ?

— L'Islande, ce sera parfait.

On sortit les listes des officiers de liaison proposés :

— De Souza vient de l'école des parachutistes avec un rapport très favorable.

— Vous ne pensez pas que ses qualités seraient plus appréciées ici qu'au front ?

— Elles peuvent être très utiles au front. Gilpin, qui n'a pas réussi là-bas, nous rendrait des services ici en attendant que nous établissions un quartier général en Italie.

— Nos hommes, une fois en Italie, échapperont à notre contrôle. Ils seront sous le commandement de l'armée. Admis en haut de l'échelle, nous devons encore consolider notre position aux échelons inférieurs. Ce dont nous avons besoin, c'est un bon renfort d'officiers du contingent pour les postes subalternes. Je vois qu'on a biffé le nom du capitaine Crouchback. J'aurais pensé qu'il ferait notre affaire.

— *Age moyen, catholique, sans activité politique, Hallebardier, bon dossier, excellent rapport de l'école des parachutistes.*

— Mais apparemment non sûr...

— Pourquoi ?

— Ils ne fournissent jamais de raison ; ils font remarquer seulement qu'il n'est pas indiqué pour un travail en Italie du Nord.

— Histoires de femmes ? suggéra le général.

— Je ne pense pas.

Il y eut un silence durant lequel Sir Ralph médita sur la sotte fatuité des forces de sécurité.

— En Italie du Nord seulement ? demanda-t-il.

— C'est ce que dit le rapport.

— Il n'y aurait donc pas d'objection à son envoi dans les Balkans ?

— Pas d'après le rapport.

— Je crois qu'avec de Souza il formerait une équipe satisfaisante.

Depuis bien des années, les Noëls de Peregrine Crouchback avaient été des occasions d'ennui pour lui et pour les autres. Les célibataires, à moins qu'ils ne se consacrent à la religion ou ne s'adonnent à quelque vice, sont dit-on, inconnus chez les races peu évoluées ou dans les classes inférieures de la société. Peregrine Crouchback était célibataire par nature. Noël lui convenait moins qu'aucune autre fête du calendrier. Enfant, il avait aimé cette fête. Mais c'était sans transition qu'il avait atteint l'âge mûr (dans la mesure où son étrange comportement pouvait s'appeler maturité). A l'époque où sa nièce et ses neveux devenaient le centre des fêtes à Broome, il s'était exilé. Puis Arthur Box-Bender était entré dans la famille. Ivo était mort, mais les enfants de Box-Bender emplirent la nursery au milieu de l'hiver. Un jour vint où Broome se vida et Noël cessa d'être un prétexte aux réunions de famille. L'oncle Peregrine ne s'en plaignit pas. Entre les deux guerres, depuis certaine année dont le « Livre des visiteurs » aurait pu établir la date, encore récente mais qui semblait remonter à une immémoriale antiquité, il était devenu habituel, presque traditionnel, pour l'oncle Peregrine de passer Noël chez quelques cousins éloignés de sa mère. Ils étaient plus âgés que lui, s'appelaient Scrope-Weld et habitaient un district agricole de la région industrielle du Staffordshire. La maison était grande, l'hospitalité débordante, et un pauvre célibataire de plus ou de moins... « Le vieux Crouchers », même pour ses aînés, n'entamait pas la bonne humeur des années 1920. Un parent solitaire, dans la plupart des foyers anglais, à Noël, faisait partie du mobilier.

Mr. et Mrs. Scrope-Weld moururent ; leur fils et sa femme les remplacèrent ; il y eut moins de domestiques, moins d'invités, mais toujours l'oncle Peregrine à Noël. En 1939 la plus grande partie de la maison fut réquisitionnée pour loger des enfants. Scrope-Weld partit avec son régiment pour l'étranger ; sa femme resta avec trois enfants, quatre pièces et une nounou. Mais Peregrine Crouchback fut invité et il accepta.

— C'est le genre de coutume qu'il ne faut pas abandonner, déclara Mrs. Scrope-Weld. La guerre ne doit pas servir de prétexte à un manque de gentillesse.

La tradition se perpétua en 1940, 1941 et 1942. Mais les enfants devinrent désagréables.

— Maman, oncle Perry va-t-il nous gâcher Noël chaque année, jusqu'à sa mort ?

— Oui, mon chéri. C'était un grand ami et un peu un parent de ta grand-mère. S'il n'était pas invité, il en aurait beaucoup de peine.

— Tout le temps qu'il est ici, il a l'air terriblement triste.

— Noël est souvent un temps de tristesse pour les personnes âgées. Il a beaucoup d'affection pour vous.

— Je parie qu'il ne m'aime pas beaucoup, moi...

— Ni moi !

— Ni moi !

— Va-t-il nous laisser son héritage ?

— Francis, ta question est absolument révoltante ! Assurément non.

— Bon. Je souhaite qu'il se dépêche de mourir.

Et quand Peregrine Crouchback s'en allait, le surlendemain de Noël, il pensait : « Bon, me voilà tranquille jusqu'à l'année prochaine. Ils seraient tellement tristes si je ne venais pas... »

C'est ainsi que tout se passa en 1943. Désolé de quitter Londres, il prit, la veille de Noël, un train bondé. Il apportait autrefois un pâté de Strasbourg, mais à présent les magasins étaient vides et il offrait seulement un album soustrait au pilon.

Cette nuit-là, comme d'habitude, ils allèrent à la messe. Le jour de Noël, ils firent la visite d'usage à la bibliothèque, devenue la salle commune des « assistantes » qui s'occupaient des enfants et admirèrent les petites branches de houx disposées le long des étagères de livres et sur les cadres des gravures. Ils burent du sherry avant de se retirer pour déjeuner d'une dinde, volaille prohibée à l'époque, longtemps choyée et gavée avec les tickets de la famille.

— J'ai honte de la manger entre nous, avoua Mrs. Scrope-Weld. Mais impossible de la partager avec les « assistantes », impossible aussi d'en élever une de plus.

Les enfants s'en gavèrent, Peregrine et Nounou grignotèrent. Il y eut ce soir-là, dans le hall d'entrée, un arbre de Noël pour les « réfugiés ». Le lendemain de Noël, Peregrine se rendit comme d'habitude à la messe, tout seul dans le froid du matin, sous les arbres humides de l'avenue, à la chapelle à l'extrémité du parc. Mrs. Scrope-Weld avait à traire les vaches, à préparer le petit déjeuner. Une des « assistantes » était arrivée à l'église avant lui. Ils rentrèrent ensemble.

— C'est peut-être notre dernier Noël, dit-elle.

— Vous l'espérez ?

— Bien sûr. Tout le monde attend la paix. Mais, quand elle arrivera, je ne sais ni où j'irai ni ce que je ferai. Je me suis habituée à la guerre...

Il alla, plus tard, faire une longue promenade en compagnie de son hôtesse.

— Vous êtes le seul lien avec les Noëls d'autrefois, dit-elle. C'est gentil de votre part de venir si fidèlement, alors que je ne peux rien vous offrir de confortable. Croyez-vous que les choses redeviendront jamais normales ?

— Non, répondit Peregrine, jamais.

Guy et Virginia, pendant ce temps, étaient ensemble à Londres.

— Le Q. G. des Commandos, Dieu merci, ne fait rien pour Noël, annonça Virginia.

— Chez les Hallebardiers, nous allions au mess des sergents et ils essayaient de nous saouler. Dans certains régiments, je crois, les officiers servent les hommes au dîner.

— J'ai vu des photos de ces repas. Peregrine est parti ?

— Il va toujours chez les mêmes vagues cousins. Vous a-t-il fait un cadeau ?

— Non. Peut-être ne savait-il quoi me donner. Il m'a paru moins empressé, depuis notre dîner.

— Il m'a dit que vous aviez... des « vues ».

— Sur lui ?

— Sur moi.

— C'est vrai, dit Virginia, et Peregrine avait des vues sur moi.

— Sérieusement ?

— Pas tout à fait. Je crois que vous, les Crouchback, avez trop d'éducation et pas assez de tempérament. Une fin de race !

— Cela ne va pas nécessairement ensemble. Voyez Toulouse-Lautrec...

— Oh, zut ! Guy, vous déjouez mes « vues »...

Tout cela était aussi léger que la plus lourde comédie de salon ; chacun toutefois éprouvait une vague inquiétude.

— En tant que famille, vous vous préparez à mourir, poursuivit-elle. Le fils d'Angela lui-même veut être moine, paraît-il. Pourquoi vous, les Crouchback, faites-vous si peu... ? (Elle employa de nouveau sans vergogne un mot que l'on rougirait d'imprimer).

— En ce qui me concerne c'est, je crois, parce que j'associe cela à l'amour, et que je n'aime plus.

— Même plus moi ?

— Non, Virginia, même plus vous ! Vous le savez bien.

— Ce n'est pas facile à admettre. Tant d'hommes ont été follement amoureux de moi, il n'y a pas si longtemps. Et vous-même, Guy, le soir du *Claridge* ?

— Ce n'était pas de l'amour. C'étaient les Hallebardiers.

— Je crois comprendre ce que vous voulez dire.

Elle était assise à côté de son lit, en face de lui. Le plateau sur lequel ils avaient joué au piquet les séparait. Elle passa sous les draps une main légère, caressante, indiscrète. Guy se retourna brusquement et la douleur lui fit faire une grimace.

— Non, dit Virginia, vous n'êtes pas amoureux...

— Excusez-moi.

— Ce n'est pas très agréable pour une femme d'être accueillie avec une telle grimace.

— C'était mon genou. Je vous ai dit que j'étais désolé.

Il l'était, en effet, d'humilier une femme qu'il avait aimée.

Mais Virginia n'était pas facile à humilier. Elle attendait trop de l'avenir. Presque toutes les femmes alors en Angleterre croyaient que la paix ramènerait la vie normale. Pour Mrs. Scrope-Weld, dans le Staffordshire, la « vie normale », c'était le retour de son mari, la disposition de toute la maison ; c'était aussi un certain confort élémentaire qu'elle avait toujours connu : une cave et un garde-manger garnis, quelqu'un qui ferait sa chambre, ainsi que la couture et les raccommodages pour toute la famille, un maître d'hôtel, un valet de chambre qui scierait et transporterait le bois, une cuisinière simple mais compétente, qui initierait une jeune auxiliaire à l'art culinaire bourgeois, quelques petites bonnes discrètes pour épousseter et mettre de l'ordre, un homme dans les écuries, deux dans le jardin ; toutes choses qu'elle ne devait plus jamais revoir. Pour Virginia, la vie normale, c'était le retour à la puissance et au plaisir. Le plaisir surtout lui manquait, et pas seulement le sien. Son pouvoir de séduction faisait partie de cet ordre naturel des choses brutalement interrompu. La guerre, le brassage de millions d'hommes dont certains étaient en danger, l'oisiveté et la solitude des autres, les ruines, la faim, le gâchis, les navires coulés, la torture et l'assassinat des prisonniers, tout cela constituait une suspension diabolique de la vie « normale », cette vie où le pouvoir de séduction de Virginia lui permettait de toucher des chèques, de porter de nouvelles robes, d'oindre son visage de ses onguents habituels, de voyager avec rapidité et confort, de se rendre où elle voulait, quand elle voulait, de choisir son amant et d'en jouir. L'intermède se prolongeait au-delà de toute raison. La balance retrouverait bientôt son équilibre. En attendant...

— Qu'est-ce que Peregrine vous a dit sur mes « vues » ?

— Il n'a pas précisé.

— Que voulait-il dire, à votre avis ? Qu'est-ce que *vous* pensez de moi ?

— Je pense que vous êtes malheureuse et mal à l'aise, que personne en ce moment ne vous intéresse spécialement, que, pour la première fois de votre vie, vous avez peur de l'avenir.

— Et tout cela est sans rapport avec vous ?

— La différence entre nous, c'est que moi je ne pense qu'au passé.

Virginia saisit ce qui était pour elle le point essentiel :

— Personne, en ce moment, ne *vous* intéresse spécialement ?

— Non.

— Et vous avez été ravi de m'avoir près de vous ces dernières semaines, non ? Avouez que nous nous entendons comme deux vieux compères.

— Oui, vos visites m'ont fait plaisir.

— Je suis toujours votre femme. Rien ne peut changer cela ?

— Rien.

— Je ne prétends pas que vous ayez des devoirs envers moi, reconnut Virginia avec sa candeur irrésistible.

— Non, Virginia, vous ne pouvez guère le prétendre.

— Vous trouviez autrefois que j'avais des devoirs envers vous... La soirée du *Claridge*, souvenez-vous.

— Je vous ai expliqué cela. J'étais en permission, arrivant du camp, portant un nouvel uniforme, commençant une nouvelle vie. C'était la guerre.

— N'est-ce pas la guerre qui m'amène ici aujourd'hui, vous apportant ce que je croyais être un beau cadeau de Noël ?

— Vous n'avez jamais pensé cela.

Virginia commença de chanter une chanson de leur enfance, où il était question d'une poupée cassée. Ils se mirent à rire.

— Cela ne sert à rien, Ginny, dit Guy. Je suis désolé que vous soyez sans le sou. Puisque je vais être un peu plus à l'aise, je vous aiderai volontiers jusqu'à ce que vous trouviez quelqu'un à votre convenance.

— Guy, ce que vous dites n'est pas chic. Ce

cynisme ne vous ressemble pas. Autrefois, vous ne m'auriez jamais parlé ainsi.

— C'est tout ce que je peux vous offrir.

— J'ai besoin de plus, reprit Virginia. Il faut que je vous dise une chose, je vous l'aurais d'ailleurs dite, même si la conversation avait pris un autre tour. Vous devez me connaître assez pour savoir que je ne suis pas de celles qui jouent de sales tours, non ?

Alors elle l'informa, sans ménagement ni appel à la pitié, presque sèchement, qu'elle attendait un enfant de Trimmer.

Ian et Kerstie Kilbannock rentrèrent d'Écosse à Londres dans la nuit des Saints-Innocents. Il se rendit directement à son bureau et elle rentra à la maison où Mrs. Bristow fumait une cigarette en écoutant la radio.

— Tout va bien ?

— Mrs. Troy est partie.

— Où ?

— Elle ne l'a pas dit. Mais ce serait pour de bon que ça ne m'étonnerait pas. Elle a fait ses valises hier matin et m'a donné une livre. J'ai failli lui dire que les pourboires, ça ne se fait plus. Nous devons nous entraider, comme dit la radio. Si elle voulait montrer sa reconnaissance, un billet de cinq livres aurait mieux fait l'affaire... Je l'ai aidée à porter ses valises. Ah, elle a laissé ça pour vous...

C'était une lettre :

Ma chérie

Je suis désolée de ne pouvoir te dire au revoir, mais je suis sûre que tu seras bien contente de me voir enfin partir. Quel ange tu as été ! Je ne vous remercierai jamais assez, toi et Ian. Il faut que nous nous voyions bientôt et je te raconterai tout. J'ai laissé un petit souvenir pour Ian — un cadeau idiot, mais tu sais qu'il est impossible de trouver quoi que ce soit en ce moment.

Affectueusement

VIRGINIA

— Elle n'a rien laissé d'autre, Mrs. Bristow ?

— Si, deux volumes, là-haut, sur la table du salon.

Kerstie monta et trouva l'*Horace* de Pyne. Sans rien avoir d'une bibliophile, elle fréquentait les salles de vente et connaissait la valeur des objets. Comme Mrs. Bristow pour le pourboire, elle trouva qu'elle aurait pu s'attendre à plus, ou à moins. Mais ces élégants volumes étaient les seuls objets dont Virginia pût disposer. C'était le cadeau que l'oncle Peregrine lui avait offert pour Noël.

Kerstie retourna à la cuisine.

— Mrs. Troy n'a pas laissé d'adresse ?

— Elle n'est pas allée loin. Je n'ai pas entendu l'adresse qu'elle a donnée au chauffeur, mais ce n'était pas une gare.

Le mystère fut bientôt éclairci. Ian téléphona :

— Bonnes nouvelles, annonça-t-il. Nous sommes débarrassés de Virginia.

— Je sais.

— Mais pour de bon. Elle a fait exactement ce que je lui avais conseillé, elle a trouvé un mari.

— Quelqu'un que nous connaissons ?

— Oui, l'homme tout indiqué : Guy.

— Oh, non !

— Je t'assure. Elle est dans le bureau en ce moment. Elle vient de démissionner pour se consacrer à son foyer.

— Ian, elle ne peut pas faire cela à Guy !

— Dès qu'il pourra sortir, ils vont aller à la mairie.

— Il est fou !

— Je l'ai toujours pensé. C'est de famille. Il y avait déjà ce frère...

Un certain sentiment de correction écossaise subsistait chez Kerstie, solide granit qui pouvait aisément réapparaître. La vie à Londres, la vie avec Ian n'avaient pas atrophié complètement sa sensibilité. Scandalisée, elle l'était rarement, mais plutôt qu'un frisson à fleur de peau elle ressentait alors une profonde commotion.

Après le coup de téléphone de Ian, elle demeura quelques minutes immobile, menaçante, le regard fixe et furieux. Puis elle se dirigea vers Carlisle Place.

— Oh ! bonjour, madame, dit Mrs. Warner, plus respectueuse que Mrs. Bristow. Vous êtes venue voir le capitaine Guy, bien sûr ? Vous savez la nouvelle ?

— Oui.

— Pour moi, ce n'est pas une surprise, je l'ai vue venir. Tout est bien qui finit bien. Et c'est tout naturel, ils sont mari et femme, quels qu'aient été leurs torts. Elle s'est installée dans la chambre au fond du corridor, et elle abandonne son travail pour s'occuper de lui.

Kerstie se dirigea vers la porte de Guy.

— Il sera content de vous voir, dit Mrs. Warner en l'ouvrant. Il n'a pas souvent de visites le matin.

— Hello ! Kerstie, dit Guy. C'est gentil d'être venue. Vous avez appris mon changement de vie, je suppose ?

Elle resta debout attendant que Mrs. Warner fût partie.

— Guy, commença-t-elle, je n'ai qu'une minute. Je devrais être à mon bureau. Mais il fallait que je vous voie. Je vous connais depuis longtemps. Vous êtes un des rares amis de Ian pour qui j'aie une vraie amitié. Je me mêle peut-être de ce qui ne me regarde pas, mais il faut que je parle.

Et elle le mit au courant de ce qu'elle savait.

— Ma chère Kerstie, vous pensez donc que j'ignorais ?

— Virginia vous a dit ?

— Naturellement.

— Et vous l'épousez en dépit de...

— *A cause* de cela, oui.

— Pauvre imbécile ! s'exclama Kerstie, la voix empreinte de colère, de pitié et de quelque chose qui ressemblait à de l'amour. Vous jouez au chevalier, et avec Virginia ! Ne comprenez-vous pas que ces façons chevaleresques ne sont plus de mise chez les hommes, si tant est qu'elles l'aient jamais été ? Vous voyez Virginia en damoiselle en détresse ?

— Elle est en détresse.

— Elle est coriace.

— Les coriaces, s'ils sont blessés, peuvent souffrir plus que les tendres.

— Oh ! Guy, en voilà assez. Vous avez quarante ans. Ne sentez-vous pas le ridicule de votre rôle ? Ian vous croit fou. Pouvez-vous me donner une seule raison valable de votre conduite ?

De son lit, Guy regardait Kerstie. La question, pour lui, n'était pas nouvelle. Il se l'était posée, et y avait répondu quelques jours plus tôt.

— Les chevaliers errants, dit-il, étaient en quête d'actions héroïques. Je ne pense pas, de ma vie, avoir jamais accompli un seul acte désintéressé. Et voilà que quelque chose de très important me tombe dans les mains ; une de ces choses qui, selon les Américains, se situent au-delà du « devoir », quelque chose dont ils se moqueront au *Bellamy*... Bien sûr, Virginia est coriace. Elle eût de toute façon survécu. Ce que je fais ne la changera pas. Je sais tout cela. Mais, voyez-vous, il y a une autre... (il allait dire : une autre âme, mais il comprit que pour Kerstie le mot n'avait pas beaucoup de sens)... il y a une autre vie à considérer. Quelle existence attendrait cet enfant, né sans avoir été désiré en 1944 ?

— Cela ne vous concerne pas.

— Cela me concerne, du fait qu'il m'est offert.

— Le monde, mon cher Guy, est plein d'enfants non désirés. La moitié de la population de l'Europe est sans abri. Il y a les réfugiés, les prisonniers. Qu'est-ce qu'un enfant de plus ou moins dans toute cette misère ?

— Pour tous les autres, je ne peux rien. Mais voici le seul cas où je puisse porter secours, et moi seul. Impossible de me dérober. Vous ne comprenez donc pas ?

— Bien sûr que non. Ian a raison. Vous êtes fou !

Et Kerstie s'en alla plus irritée qu'elle n'était venue.

A quoi bon tenter d'expliquer ? songeait Guy. Quelqu'un avait-il dit : « Tous les différends sont des différends théologiques ? » Une fois de plus il se reporta à la lettre de son père : *Ce n'est pas la quantité qui importe. Une seule âme sauvée vaut amplement la peine de perdre la face...*

LIVRE III

Le désir de la mort

1

Le Dakota fit un détour au-dessus de la mer, puis revint vers la terre.

Les passagers engourdis, officiers subalternes britanniques ou américains appartenant à toutes sortes de services, s'agitèrent et attachèrent leurs ceintures. Le voyage par Gibraltar et l'Afrique du Nord avait été fastidieux, prolongé par d'inexplicables retards. Ils n'avaient rien mangé depuis l'aube et l'après-midi touchait à sa fin. L'appareil n'était pas celui qu'avait emprunté Guy pour quitter l'Angleterre. Aucun de ses compagnons de voyage, durant la première nuit blanche, n'avait continué sur Bari. En se penchant pour regarder par le hublot, il aperçut des vergers d'amandiers ; on était fin février et les arbres étaient déjà en fleurs. Bientôt il se retrouva sur la terre ferme avec son sac d'équipement et sa valise et se présenta à un officier des mouvements.

D'après sa feuille de route, il devait rejoindre le quartier général de la Mission britannique des Forces antifascistes de Libération nationale (Adriatique). Il était attendu. Une jeep l'emmena à travers la ville nouvelle, jusqu'au triste bâtiment qui abritait cet organisme. Rien ne lui rappelait l'Italie connue et aimée, la terre de ses vacances d'écolier, la terre où plus tard il avait cherché refuge, après son échec.

La sentinelle fut peu accueillante.

— Vous me donnez un papier des Forces métropolitaines, sir. C'est sans valeur ici.

Guy lui montra sa feuille du Q.G. des Commandos.

— J'ai jamais vu ça, sir.

— J'ai ordre de me présenter au général Cape.

— Il est absent. Vous devrez attendre et voir l'officier de sécurité. Ron, dit-il à un collègue, dis au capitaine Gilpin qu'un officier veut voir le général.

Guy resta quelques minutes dans le hall sombre. Le bâtiment, de style traditionnel préfasciste, était construit autour d'un *cortile* sans soleil. Un large escalier aux marches basses s'élevait dans l'obscurité, du papier goudronné remplaçant les verrières brisées.

— La lumière ne devrait pas tarder à revenir, dit la sentinelle, mais on n'est jamais sûr.

C'est alors que Gilpin apparut dans les ténèbres.

— Que pouvons-nous faire pour vous ?

— Vous ne vous souvenez pas de moi ? L'école des paras, de Souza ?

— De Souza est en campagne. Que voulez-vous ?

Guy montra sa feuille de route.

— C'est la première fois que je vois cela.

— Vous ne pensez pas qu'elle soit fausse, non ?

— J'aurais dû en recevoir une copie. Je ne pense rien. Nous devons prendre des précautions.

Dans la demi-obscurité du hall, il retourna la feuille, en étudia l'envers, la relut. Puis il reprit :

— On dirait que vous avez pris votre temps pour arriver ?

— Oui, nous avons eu du retard. Vous êtes le responsable ici ?

— Je ne suis pas l'officier supérieur, si c'est ce que vous voulez dire. Il y a un commandant, là-haut, un Hallebardier comme vous. (Il avait l'air de vouloir marquer ses distances.) Je ne sais pas ce qu'il fait, ajouta-t-il avec un ricanement. Il a le titre de « G.S.O.2 (coordination) ». Ça doit vouloir dire qu'il « commande » quand le général est absent.

— Pourrais-je le voir ?

— C'est votre attirail ?

— Oui.

— Il faudra le laisser en bas. Ayez un œil là-dessus, dit Gilpin au planton (moins par sollicitude, semblait-il, que par crainte que le ballot ne contînt peut-être une bombe). Vous avez bien fait de ne pas laisser passer cet officier. Dirigez-le sur le G.S.O.2 (coordination).

Et sans un mot pour Guy, il tourna les talons.

Une autre sentinelle conduisit Guy jusqu'à une porte de l'entresol. Quatre années et demie de guerre et de vicissitudes l'avaient habitué à une grande diversité d'accueils. Elles l'avaient habitué aussi à rencontrer de temps en temps cet officier dont il ignorait le nom mais qui le recevait avec une chaleur inattendue.

— Ah ! ça, pour une rencontre !... Vous êtes sans doute plus surpris que moi. J'ai vu votre nom sur la liste officielle. Nous vous attendons depuis des semaines.

— Pas Gilpin...

— Dans la mesure du possible, nous essayons de cacher les paperasses à Gilpin. Ce n'est pas toujours facile.

A ce moment-là, symboliquement, l'ampoule qui pendait au plafond s'alluma.

— Toujours commandant, je vois, dit Guy.

— Ma foi oui. J'ai été lieutenant-colonel pendant un an. Puis il y a eu réorganisation de la brigade. Plus de travail pour moi. J'ai échoué dans cette formation.

L'ampoule électrique, toujours symboliquement, s'éteignit derechef.

— Ils ne savent pas encore régler la lumière, dit le commandant, résigné. Elle va, elle vient...

Et leur conversation se poursuivit dans des alternances de clarté et d'obscurité, comme au cours d'un orage d'été.

— Savez-vous ce que vous allez faire, ici ?

— Non.

— Je ne le savais pas non plus quand j'ai été nommé, et je ne le sais toujours pas. C'est une formation sympathique. Vous aimerez Cape. Il est sorti récemment de l'hôpital. Blessé à Salerne. Plus de vie active pour lui. Il vous mettra au courant. Il a dû partir avec Joe Cattermole pour une conférence à Caserte. Un type bizarre, ce Joe, une espèce de professeur, dans le civil, très musicien. Il travaille comme un démon et nous soulage de tout, Cape et moi. Gilpin est une peste, comme vous avez pu le voir. Joe seul le supporte, il aime tout le monde, même les Yougos. Quelle extraordinaire nature, ce Joe ! Toujours prêt pour un boulot supplémentaire...

Ils parlèrent des Hallebardiers, des exploits et des déceptions de Ritchie-Hook, des pertes, des renforts, du recrutement, du regroupement, de la réorganisation et des changements de postes qui transformaient le visage du corps d'armée. Puis le commandant sans nom prêta attention aux affaires de Guy et lui retint une chambre à l'hôtel des officiers. Cette fois, quand la lumière s'éteignit, le soleil était couché et l'obscurité fut complète. Une ordonnance apporta une lampe à pétrole.

— Ça suffit pour aujourd'hui, dit le commandant. Allons voir comment vous êtes installé, ensuite nous pourrons aller dîner.

— Je vais vous inscrire, dit le commandant à l'entrée du club.

Guy regarda par-dessus son épaule mais la signature était, comme toujours, illisible. Le nom de Guy, tracé de cette main, prenait ce même caractère anonyme.

— Si vous restez à Bari, mieux vaut vous inscrire.

— « Club des Officiers Supérieurs », lut Guy.

— Ça ne veut rien dire. C'est à l'intention des types habitués à un mess convenable. L'hôtel est rempli, le soir, d'infirmières du Queen Alexandra... Les femmes, ici, voilà la difficulté, continua-t-il comme ils s'avançaient dans le vestibule.

Ce bâtiment plutôt baroque avait été construit à l'usage de séminaristes orthodoxes abyssins, transférés à Rome depuis la chute de l'empire d'Éthiopie. Les pièces principales s'arrondissaient à la partie supérieure en forme de dôme, évoquant leurs « turkals » et leurs temples.

— Les indigènes sont strictement proscrites, reprit le commandant. Très peu tentantes, d'ailleurs, à ce que j'ai vu. Et elles ne s'intéressent qu'aux Américains : ils paient bien et ne sont pas difficiles. Vous verrez bien quelques secrétaires et employées du Chiffre, mais toutes sont déjà en main. Avec un peu de chance, vous vous trouverez une infirmière. Cape en a une, un peu sur le retour, mais très gentille. Ceux qui sont passés à l'hôpital ont des facilités. Joe y a été soigné en rentrant de Yougoslavie, mais il ne semble pas en avoir profité. Moi, je dois me contenter des A.F.A.T.[1]. Elles passent parfois ici en allant à Foggia. Beaucoup de sottises circulent sur l'Italie... Romantique, l'Italie ? Mon œil ! C'est là que le club entre en jeu. C'est notre mess. Les rations sont anglaises, naturellement.

— Il n'y a pas de restaurants ?

— Strictement interdits. Rien à manger, ici, pour les macaronis, en dehors de ce qu'ils peuvent chaparder dans les bureaux de l'Intendance.

— Pas de vin ?

— Une sorte de gros rouge, si vous aimez ça.

— Du poisson, sûrement ?

— On le garde pour les macaronis. Mais n'ayez pas de regret, si j'en juge par l'odeur...

Comme l'ampoule du quartier général, la joie qu'avait éprouvée Guy à toucher le sol étranger après deux ans de guerre en Angleterre vacilla et s'éteignit.

— Les magasins ? dit-il. j'ai toujours entendu dire qu'on trouvait de belles choses, en Apulie.

— Rien, mon vieux, rien.

Un garçon en civil apporta du gin rose. Guy lui demanda en italien des olives.

— Pas d'olives pour les officiers supérieurs, répondit-il en anglais d'un ton qui frisait le mépris.

Et il apporta des cacahuètes.

Sous la coupole peinte en bleue, là où des clercs noirauds et barbus poursuivaient récemment leurs études, Guy, inspectant les uniformes et les insignes hétéroclites, y lut son récent passé, son avenir probable. C'était à nouveau Southands, le camp de transit, l'Hôtel de la Gare à Glasgow, ce monde

1. Auxiliaires féminines de l'armée de terre (N.d.T.)

obscur qu'il connaissait pour y avoir déjà pénétré, la mare des officiers sans emploi.

— Qu'est-ce qui ne va pas ? lui demanda son hôte. L'Angleterre vous manque ?

— L'Italie, plutôt...

— Elle est bien bonne ! dit le commandant, intrigué, mais content d'entendre une plaisanterie.

Ils pénétrèrent dans ce qui avait été le réfectoire. Si la nostalgie de Londres en guerre avait effleuré Guy, il eût trouvé ici une consolation : le lieutenant Padfield dînait avec trois Anglais. Depuis Noël, on n'avait pas vu le lieutenant à Londres.

— Bonjour, loot. Que faites-vous ici ?

— Je vous rejoins dans quelques instants, si vous voulez bien.

— Vous connaissez ce Yankee ? demanda le commandant.

— Oui.

— Que fait-il ?

— Ça, personne ne sait.

— Il tourne depuis quelque temps autour de Joe Cattermole. Je me demande qui l'a amené ici, ce soir. En dehors des heures de travail, où nous essayons d'être copains avec ces Amerlocks, nous n'encourageons pas l'intimité. Des tas d'endroits leur sont réservés.

— Le lieutenant est très liant.

— Comment l'avez-vous appelé ?

— *Loot.* Leur manière de prononcer lieutenant.

— Je ne savais pas. C'est absurde.

Le dîner, Guy était prévenu, ne comprenait aucun plat italien moelleux et parfumé ; mais le vin médiocre lui fit plaisir, car il avait été à Londres, ces derniers mois, plus rare et plus cher que jamais.

Le commandant ne buvait pas en mangeant. Il parlait, ne ménageant pas les détails sur sa dernière

A.F.A.T. et sur la précédente. Les différences, d'ailleurs, étaient négligeables. C'est alors que le lieutenant vint à eux, une boîte de cigares à la main.

— Je ne les supporte pas, avoua-t-il. Mais je crois qu'ils ne sont pas mauvais. Un cadeau de notre ambassadeur à Alger.

— Une femme n'est qu'une femme, assura le commandant, mais un bon cigare ne s'en va jamais en fumée.

— Ça me fait penser, interrompit le lieutenant, que je ne vous ai pas écrit pour vous féliciter, vous et Virginia. C'est une *très* bonne nouvelle. Je l'ai apprise par le *Times*, chez les Stitches, à Alger.

— Merci.

— Prenez un siège, se crut obligé de dire le commandant qui avait accepté et allumé un cigare. Nous n'avons pas eu l'occasion de nous rencontrer, mais je vous ai vu avec Joe Cattermole.

— Oui, il m'est très précieux pour mon travail.

— Et quel est ce travail, si la question toutefois ne porte pas atteinte à la sécurité ?

— Pas du tout. L'Opéra. Nous essayons de le remettre sur pied.

— J'ignorais.

— C'est le moyen le plus sûr d'atteindre le cœur italien. Pas de difficultés pour rassembler des orchestres, mais les chanteurs semblent tous avoir suivi les Allemands.

Il parla des différents théâtres lyriques de l'Italie occupée, dont plusieurs avaient été incendiés. Celui de Bari était indemne.

— Mais je dois rejoindre mes hôtes, dit le lieutenant en se levant.

Le commandant hésita, une seconde, puis demanda à Guy :

— Dois-je comprendre que vous venez de vous marier ?

— Oui.

— Quelle déveine d'être envoyé tout de suite à l'étranger ! Dites donc, j'ai l'impression que je tombais un peu à côté, avec mes conseils sur le cheptel indigène.

— Je ne crois pas que ma femme s'en formaliserait.

— Non ? La mienne oui, et je suis marié depuis onze ans.

Il s'interrompit, resta songeur sur cette longue période d'intermittente extase.

— Du moins, je le pense, reprit-il. Je ne l'ai pas vue depuis longtemps. Mais peut-être que ça lui serait tout à fait égal, après tout.

Ils regagnèrent le hall. Le moral du commandant s'était assombri à la pensée de la possible indifférence de sa femme quant à ses aventures ; il se fit servir du whisky.

— Croyez-vous vraiment, dit-il, que ce type se promène partout pour remettre les opéras sur pied ? Qu'est-ce qu'il entend par « trouver le chemin du cœur italien » ? Nous venons d'écraser ces salauds, non ? Pourquoi chanteraient-ils ? Je ne pense pas que même les Yankees seraient assez idiots pour leur organiser des divertissements ? Si vous voulez mon avis, ça cache autre chose. Une fois qu'on a quitté l'armée active, on se heurte à des éléments bizarres dont on ne soupçonnait pas l'existence. Cette ville en est pleine.

A Londres, au même moment, une scène touchante se déroulait : Virginia préparait sa layette. Ce qu'elle avait gardé de sa première éducation lui permettait de coudre avec habileté et plaisir, mais semblait en contradiction avec tout ce qui jusque-là avait été sa vie d'adulte. Ainsi, au Kenya, elle s'était appliquée pendant de nombreuses années à la confection d'un couvre-pied jamais terminé.

L'oncle Peregrine lui faisait la lecture du livre de Trollope : *Can you forgive her*[1].

— Mes cours sont terminés, dit-elle un jour.

— Vos cours ?

— Mon instruction religieuse. Le chanoine Weld est prêt à me baptiser.

— Il doit être bon juge, dit l'oncle Peregrine sans conviction.

— Tout cela est si facile, dit Virginia, clair comme l'eau de roche ! Je me demande pourquoi personne ne m'en avait jamais parlé. Et pourquoi ces histoires des romanciers autour des gens qui perdent la foi. Tout cela est évident, quand on y réfléchit, ne trouvez-vous pas ?

— C'est mon avis, répondit l'oncle Peregrine.

— J'aimerais que vous soyez mon parrain. Je ne dis pas cela pour que vous m'offriez un cadeau ; rien de coûteux du moins. (Elle maniait l'aiguille avec agilité, mettant en valeur ses jolies mains.) N'est-ce pas vous, après tout, qui m'avez fait rentrer dans l'Église ?

— Moi ? Juste ciel, comment ?

— En étant ce que vous êtes, tellement chic. Cela vous fait plaisir de m'avoïr ici, non ?

— Bien sûr, chère Virginia.

— J'aimerais avoir mon bébé ici.

— Ici, dans l'appartement ?

— Oui. Ça vous dérange ?

— Mais, pour vous, ce sera très inconfortable.

1. Pourrez-vous lui pardonner ?

— Au contraire ! Si vous voulez bien, vous serez aussi le parrain du bébé. Mais je ne voudrais pas l'appeler Peregrine. Je crois que Guy aimerait qu'il s'appelle Gervase...

Ludovic écrivait. Depuis la mi-décembre, il avait écrit sans rémission trois mille mots par jour, plus de cent mille en tout. Sa manière avait changé. Fowler et Roget n'étaient plus consultés. Il ne cherchait plus le mot juste : tous les mots étaient justes et tombaient de sa plume en un flot bouillonnant. Il ne s'arrêtait jamais, ne relisait jamais, son esprit s'appliquant à peine à son travail. Il était possédé. Il écrivait sous la dictée d'une force mystérieuse. Pourquoi ? Il ne se posait pas de question. Et son livre grossissait comme le petit Trimmer grossissait dans le sein de Virginia, sans sa collaboration consciente.

Tout habitant de Bari souhaitait travailler pour les Forces d'occupation. Des familles entières s'étaient infiltrées comme domestiques dans l'hôtel des officiers. Six patriarches, appuyés sur de grands balais, entretenaient le linoleum du vestibule. Ils s'arrêtèrent tous, le lendemain matin, lorsque Guy passa au milieu d'eux, puis, avançant à la manière des crabes, effacèrent les traces de ses pieds.

Guy se dirigea vers le bureau où, la veille, il avait été accueilli. Le soleil transformait le bâtiment. Une fontaine, autrefois, rafraîchissait le *cortile.* Peut-être un jour y reverrait-on couler l'eau, pensa Guy. Un triton de pierre demeurait la bouche ouverte, ultime et misérable descendant d'ancêtres grandioses au milieu d'une végétation piquante. En conversation avec une estafette, la sentinelle laissa passer Guy sans le questionner. Gilpin le croisa dans l'escalier.

— Comment êtes-vous entré ?

— Je suis attaché à ce service, vous ne vous rappelez pas ?

— Mais vous n'avez pas de sauf-conduit. Combien de temps faudra-t-il pour apprendre à ces hommes qu'un uniforme ne donne pas tous les droits ? On ne peut entrer sans sauf-conduit.

— Où puis-je en avoir un ?

— C'est moi qui les délivre.

— Eh bien, donnez-m'en un.

— Avez-vous trois photos d'identité ?

— Non, bien sûr.

— Impossible, alors.

Du palier supérieur une voix leur parvint.

— Qu'est-ce qui se passe, Gilpin ?

— Un officier sans laissez-passer, sir.

— Qui ?

— Le capitaine Crouchback.

— Bon, faites-lui son sauf-conduit et envoyez-le-moi.

C'était le général Cape. Sur le palier, la voix prit forme humaine : une maigre forme éclopée, portant les insignes d'un régiment de lanciers.

— Bien zélé, ce Gilpin, dit-il quand Guy se présenta. Prend son travail très au sérieux. Désolé de vous avoir manqué hier. Et maintenant j'ai des Yougoslaves qui m'attendent. Demandez donc à Cattermole de vous mettre dans le bain. Nous verrons ensuite où sera votre poste.

Le commandant Cattermole occupait la pièce voisine. Il avait l'âge de Guy. C'était un homme grand, voûté, émacié, sans rien de militaire, un Zurbaran au visage ascétique éclairé d'un sourire joyeux.

— Baillol 1921-1924 ! dit-il.

— Oui, nous y étions ensemble ?

— Vous ne pouvez vous souvenir de moi. Je menais une vie tranquille et vous faisiez partie de l'équipe des chahuteurs...

— Je n'étais pas chahuteur.

— Vous le paraissiez. Ami de Sligger. Il était très gentil avec moi, mais je ne faisais pas partie de son groupe ; d'aucun groupe d'ailleurs. J'ai gâché mon temps d'étudiant à travailler. Il le fallait.

— Vous parliez parfois à l'Union, non ?

— J'ai essayé, mais ça ne me réussissait guère. Donc, vous allez passer en Yougoslavie.

— Moi ?

— C'est ce qui nous vaut votre présence ici. Je vous envie ! J'en suis revenu au début de l'année et les médecins ne veulent pas m'y laisser repartir. J'ai vu là-bas la sixième offensive, mais je suis tombé malade. Les partisans ont dû me porter pendant les deux dernières semaines. Ils n'abandonnent jamais leurs blessés à l'ennemi, sachant ce qui les attendrait. Nous avions dans notre colonne des hommes de soixante-dix ans et des filles de quinze. Quelques heures de halte et puis « Pokrit », « en avant » ! Je ne sais pas ce que mes camarades universitaires auraient pensé de cela. Au cours de la première semaine, nous avons mangé nos ânes ; à la fin, nous mangions des racines et des écorces. Mais nous sommes tous passés. Un avion m'a pris avec les derniers blessés. Et vous, à votre retour de Crète, n'avez-vous pas eu une terrible traversée ?

— Si. Comment le savez-vous ?

— Le dossier qu'ils nous ont envoyé en fait mention. Je ne vous apprendrai donc pas ce que c'est que l'épuisement. Vous avez eu des hallucinations ?

— Oui.

— Moi aussi. Vous vous en êtes mieux tiré. Ils me jugent définitivement inapte au combat. Me voilà vissé à un bureau. J'expédie les autres... Bon, travaillons.

Il déplia une carte d'état-major.

— La situation est fluide, dit-il, le ton officiel masquant le ton naturel, plutôt bon enfant. C'est une carte aussi à jour que possible.

Et, pendant vingt minutes, il exposa la situation.

— Les régions libérées sont ici. Voici la route d'une brigade. Là, celle d'une autre. Ici, le quartier général d'une division, là, celui d'un corps d'armée.

— Je n'avais aucune idée d'une lutte à cette échelle, avoua Guy.

— Personne ne s'en doute, et personne ne le saura aussi longtemps qu'il y aura un gouvernement royaliste tapi à Londres. Les partisans occupent trois fois autant de soldats ennemis que toutes nos troupes d'Italie. Ils ont en face d'eux non seulement l'armée de Von Weich, mais cinq ou six divisions de Cetnics et d'Oustachis... Ces noms ne vous sont peut-être pas familiers. Ce sont des traîtres serbes et croates. Des Bulgares aussi. Cela doit représenter un demi-million d'ennemis.

— On dirait que les forces des partisans sont importantes, observa Guy, en montrant du doigt les nombreuses formations inscrites sur la carte.

— Oui, répondit le commandant Cattermole, oui, mais ces régiments ne sont pas tous au complet. Il ne sert à rien de mettre plus d'hommes en campagne que nous n'en pouvons armer. Or nous manquons d'artillerie, de moyens de transport, d'avions, de tanks. Nous avons dû nous armer avec ce que nous avons pris à l'ennemi. D'autre part, jusqu'à une date encore récente, les hommes du Caire expédiaient des armes à Mihaylovic pour tirer sur nos soldats. Maintenant, ça va un peu mieux. Nous avons un minimum de ravitaillement. Encore faut-il en organiser le parachutage pour les forces en mouvement. Enfin, les Russes viennent d'envoyer une mission commandée par un général. Les partisans ne les ont pas encore vus, mais vous n'imaginez pas ce que cela signifie pour eux. C'est ce que j'explique à tous nos officiers de liaison. Les Yougoslaves nous acceptent comme alliés mais considèrent les Russes comme leurs chefs. C'est dans le sens de leur histoire après tout. Vous en savez autant que moi sur le panslavisme : une force aussi vivante qu'au temps des tzars. Un jour, pendant la sixième offensive, nous traversions un pont et les avions ennemis piquaient sur nous, lâchant leurs bombes. « Chaque bombe qui tombe ici, dit avec beaucoup de naturel, un de mes brancardiers — un garçon de l'université de Zagreb — c'est une de moins pour la Russie. » Nous sommes des étrangers, pour eux. Ils acceptent ce que nous leur envoyons, mais n'ont aucune raison d'être particulièrement reconnaissants. Ce sont eux qui se battent et qui meurent. Certains d'entre nous, et des meilleurs, s'embrouillent à faire intervenir la politique. Vous ne commettrez pas cette erreur, j'en suis sûr, mais je fais ce petit discours à tout le monde. Une seule chose compte, en temps de guerre, et ce n'est pas la politique, mais l'amour d'un pays et d'une race. Les partisans savent que nous appartenons à un autre pays, à une autre race. De là peut naître l'incompréhension.

— Joe, pouvez-vous venir une minute ? dit le général Cape en passant la tête par la porte.

— Étudiez la carte, dit à Guy le commandant Cattermole. Apprenez-la. Je reviens tout de suite.

Guy était entraîné à lire une carte militaire. Tout

en suivant la consigne, il se demandait où se fixerait son avenir sur ce terrain compliqué.

Dans la pièce voisine, Cape, assis à sa table, regardait d'un air de reproche une montre en or joliment gravée, portant au dos une couronne et une inscription.

— Vous êtes au courant de cette affaire, Joe ?

— Oui, c'est moi qui ai dit au commandant Cervie de vous en parler.

— Il était sens dessus dessous.

— On ne peut le lui reprocher.

— Mais qu'attend-on de moi ?

— Faites un rapport à Londres.

— C'est une sale histoire, juste au moment où les Yougoslaves commençaient à nous faire confiance.

— Ils ne nous feront jamais confiance tant qu'ils sauront qu'un gouvernement royaliste émigré se cache à Londres. Cette histoire pourrait nous donner un prétexte pour désavouer ce gouvernement.

— Tout ce qu'on me raconte est vrai, je suppose ?

— Sans aucun doute.

— Ce n'est pas une affaire politique ?

— Pas de notre part. C'est très simple : une montre gravée à Londres, est offerte à Mihaylovic, ministre de la Guerre. Un Serbe l'a apportée, qui prétendait rejoindre les partisans. Heureusement, à Alger, il s'est saoulé et l'a montrée à un jeune Américain de ma connaissance qui m'a mis au courant. Les partisans ont arrêté l'agent à son arrivée.

— Avait-il l'intention de traverser ?... Voyez-vous, l'aspect intéressant de l'histoire c'est la preuve qu'il existe un moyen de communication entre les hommes de Tito et ceux de Mihaylovic.

— Seulement en passant par l'ennemi.

— Oh ! Bon Dieu, s'exclama Cape, j'aurais préféré voir ce type recevoir sa montre plutôt que d'être mêlé à ce mic-mac. Qu'a-t-on fait du Serbe ?

— On s'en est occupé.

— Ce n'est pas là ce qu'on m'a enseigné, dit Cape. Ce n'est pas un boulot de soldat.

Le commandant Cattermole revint vers Guy.

— Excusez-moi de vous avoir laissé. Une affaire à régler... J'avais d'ailleurs presque terminé mon exposé. Le général va vous recevoir ; il vous fera connaître votre destination.

Le commandant Cattermole parlait de l'ennemi avec l'hostilité professionnelle et détachée d'un chirurgien parlant d'une tumeur maligne opérable ; lorsque c'était de ses frères d'armes qu'il parlait, c'était avec quelque chose de plus qu'une fidèle loyauté, mais d'une manière toujours impersonnelle, comme les artistes sensuels du haut baroque ont exprimé l'amour mystique.

— Officiers et soldats, dit-il, partagent les mêmes rations et les mêmes campements. Les femmes également. Car il y a des filles mêlées à leurs camarades masculins ; s'ils dorment parfois sous la même couverture, pour se tenir chaud, c'est que la passion patriotique a chez eux totalement surmonté le désir sexuel. Ces jeunes partisanes sont des filles comme vous n'en avez jamais vu. D'après ce que m'a dit un médecin militaire, beaucoup d'entre elles ont cessé d'avoir leurs règles. Certaines n'étaient que des écolières quand elles ont fui dans les montagnes, laissant leurs familles bourgeoises collaborer avec l'ennemi. J'ai assisté à des scènes dont j'aurais mis en doute l'authenticité chez le meilleur auteur. Elles supportent sans broncher des opérations atroces, refusent les anesthésiques quand nous en avons, et pour témoigner de leur virilité se mettent à chanter sous le scalpel. Enfin vous verrez vous-même, c'est une expérience qui vous transformera.

Sept ans auparavant, à Oxford, Joe Cattermole avait publié une *Étude sur quelques pléonasmes dans les concepts empiriques*, œuvre connue sous le nom de *Pléonasmes de Cattermole* et considérée comme une ébauche riche de promesses. Depuis, il avait bien changé.

La tête du général Cape réapparut. Guy le suivit dans la pièce voisine.

— Content de vous voir. Vous êtes le troisième Hallebardier qui se joint à nous. J'accueille volontiers tout ce qu'on me donne. Vous connaissez Frank de Souza. Il est de l'autre côté, pour le moment. Je sais que vous avez passé la soirée d'hier avec notre commandant. Vous n'avez pas d'insigne de parachutiste ?

— Je n'ai pas réussi l'examen, sir.

— Tiens ! Je croyais... En tout cas, nous avons repéré deux ou trois endroits où nous pouvons atterrir. Vous parlez bien le serbo-croate ?

— Pas un mot. Lorsqu'on m'a interrogé, on m'a seulement demandé de parler italien.

— Ah ! Eh bien, si étrange que cela paraisse, ce n'est pas un désavantage. Nous avons eu quelques types qui connaissaient la langue. Les uns se sont complètement intégrés aux partisans, les autres, sous prétexte de conduite « incorrecte », nous ont été renvoyés. Les Yougoslaves préfèrent fournir leurs interprètes ; ils savent ainsi exactement ce que disent nos hommes, et à qui. C'est une racaille méfiante. Oh ! ils ont probablement de bonnes raisons de l'être. Vous avez entendu le couplet de Joe Cattermole. C'est un enthousiaste. Je vais vous montrer maintenant l'envers du tableau. Sachez d'abord que Cattermole est un type de première classe. Il ne le dit pas, mais il a été magnifique, là-bas. Les Yougos l'aiment beaucoup et nous ne sommes pas nombreux à être aimés. Joe aime les Yougos, ce qui est encore plus extraordinaire. Mais tout ce qu'il dit n'est pas à prendre à la lettre. Les partisans, d'après lui, occupent un demi-million d'ennemis. La réalité est assez différente. Deux choses intéressent les Allemands : leurs communications avec la Grèce et la défense de leur flanc contre un débarquement allié sur la côte de l'Adriatique. D'après nos renseignements, ils quitteront la Grèce cet été et doivent se préparer une ligne de repli. Ils ne cherchent pas autre chose, en Yougoslavie. Les Italiens partis, les Balkans ne leur servent à rien. Plus question pour eux d'atteindre le canal de Suez. Ils peuvent craindre une avance anglo-américaine de grande envergure sur Vienne. Naturellement, les Américains préfèrent débarquer sur la Côte d'Azur. Mais tout danger n'étant pas écarté de la côte adriatique, les Allemands sont obligés de laisser des forces en Yougoslavie. Les Yougos, quand ils cessent de se battre entre eux, peuvent devenir très gênants. Le but de notre mission est d'entretenir cette gêne avec les quelques éléments qu'on nous accorde... Quand les partisans parlent d'« offensives », sachez bien que ce sont des offensives allemandes. Chaque fois que les Yougos se montrent trop énervants, les Allemands attaquent et les liquident. Quant à les prendre tous dans leurs filets, ils n'y arriveront jamais. Maintenant, rappelez-vous que nous sommes des soldats, non des politiciens. Essayer de nuire à l'ennemi, voilà notre unique travail, ici. Ni vous ni moi ne songeons à fonder un foyer chez les Yougoslaves après la guerre. Le choix de leur futur gouvernement ne regarde qu'eux. Je vous reverrai prochainement. J'ignore où et quand vous partirez. Vous constaterez que Bari n'est pas désagréable. Présentez-vous tous les jours à l'officier en second. Amusez-vous bien.

Depuis la fin des Croisades jusqu'à la chute de Mussolini, on avait vu peu d'étrangers à Bari. Peu de touristes, même parmi les plus intrépides, avaient exploré la côte d'Apulie. Bari, cependant, aurait dû les attirer, avec son ancienne ville normande, les ossements de saint Nicolas dans un reliquaire d'argent et la ville nouvelle, vaste et spacieuse. Mais, négligée depuis des siècles, elle ne servait qu'au trafic des commerçants indigènes. Guy foulait son sol pour la première fois.

La ville avait acquis sans le vouloir une notoriété récente ; cas unique dans la Seconde Guerre mondiale, elle avait été victime des gaz. Un bateau rempli de gaz « moutarde », ayant sauté dans le port, aux premiers jours de l'occupation, avait répandu son venin sur les quais. Nombre d'habitants s'étaient plaint de maux d'yeux, de maux de gorge, de cloques sur le corps. On les rassura : l'épidémie serait rapidement jugulée, et en Apulie on avait l'habitude de ces petites calamités.

Au début de 1944, Bari avait retrouvé l'allure martiale et cosmopolite de la cité du Moyen Age. Les soldats alliés en permission fourmillaient dans ses rues, certains portant l'épée du croisé comme insigne, ce qui ne manquait pas d'ironie. Les blessés remplissaient ses hôpitaux. D'innombrables organismes s'étaient emparés de bureaux neufs mais sinistrés construits pour les services de l'État Totalitaire. Des embarcations de la marine ornaient le pauvre port. Ce n'est pas que Bari pût rivaliser avec Naples, cette immense usine de guerre improvisée. Sa racaille était principalement constituée de petits garçons. Peu de voitures y arboraient le fanion des autorités. Peu d'officiers supérieurs occupaient les villas des alentours. Foggia attirait les « notables » des Forces Aériennes. Rien de très noble ne florissait à Bari. Ses édifices minables étaient occupés par des émissaires balkaniques et sionistes ; par un mélancolique officier anglais jouant le rôle imprévu de « disc-jockey »[1] et abreuvant la troupe d'airs populaires ou présumés tels ; par un officier écossais euphorique et ses livres destinés à répandre le respect de la culture anglaise chez de possibles lecteurs ; par des éditeurs de petits journaux de propagande, imprimés en diverses langues ; par des agents de Services secrets rivaux ; par un groupe de Russes dont la tâche consistait à réétiqueter en caractères cyrilliques des boîtes de conserve pour faire croire qu'elles provenaient d'URSS, avant d'être parachutées par des avions américains au-dessus de groupes communistes encerclés ; par des Italiens même, que l'on initiait aux subtilités de la démocratie. Les Alliés avaient récemment ralenti leur avance en détruisant le monastère du mont Cassin et l'infanterie de première ligne payait maintenant le prix de ce sacrilège. La paix des officiers installés à Bari n'en était pourtant pas troublée.

Ces officiers constituaient un petit monde à part : les uns étaient jeunes et souffreteux, d'autres vieux et cloîtrés loin des responsabilités ou des tracasseries du commandement. Dans les rues à arcades on pouvait voir circuler aussi des chauffeurs, des or-

1. Présentateur de disques à la radio (N.d.T.)

donnances, des policiers, des employés et des plantons.

C'est dans ces sortes de limbes que Guy, à la fin de février, se rongea durant plus d'une semaine. Il avait quitté l'Italie quatre ans et demi auparavant. Il avait pris congé du Croisé qu'on appelait « Il Santo Inglese »[1]. Il avait touché de sa main l'épée qui n'avait jamais frappé l'infidèle. Il portait la médaille qui pendait au cou de son frère Gervase lorsqu'il avait été abattu en Flandre en montant aux premières lignes. Il sentit sourdre en lui le désespoir qui avait poussé Ivo à se laisser mourir de faim. Une demi-heure de mêlée sur la plage de Dakar, une déroute honteuse en Crète : voilà ce qu'avait été la guerre pour lui.

Chaque jour, il se présentait au Quartier Général. « Toujours rien, lui disait-on. Les communications ne sont pas satisfaisantes. Les forces aériennes refusent de décoller avant de savoir ce qui se passe là-bas. »

— Amusez-vous bien, lui avait dit le général Cape.

Ce n'est pas l'ordre que lui eût donné Ritchie-Hook. Il n'y avait pas de coups durs, à Bari. Guy se promenait en touriste dans les rues de la vieille ville. Il se reposait au club ou à l'hôtel. Il rencontrait de vieilles connaissances et en faisait de nouvelles. Il était livré aux loisirs, à la bonhomie, à la futilité.

Après une courte absence, le lieutenant Padfield réapparut, en compagnie d'un célèbre compositeur

1. Le Saint Anglais (N.d.T.)

anglais mystérieusement importé par l'U.N.R.R.A.[2]. Ils emmenèrent Guy en voiture sur la route du sud pour visiter les habitations en forme de ruches où les descendants des colons athéniens vivaient encore dans l'indépendance. Non loin de là, dans une petite ville ancienne, une famille italienne avait ouvert un restaurant de marché noir. La note ne se réglait pas avec des billets de banque, mais, en échange de poisson frais cuit à l'huile d'olive et agrémenté de truffes blanches et d'ail, le patron acceptait de l'essence, des cigarettes et des médicaments.

Le lieutenant laissa sa voiture sur la *piazza*, devant l'église fermée. D'autres véhicules de l'armée y étaient déjà rangés ; et quand Guy et ses compagnons atteignirent la maison au bord de l'eau ils la trouvèrent remplie d'Anglais et d'Américains ; parmi eux se trouvaient le général Cape et son infirmière.

— Je ne vous ai pas vu, dit le général, et vous ne m'avez pas vu.

Mais l'infirmière avait entendu parler du musicien et, après le déjeuner, elle insista pour être présentée. Ils se promenèrent ensemble sur les quais, le général et Guy quelques pas derrière les trois autres. L'avance ou le repli des armées avaient laissé le site intact. Les habitants faisaient la sieste. La mer Adriatique clapotait paisiblement contre les pierres antiques ; dans le port, les bateaux restaient immobiles. La guerre semblait lointaine.

Le général était d'humeur méditative. Il avait

2. U.N.R.R.A (United Nation Relief and Rehabilitation Administration) - Organisme d'aide aux pays d'Europe, créé par les Nations unies (N.d.T.)

copieusement déjeuné ; d'autres plaisirs l'attendaient.

— La guerre..., dit-il. Quand j'étais à Sandhurst, personne ne parlait de la guerre. Nous travaillions le sujet, bien sûr, il faisait partie de notre programme d'examen, comme l'histoire ou la géographie. J'ai choisi l'armée parce que j'aimais les chevaux et j'ai passé quatre ans de ma vie dans un tank bruyant et puant. Qu'y ai-je gagné ? Une ou deux ferblanteries et cette jambe estropiée ; ce que je veux maintenant, c'est le calme. Pas la *paix*, notez bien. Rien à redire à la guerre, sauf qu'on se bat. Je parie qu'après cinq ans de paix nous nous souviendrons de Bari comme des plus beaux jours de notre vie.

Soudain le musicien se retourna et dit :

— Crouchback a en lui le désir de la mort.

— C'est vrai ? demanda le général avec une évidente désapprobation.

— Je l'ai remarqué dès notre rencontre, reprit le musicien. Je n'en aurais rien dit, mais Padfield m'a fait trop boire.

— Le désir de la mort ? dit le général. Je n'aime pas cela. Il est temps que nous partions, Betty.

Il prit le bras de son infirmière et se dirigea en boitant vers la *piazza*. Guy salua à la manière des Hallebardiers. Le lieutenant effleura sa casquette d'un geste qui tenait de la bénédiction et de l'adieu. Le musicien présenta ses hommages à l'infirmière. Puis il se tourna vers le large, feignant de diriger un orchestre, et il répéta :

— Le désir de la mort... Le désir de la mort, par un jour comme celui-ci !

— Comment va votre désir de la mort, aujourd'hui ? dit le général quand Guy se présenta deux jours après. Un avion va vous emmener ce soir en Croatie. Joe vous donnera des précisions.

Guy n'avait aucun préparatif à faire pour ce voyage, sinon s'y préparer lui-même. Il marcha dans la vieille ville jusqu'à une église romane délabrée. Un prêtre y confessait. Guy attendit son tour.

— Mon Père, j'ai désiré mourir.

— Combien de fois ?

— Presque tout le temps...

La silhouette sombre, derrière la grille, se pencha en avant :

— Qu'avez-vous désiré ?

— Mourir.

— Vous avez tenté de vous suicider ?

— Non.

— Alors de quoi vous accusez-vous ? Désirer mourir est tout à fait normal en ce moment. C'est peut-être même une très bonne disposition. Vous ne vous accusez pas de désespoir ?

— Non, mon Père, de présomption. Je ne suis pas *prêt* pour mourir.

— Ce n'est pas un péché, un simple scrupule. Dites votre acte de contrition pour tous les péchés de votre vie passée.

Après l'absolution il ajouta :

— Vous êtes étranger ?

— Oui.

— Vous n'auriez pas quelques cigarettes en trop ?

Presque dans le même temps, à la cathédrale de Westminster, Virginia faisait sa première confession. Elle dit tout, sans rien omettre, avec précision, posément, sans rien cacher ni inventer. Le récit de près d'une demi-existence de mauvaise vie lui prit moins de cinq minutes.

— Remerciez Dieu pour votre bonne et humble confession, dit le prêtre.

Elle était absoute.

Les mêmes mots furent prononcés qui l'avaient été pour Guy. La même grâce lui fut offerte. Le petit Trimmer s'agita, tandis qu'elle était agenouillée pour réciter la pénitence qu'on lui avait donnée ; puis elle retourna à sa layette.

— Pourquoi les gens font-ils tant d'histoires ? dit-elle ce soir-là à l'oncle Peregrine, reprenant un thème qu'elle avait déjà abordé. C'est si facile ! Et j'éprouve une certaine satisfaction à penser qu'aussi longtemps que je vivrai, je n'aurai plus jamais de choses graves à confesser.

L'oncle Peregrine se garda de tout commentaire. Il ne se reconnaissait aucun don à lire dans les âmes. La plupart des choses que disaient ou faisaient la plupart des gens l'étonnaient dès qu'il s'y arrêtait. Il préférait laisser de tels problèmes à des gens plus compétents.

2

La douceur de l'été envahit soudain les collines boisées et les riches vallées de la Croatie du Nord. Les ponts et les rails étaient démolis sur l'unique petite ligne de chemin de fer qui autrefois reliait Begoy à Zagreb. La grande voie des Balkans menait vers l'Est. Là-bas, les camions allemands défilaient nuit et jour et les troupes allemandes, tapies, attendaient l'ordre de se replier. Ici, dans un îlot de territoire libéré de trente kilomètres sur quinze, les paysans cultivaient leurs champs comme ils l'avaient toujours fait, sujets seulement à la réquisition des partisans. Les prêtres disaient la messe, sujets seulement à la surveillance des policiers partisans qui se prélassaient dans le fond de l'église, guettant les sous-entendus politiques du sermon. Dans un seul village musulman, la mosquée avait été incendiée par des Oustachis aux premiers jours de la libération. A Begoy, la même bande, entraînée par les Hongrois, avait fait sauter l'église orthodoxe et profané le cimetière, sans combats ou presque : les Italiens se retiraient, les Oustachis suivaient. Puis les partisans sortaient des montagnes, s'infiltraient et prenaient possession du terrain, imposant leur loi. Ils étaient rejoints par un nombre grandissant de leurs compatriotes, se glissant, en haillons, par petits groupes, à travers les lignes allemandes et réintégrant leur pays libéré. On s'y nourrissait avec peine, mais ce n'était pas la famine. Les partisans prélevaient la dîme mais ne se livraient pas au pillage ; ils obéissaient aux ordres ; et c'était pour eux une question vitale de se ménager la sympathie des paysans.

Les bourgeois avaient tous quitté Begoy avec les garnisons en retraite. Les magasins dans la petite rue principale étaient vides ou servaient de logement aux combattants.

Dans les avenues, les tilleuls étaient abattus pour servir de bois de chauffage, mais le sceau de l'Empire des Habsbourg pouvait se voir sur leurs troncs. Du sol jaillissaient des sources chaudes et, à la fin du siècle dernier, la cité avait été modestement proclamée ville d'eaux. A l'établissement thermal, l'eau chaude coulait toujours. Deux vieux jardiniers entretenaient encore quelques massifs. Les chemins en gradins où les malades faisaient autrefois leur promenade hygiénique comportaient chacun son belvédère, son banc et son kiosque délabrés ; on pouvait toujours en suivre le tracé à travers les bocages et entre les bivouacs des partisans. Autour de la ville, dans la campagne, les villas abandonnées avaient été affectées à des usages officiels. Dans la plus importante se terrait la mission russe.

A trois kilomètres de la ville, une prairie servait de camp d'aviation. Quatre aviateurs anglais en assumaient la garde et l'entretien. Ils occupaient un des côtés du quadrilatère de constructions en bois qui composaient la ferme voisine. La mission militaire habitait en face, et un tas de fumier les séparait. Trois veuves de guerre monténégrines apportaient leurs soins à ces deux formations militaires, avec un zèle infatigable. Des partisans montaient la garde et un « interprète » nommé Bakic assistait les officiers : exilé politique à New York vers les années trente, il y avait glané quelques notions d'anglais. Les deux missions possédaient chacune un matériel de radio pour communiquer avec les différents quartiers généraux. Guy dépendait d'un commandant, et son personnel se composait d'un sergent opérateur radio et d'une ordonnance.

Il prenait la place d'un officier devenu neurasthénique et rappelé pour examen médical. L'avion qui avait amené Guy l'avait emmené.

— Les types ici, sont de beaux salauds, avait-il eu le temps de confier à Guy au cours d'une conversation de dix minutes à la lumière des feux de la piste, pendant que les femmes déchargeaient les marchandises. Ne gardez pas copie des messages en clair. Bakic lit tout. Et sachez que tout ce que vous direz devant lui sera répété.

Après son départ le commandant ne cacha pas ses impressions.

— Quel empoisonneur ! dit-il à Guy ; il a la manie de la persécution. Si vous voulez mon avis, ce n'était pas un type à envoyer ici.

Joe Cattermole avait donné à Guy des instructions précises. Son travail n'était pas astreignant. En cette saison, des avions atterrissaient à Begoy toutes les semaines, apportant outre des vivres, des cargaisons de mystérieux Slaves en uniforme qui, aussitôt à terre, disparaissaient pour rejoindre leurs camarades. Ces avions emmenaient des partisans sérieusement blessés ou des aviateurs alliés qui, revenant d'Allemagne vers l'Italie, avaient dû sauter de leurs bombardiers. On lançait aussi du ravitaillement : l'essence et les armes étaient parachutées, mais les denrées moins fragiles, vêtements et nourriture, tombaient en chute libre, comme des bombes, en différents points du territoire. Le commandant contrôlait tout ce trafic ; il fixait les heures de sortie des avions, dirigeait leur atterrissage. La tâche de Guy consistait à transmettre des rapports sur la situation militaire, c'est-à-dire qu'il dépendait complètement de l'état-major des partisans. Cet organisme comportait un vieux juriste de Split qui portait le titre de « ministre de l'Intérieur », un général, un commissaire du peuple, tous deux vétérans de la Brigade Internationale en Espagne, et un commandant, officier régulier de l'Armée Royale yougoslave. Un interprète leur était spécialement attaché, qui se vantait d'avoir été lecteur d'anglais à l'université de Zagreb. Cet état-major ne publiait que des bulletins de victoire : attaque d'un village, guet-apens tendu à un camion fasciste chargé de renforts ; et surtout l'énumération des groupes de partisans qui s'étaient frayés un chemin jusque dans la région de Begoy, pour s'enrôler dans l'« Armée croate ». Ces derniers manquant de l'essentiel, Guy était appelé à y suppléer. Le général et le commissaire du peuple menaient habilement leur barque, arguant alternativement du dénuement des partisans et de l'efficacité de leur moderne et puissante armée. Les renforts fournis justifiaient de nouvelles demandes.

Les membres de l'état-major avaient pris l'habitude de travailler la nuit. Ils dormaient le matin, mangeaient, fumaient et flânaient l'après-midi, et au coucher du soleil reprenaient vie. Un téléphone les reliait à l'aérodrome. Une ou deux fois par semaine la sonnerie retentissait et Bakic annonçait : « Le général veut nous parler immédiatement. » Ils partaient alors, Guy et lui, en trébuchant dans le chemin creux. La conférence à laquelle ils étaient conviés avait lieu parfois à la lumière d'une lampe à huile, parfois sous une ampoule électrique aussi vacillante et incertaine que celle du quartier général de Bari. Guy se voyait alors soumettre une liste exorbitante de fournitures : matériel pour tout un hôpital, produits pharmaceutiques avec les noms de drogues et d'instruments qu'il lui faudrait des jours entiers pour mettre en code et transmettre ; de l'artillerie légère, de petits tanks, des machines à écrire et enfin, summum de leurs désirs : un avion qui leur fût spécialement affecté. Guy ne les contrariait pas, leur faisait remarquer que les armées alliées se battaient aussi en Italie. Il promettait de transmettre leurs demandes, puis établissait une liste de ce qui lui semblait raisonnable. Le résultat était toujours imprévisible. On parachutait tantôt de vieux fusils récupérés en Abyssinie, tantôt des brodequins pour une demi-compagnie ; tantôt enfin tombaient du ciel des mitrailleuses, des munitions, de l'essence, des aliments déshydratés, des chaussettes et des livres de vulgarisation. Les partisans tenaient un compte précis de ce qu'ils recevaient. Guy transmettait. Aucun chapardage. Mais l'écart était tel entre ce qui était demandé et ce qui était donné que Guy ne se sentait responsable de rien. Selon la libéralité du dernier parachutage, il était accueilli chaleureusement ou avec une politesse de rigueur. Après une de ces avalanches inattendues, on lui offrit même un verre de Slivovic.

A la mi-avril, un nouvel élément apparut. Guy avait terminé son petit déjeuner et se récitait un vocabulaire serbo-croate quand Bakic annonça :

— Il y a tes Zuifs tehors.

— Quels Juifs ?

— Ils zont ici tepuis teux heures. Z'ai tit eux attendre.

— Qu'est-ce qu'ils veulent ?

— Ils zont tes Zuifs. Veulent touzours quelque soz, veulent voir gapitaine britannique. Z'ai tit eux attendre.

— Bon. Faites-les entrer.

— Peuvent pas entrer. Zont plus t'une zentaine.

Guy sortit et trouva le chemin et la cour de la ferme pleins de monde. On comptait dans cette foule quelques enfants mais les adultes semblaient âgés, trop âgés pour être les parents car leur état les vieillissait de façon anormale. En dehors des paysannes, tout le monde à Begoy était en haillons, mais les partisans avaient des barbiers et dans leurs uniformes en lambeaux ils gardaient quelque dignité. Affublés des vestiges de la civilisation bourgeoise, les Juifs étaient grotesques. Leur visage semblait ne porter aucun signe racial. On eût bien distingué parmi eux quelques Sémites, mais ils étaient en majorité blonds avec le nez retroussé, les pommettes saillantes, descendants de tribus slaves judaïsées longtemps après la Diaspora. Peu d'entre eux sans doute vénéraient encore le Dieu d'Israël à la manière de leurs ancêtres.

L'apparition de Guy souleva un murmure. Trois responsables s'avancèrent : une femme assez jeune, d'aspect moins minable que ses compagnons, entre deux petits vieux ratatinés. Après avoir demandé si Guy parlait italien, la femme présenta ses deux compagnons : un commerçant de Hostar, un juriste de Zagreb. Elle-même était native de Fiume, mariée à un ingénieur hongrois.

Bakic l'interrompit brusquement en serbo-croate, et les trois émissaires sombrèrent dans un silence désespéré.

— Ze dis à ces zens qu'ils doivent parler en slave. Ze parlerai pour eux.

— Je ne parle qu'allemand et italien, reprit la femme.

— Nous parlerons italien, décida Guy. Je ne peux vous faire tous entrer. Venez, vous trois, les autres resteront dehors.

Bakic se renfrogna. La foule se mit à papoter. Les trois élus franchirent le seuil avec de timides saluts, essuyant consciencieusement leurs misérables chaussures avant de marcher sur le plancher rugueux.

— Je n'ai pas besoin de vous, Bakic.

L'espion sortit, rabroua la foule, les bousculant pour qu'ils quittent la cour.

Le living-room de Guy ne comportait que deux chaises. Il en prit une, invitant la femme à s'asseoir sur l'autre. Les hommes se serrèrent derrière elle, émettant quelques suggestions. Ils conversaient en un jargon mi-allemand mi-serbo-croate ; le juriste savait assez d'italien pour suivre tout ce que disait la femme et au besoin l'interrompre. Le commerçant fixait le sol, simple délégué de la foule qui attendait.

Avec une véhémence soudaine, la femme, madame Kanyi se débarrassa de ses conseillers et entama son histoire : ceux qui étaient dehors, expliqua-t-elle, étaient les survivants du camp de concentration italien de l'île de Rab ; ressortissants yougoslaves pour la plupart, mais certains, comme elle, réfugiés d'Europe Centrale. La guerre les avait surpris en 1939, elle et son mari, alors qu'ils partaient pour l'Australie, leurs papiers en règle.

Après la fuite du roi, les Oustachis avaient commencé à massacrer les Juifs. Les Italiens les encerclèrent et les conduisirent jusqu'à l'Adriatique. A la reddition de l'Italie, la côte fut pendant quelques semaines aux mains des partisans qui ramenèrent les Juifs sur le continent, enrôlèrent tous ceux qui étaient capables de travailler et emprisonnèrent les autres. Son mari avait été attaché au quartier général en tant qu'électricien. Puis les Allemands avancèrent. Les partisans s'enfuirent, emmenant les Juifs avec eux. Et maintenant, ils étaient là, cent huit, à demi-morts de faim.

— Je vous félicite, dit Guy.

Madame Kanyi leva les yeux, croyant qu'il se moquait, mais constatant que ce n'était pas le cas, continua de le regarder avec un triste étonnement.

— Après tout, vous êtes des amis, poursuivit-il.

— Oui, dit-elle, trop éprouvée pour être ironique. On nous a dit que les Britanniques et les Américains étaient nos amis. C'est donc vrai ?

— Bien sûr. Pourquoi serais-je ici ?

— Vous ne venez pas pour prendre le pays ?

— Première nouvelle.

— On dit que Churchill est l'ami des Juifs.

— Les Juifs n'ont rien à voir dans cette affaire.

— Mais nous sommes Juifs. Nous sommes cent huit.

— Bon. Que voulez-vous que je fasse ?

— Nous voulons aller en Italie. Certains d'entre nous y ont des parents. Un organisme existe à Bari. Nos papiers nous autorisent, mon mari et moi, à séjourner à Brisbane. Emmenez-nous, et nous ne vous ennuierons plus. Ici, quand viendra l'hiver, nous mourrons. Nous entendons chaque soir des avions. Trois d'entre eux suffiraient à nous emmener tous. Nous n'avons plus de bagages.

— Ces avions, Signora, transportent du matériel de guerre indispensable et des personnages officiels. Je suis désolé que vous soyez si malheureux, mais beaucoup d'autres le sont aussi. Prenez patience. Nous ne laissons pas les Allemands souffler. J'espère être à Zagreb à Noël.

— Nous ne devons rien dire contre les partisans ?

— Pas à moi. Je vais vous donner une tasse de chocolat. Ensuite il faut que je travaille.

Il alla à la fenêtre et demanda à l'ordonnance du chocolat et des biscuits. « Nous étions mieux à Rab » dit le juriste en anglais, tandis qu'on préparait leur collation. Et tout à coup, en un jargon polyglotte, tous trois commencèrent à se lamenter sur leur maison, leurs biens volés, l'insuffisance de leurs rations. Churchill, lui, les ferait conduire en Italie...

— Sans les partisans, leur dit Guy, vous seriez à l'heure qu'il est aux mains des nazis.

Mais le mot ne les terrorisait plus. Ils eurent un haussement d'épaules découragé.

L'une des veuves apporta un plateau de tasses et une boîte de biscuits.

— Servez-vous, dit Guy.

— Combien pouvons-nous prendre de biscuits, s'il vous plaît ?

— Deux ou trois.

Avec une discrétion touchante, chacun prit trois biscuits, surveillant les autres pour s'assurer qu'ils ne lui feraient pas honte. Le commerçant murmura quelques mots à madame Kanyi qui expliqua :

— Il demande si vous l'autorisez à en prendre un pour un ami ?

L'homme, tout en flairant son chocolat, avait les larmes aux yeux ; autrefois il avait manié des sacs entiers de cette denrée.

Ils se levèrent. Madame Kanyi, avant de partir, tenta une dernière fois d'apitoyer Guy.

— Viendrez-vous voir où l'on nous a mis ?

— Je regrette, Signora, c'est en dehors de mes attributions. Je suis un officier de liaison. Rien que cela.

Ils le remercièrent humblement et avec effusion puis quittèrent la maison. Guy les vit se quereller dans la cour. Les hommes semblaient trouver que madame Kanyi n'avait pas su mener l'affaire. Bakic les renvoya en les bousculant; la foule s'éloigna dans le chemin, véritable Babel d'explications et de reproches.

Le plein été arriva en mai. Guy se promenait tous les après-midi dans les jardins publics intacts. Les partisans, à l'instigation peut-être du « ministre de l'Intérieur », leur accordaient un certain intérêt et y avaient fait dessiner un nouveau massif en forme d'étoile. On y voyait aussi des arbres rares, des statues, un kiosque à musique, un bassin où s'ébattaient des carpes et des canards exotiques. Les jardiniers avaient utilisé des cages, vestiges d'un zoo miniature, pour élever des lapins dans l'une, de la volaille dans une autre, un écureuil rouge dans la troisième. Ces jardins, où récemment encore des rhumatisants marchaient à petits pas à l'ombre d'un parasol, un roman à l'eau de rose à la main, Guy n'y rencontrait jamais un partisan. Les femmes soldats, avec leurs pansements, leurs décorations et leurs chapelets de grenades, se donnaient un air important, parcouraient les rues bras dessus, bras dessous en chantant des airs patriotiques, mais n'entraient jamais dans les jardins publics. Peut-être était-ce un terrain défendu ?

Guy n'y faisait qu'une rencontre : madame Kanyi, qu'il saluait parfois en continuant son chemin.

« Restez à l'écart des civils », lui avait-on prescrit.

Vers la fin de ce mois de mai, une atmosphère de déférence et d'appréhension sembla régner au quartier général. La situation militaire était au point mort, disait-on. Des tas de papiers alimentèrent un feu de joie dans le jardin. Guy ne recevait plus de demandes. Le général et le commissaire devenaient presque prévenants. Il n'eut pas à chercher la cause de ces attentions soudaines. On lui annonça de Bari que des parachutistes allemands avaient dispersé les forces de Tito à Dvrar. Le maréchal, son état-major, les missions britannique, américaine et russe, venaient d'être évacués par avion en Italie. Savait-on que Guy était au courant ? Il se le demandait et une quinzaine de jours passèrent. Il fut informé que Tito s'installait à Vis sous la protection alliée, et le général comme le commissaire du peuple reprirent une attitude distante. Ce fut au cours de cette nouvelle période de tension que parvint à Guy un message de l'U.N.R.R.A. : *Service de recherches demande renseignements sur personnes déplacées. S'il y en a dans votre région, faites rapport.* Ces mots, qui allaient devenir les mots-clés de la décade, Guy les lisait pour la première fois.

— Des personnes déplacées... dit-il au commandant. N'est-ce pas ce que nous sommes tous ?

Et il répondit : *Personnes déplacées sens incompris.*

Nouveau message : *Ressortissants sympathisants déplacés par ennemi.*

Il répondit : *Cent huit Juifs.*

Et reçut le lendemain : *Envoyez détails sur Juifs, noms, nationalité, conditions.*

Bakic reconnut à contrecœur qu'il connaissait l'endroit où étaient parqués les Juifs : dans une école près des ruines de l'église orthodoxe. Il y conduisit Guy. Les pièces dans lesquelles ils pénétrèrent étaient plongées dans l'obscurité, car des morceaux de bois et de fer-blanc provenant de maisons en ruine remplaçaient les vitres brisées. Aucun meuble. Des formes humaines recroquevillées dans de petits nids de paille et de guenilles. A l'entrée de Guy et de Bakic, une douzaine de silhouettes s'ébrouèrent, se dressèrent et reculèrent vers les murs et les coins les plus sombres, certaines levant le poing pour saluer. Bakic fit avancer l'un de ces misérables et l'interrogea brutalement en serbo-croate.

— Il tit que les autres sont allés zercer du bois. Zeux-ci sont malates. Que voulez-vous moi leur tire ?

— Dites que les Américains en Italie veulent les

aider. Je fais une enquête pour savoir ce qu'ils désirent.

Cette annonce les rendit prodigieusement volubiles. Ils s'attroupèrent, furent rejoints par d'autres, jusqu'à ce que Guy se trouvât entouré d'une trentaine de quémandeurs, réclamant avec frénésie la première chose venue à leur esprit : une aiguille, une lampe, du beurre, un savon, un oreiller, ou bien exprimant des rêves vagues : le retour à Tel-Aviv, un avion pour New York, des nouvelles d'une sœur vue pour la dernière fois à Bucarest, un lit d'hôpital.

— Vous foyez... tous veulent quelque soz tifférend. Et ils sont pas la boitié.

Accablé, à demi suffoqué, Guy resta là vingt minutes.

— Bon, dit-il, nous en avons assez vu. Pour pouvoir faire quelque chose, il nous faut obtenir qu'ils s'organisent et dressent une liste de leurs noms. Je voudrais bien trouver cette Hongroise qui parlait italien. Elle avait du bon sens.

Bakic s'informa :

— Elle pas fivre ici ; son mari travaille à l'électrizité. Zont une maison tans le parc.

— Essayons de la trouver.

Ils quittèrent l'école pour émerger dans un air frais et ensoleillé plein de chants guerriers. Guy respira avec satisfaction. Au-dessus d'eux, très haut, de minuscules bombardiers scintillants bourdonnaient dans le ciel, puissante escadre en formation parfaite. Ils venaient comme chaque jour de Foggia et se dirigeaient vers Vienne.

— Les voilà encore, dit Guy. Mieux vaut ne pas être dessous quand ils lâcheront leurs paquets...

C'était une de ses consignes, d'impressionner les partisans en évoquant la puissance des forces alliées et les ravages qu'elles opéraient ; car ces forces, un jour, d'une manière ou d'une autre, apporteraient le bonheur là où il semblait qu'on les eût oubliées. Bakic fut donc gratifié d'un laïus renforcé de statistiques sur les avions à longue portée et sur les raids en formation.

Ils découvrirent la demeure des Kanyi. C'était une ancienne cabane à outils dissimulée dans le parc par des buissons : une seule pièce, au sol de terre battue, un lit, une table, une ampoule électrique au bout d'un fil. Mais Guy ne vit pas l'intérieur ce jour-là ; Madame Kanyi qui étendait sa lessive, dehors, sur un fil, les tint éloignés de la cabane pour respecter le sommeil de son mari.

— Il a travaillé toute la nuit et n'est rentré qu'à midi. L'installation électrique était en panne.

— Oui, répondit Guy. A neuf heures j'ai dû me coucher dans l'obscurité.

— C'est toujours ainsi. Pas moyen de se procurer le combustible nécessaire. Et tous les câbles sont pourris. C'est trop vieux. Le général n'y connaît rien et tient mon mari pour responsable. Il travaille souvent toute la nuit.

Guy renvoya Bakic et parla de l'U.N.R.R.A. Mme Kanyi réagit d'une autre façon que les pauvres diables de l'école. Elle était plus jeune, mieux nourrie, donc plus désespérée.

— Que peuvent-ils faire pour nous ? dit-elle. Et pourquoi le feraient-ils ? Nous ne comptons pas, vous-même l'avez dit. Voyez d'abord le commissaire, sinon il imaginera Dieu sait quoi et nous n'aurons que plus d'ennuis. Nous ne pouvons rien accepter sans l'avis du commissaire.

— Vous pouvez au moins dresser la liste qu'on me demande de Bari.

— Oui, si le commissaire est d'accord. Il a déjà interrogé mon mari au sujet de l'entretien que j'avais eu avec vous. C'est très ennuyeux parce que le général commençait à lui faire confiance. Maintenant on le croit en liaison avec les Anglais ; et, hier soir, la lumière s'est éteinte pendant une conférence importante. Mieux vaut ne rien faire en dehors du commissaire. Je connais ces gens-là.

— Ils vous assurent une situation plutôt privilégiée.

— Vous croyez que c'est pour cette raison que je ne veux pas aider les miens ?

La pensée avait traversé l'esprit de Guy. Mais il réfléchit, regarda madame Kanyi, et il eut honte.

— Non, dit-il.

— Vous pourriez le croire, reprit gravement madame Kanyi. La souffrance, dit-on, rend compatissant. Ce n'est pas toujours vrai. Mais ça peut l'être.

Ce soir-là, Guy fut convoqué au quartier général. Un comité au complet, avec le « ministre de la Guerre », s'était rassemblé pour le rencontrer. Les manières de ses membres évoquaient plutôt une cour martiale qu'une conférence entre alliés. Bakic resta à l'arrière-plan et le jeune interprète prit les choses en main.

Guy n'aurait pas été surpris qu'ils le fissent rester debout, mais le commandant en second se leva, lui fit passer sa chaise et resta debout lui-même, près de l'interprète.

L'installation électrique de Kanyi faisait une fois de plus des siennes. Une seule lampe éclairait les visages aplatis et les grosses têtes rondes rasées. Plus jeunes que Guy, les trois militaires au teint hâlé par le grand air fumaient des cigarettes macédoniennes prises à l'ennemi. Le commandant en second en offrit une à Guy, qui la refusa. L'atmosphère était lourde.

Le « ministre de l'Intérieur », les paupières tombantes sur des yeux sans esprit, portait une petite barbe blanche. Il ignorait ce qu'il faisait là et même ce qu'il faisait à Begoy. Il avait su profiter d'une bonne petite clientèle à Split, s'était immiscé avant la guerre dans la politique antiserbe, s'était retrouvé dans une prison italienne, avait été relâché pour un court laps de temps par les partisans, et entraîné dans leur retraite. Ils lui avaient donné la jouissance d'une pièce, sa ration de vivres et ce titre étrange de « ministre de l'Intérieur », Dieu seul savait pourquoi.

— Le général désire savoir pourquoi vous avez été voir les Juifs, demanda l'interprète.

— J'agissais sur ordre de mon quartier général.

— Le général ne comprend pas en quoi les Juifs regardent la Mission militaire.

Guy tenta d'expliquer les buts de l'U.N.R.R.A. Il connaissait assez mal la question et les membres de cet organisme qu'il avait rencontrés ne lui inspiraient qu'une estime limitée, mais il fit de son mieux. Le général et le commissaire se consultèrent.

— Puisque les mesures envisagées ne seront prises qu'après la guerre, le commissaire demande pourquoi on se livre dès maintenant à des enquêtes.

Guy expliqua la nécessité, pour l'U.N.R.R.A., de prévoir, tant pour le ravitaillement que pour l'outillage, la reconstruction des ponts, le matériel roulant, les quantités nécessaires pour remettre sur pied les régions dévastées.

— Le commissaire ne voit pas en quoi cela concerne les Juifs.

Guy parla des millions de personnes déplacées que l'on aurait à rapatrier.

— Le commissaire trouve que c'est une affaire intérieure.

— La construction des ponts aussi.

— Le commissaire dit que la construction des ponts est une bonne chose.

— L'aide aux personnes déplacées aussi.

Le commissaire et le général s'entretinrent à nouveau.

— Le général dit que toute question d'ordre intérieur doit être adressée au ministre de l'Intérieur.

— Si je n'ai pas procédé de façon correcte, je le regrette vivement. Dites-le au général. Mes supérieurs m'ont posé une question, j'ai fait de mon mieux pour y répondre. Maintenant, puis-je demander au ministre de l'Intérieur de me procurer la liste nominale des Juifs ?

— Le général est satisfait, puisque vous admettez l'incorrection de votre manière d'agir.

— Le ministre de l'Intérieur m'autorise-t-il à faire dresser une liste ?

Et tout recommença. La discussion dura une heure.

— Dois-je répondre que vous refusez toute coopération avec l'U.N.R.R.A. ? trancha Guy qui perdait patience.

— Nous coopérerons chaque fois que nous le jugerons nécessaire.

— Mais pour les Juifs ?

— Le Gouvernement central appréciera l'opportunité de la question.

Ils se séparèrent.

— Ils ont été très turs avec vous, capitaine, remarqua Bakic durant le retour. Pourquoi vous addirer tes ennuis avec zes Zuifs ?

— Les ordres, répondit Guy.

Et, avant d'aller se coucher, il rédigea un message : *Condition Juifs grave. Peut devenir désespérée.*

Autorités locales refusent coopération. Seul espoir niveau supérieur.

Le lendemain, il reçut en clair : *P/302/B. Personnel pour Crouchback. Début message. Virginia attaché fils aujourd'hui les deux vont bien Crouchback fin message. Prie remarquer seuls messages personnels grande importance acceptés pour transmission. Gilpin pour Général.*

— Vérifiez « attaché », demanda Guy à son radiotélégraphiste.

Trois jours plus tard : *Personnel pour Crouchback Notre P/302/B pour « attaché » lisez « a caché ». Ceci pas considéré message personnel importance prioritaire. Gilpin pour Général.*

— Vérifiez « a caché ».

Il reçut enfin : *Pour « a caché » lire accouché répète « accouché ». Félicitations, Cape.*

— Envoyez en clair : *Message personnel Crouchback, Bourne Mansions Carlisle Place Londres. Content tous deux bonne santé Crouchback fin message. Personnel à général merci pour félicitations.*

Le fils de Virginia vint au monde le 4 juin, jour de l'entrée des armées alliées à Rome.

— Un présage dit l'oncle Peregrine.

Au *Bellamy*, où il s'était réfugié pendant que le docteur, l'infirmière et sa nièce Angela envahissaient son appartement, il bavardait avec Arthur Box-Bender.

Le club était presque désert. Les membres les plus jeunes étaient partis vers la côte sud et la Manche. Les plus âgés manifestaient moins d'intérêt et semblaient à peine conscients de l'imminence du débarquement. Le bon ton, plus fort qu'aucun règlement de sécurité, en interdisait la discussion.

Pour Box-Bender la naissance d'un neveu ne représentait pas un heureux événement. Il avait compté les mois de grossesse. Le mariage de Guy le déconcertait, et cette aberration frustrait ses propres enfants d'un héritage.

— Présage de quoi ? demanda-t-il non sans une pointe d'irritation. Vous voulez que ce garçon devienne pape ?

— L'idée ne m'en était pas venue. Peu de membres de la famille ont reçu les ordres, dans notre génération, et de toute façon, je n'espère pas vivre assez pour applaudir à cette élection. Mais un Anglais, un Crouchback sur le trône de St-Pierre, et juste au tournant du siècle, cette perspective ne m'est pas désagréable, je vous l'avoue.

Virginia, depuis quelques semaines, mord étrangement à la religion. Ce n'est pas exactement de la piété, mais une attitude qu'elle se donne. Le clergé paraît l'apprécier beaucoup. Ces messieurs lui rendent visite, honneur dont ils ne m'ont jamais gratifié. Elle les fait rire. Ils semblent préférer cela aux bonnes œuvres. Elle n'est pas en état de s'y livrer, bien entendu, mais c'est une convertie beaucoup plus drôle qu'Éloïse Plessington.

— Ça, je l'imagine aisément.

— Angela a été d'un grand secours. Vous, on ne peut rien vous apprendre sur la naissance d'un enfant. Pour moi tout était surprenant. Sans y avoir jamais beaucoup pensé, j'imaginais que les femmes se mettaient au lit, ressentaient dans le ventre quelques douleurs, gémissaient un peu, et puis l'enfant était là. Ce n'est pas ça du tout...

— Je m'en allais toujours quand Angela accouchait.

— Cela m'a beaucoup intéressé. Je suis parti à la fin, mais le commencement était tout à fait surprenant — presque déconcertant.

— Je suis sûr que rien, jamais, ne vous déconcerte, Peregrine...

— Non... Peut-être « déconcertant » n'est-il pas le mot juste...

Au Q.G. des Commandos, la torpeur régnait dans les bureaux dépeuplés. Seuls, des personnages hétéroclites apparaissaient encore : le médecin charlatan ou l'homme qui mangeait de l'herbe. Mais les organisateurs et les combattants s'étaient évaporés. En face de l'Opération Overlord, cette formidable et périlleuse offensive dont il semblait que dût dépendre le sort du monde, les entreprises de moindre importance n'en avaient plus du tout...

Le général Whale ordonna non un holocauste, mais la mise au rancart des montagnes de dossiers dans les abîmes ténébreux des archives secrètes.

Dans les fonctions qu'il occupait, Ian Kilbannock se rendait compte, et sans regret, que son rayonnement était au zénith et ne pouvait que décliner. Il avait sollicité un poste de correspondant de guerre en Normandie, à proximité de l'Angleterre, au centre des opérations. Mais ses concurrents étaient nombreux. Il devait songer à son avenir. Sa brève expérience de journaliste hippique semblait bien dépassée. Le temps était venu, d'après lui, d'aborder un domaine plus riche : il allait trouver matière, prévoyait-il, à des reportages de guerre sensationnels.

On lui avait proposé l'Adriatique et il y réfléchissait ; la Birmanie, aussi, mais il avait décliné l'offre. D'après les comptes rendus, ce n'était pas fait pour lui. Ne serait-ce pas, par contre, l'endroit rêvé pour Trimmer ?

— En ce qui concerne Trimmer, dit Ian au général Whale, tous les rapports sont négatifs.

— Où est-il, maintenant ?

— A San Francisco. Il a fait le tour du pays. Fiasco partout. Ce n'est pas sa faute, il arrive trop tard. Les Américains ont leurs propres héros. De plus, le sens des classes sociales est assez sommaire chez eux. Pour eux c'est un officier anglais.

— Ils n'ont pas regardé ses cheveux. Je ne parle pas de la coupe, mais de l'implantation. Ce n'est pas suffisamment « prolétaire », ça ?

— Ce sont des choses qu'ils ne voient pas. Non, sir. Trimmer a échoué en Amérique, et pire encore au Canada. C'est vers l'Ouest qu'il doit chercher. Ce serait une erreur, à mon point de vue, de le rappeler en Angleterre, pour diverses raisons, des raisons de famille, pourrait-on dire.

— Nous avons un problème plus grave à trancher : ce général Ritchie-Hook. Il a eu une engueulade avec Monty. Maintenant, il est sans affectation et ne cesse d'embêter tout le monde, en haut lieu. Je ne vois vraiment pas pourquoi nous sommes tenus de le caser. Ritchie-Hook, Trimmer, pourquoi sommes-nous responsables d'eux ?

— Et si on les envoyait tous les deux épater les Hindous loyalistes ?

— Non.

— Vous avez raison. Certainement pas Ritchie-Hook, en tout cas. Il les ferait se tourner contre nous...

— Il y a l'Australie ?

— Pour Trimmer ce serait pire que l'Amérique.

— Oh ! Bon Dieu, arrangez ça vous-même. Cet homme me rend fou.

Le général Whale, lui aussi, savait qu'il avait atteint l'apogée du pouvoir et voyait venir le déclin. Un commando de Canadiens avait trouvé la mort au cours d'un épisode insensé à Dieppe, et il n'y était pas pour rien. Des entreprises plus importantes, organisées par lui, n'avaient pas réussi. Maintenant, il se trouvait au même stade qu'aux plus beaux jours, quand il ne pouvait guère causer de dégâts. Il occupait ce même local et le même personnel était sous ses ordres. Mais il avait perdu ses légions.

Au camp de Ludovic aussi régnait une atmosphère de torpeur. Si le capitaine Fremantle était toujours là, on avait rappelé les moniteurs. Aucun « client » ne se présentait plus à l'école des parachutistes. Mais Ludovic était satisfait.

Il utilisait les services d'une dactylo en Écosse. De préférence à toutes celles qui se proposaient dans le *Supplément littéraire du Times*, il l'avait choisie comme la plus éloignée du champ d'action de l'ennemi. Chaque semaine, au cours de l'hiver, il lui avait adressé un paquet manuscrit et avait reçu en retour, dans deux enveloppes distinctes, deux exemplaires tapés à la machine. Elle accusait réception de chaque paquet par une carte postale qui n'atteignait Ludovic que quatre jours après, pendant lesquels il se rongeait d'inquiétude. Beaucoup d'envois disparaissaient à cette époque, mais le roman parvint finalement complet à destination. On était au début de juin. Ludovic avait devant lui deux piles de chapitres, chacun empaqueté et ficelé. Il envoya Fido dans son panier et s'installa pour lire le dernier chapitre ; ce n'était pas pour corriger les fautes de frappe, car il écrivait avec netteté et la dactylo était compétente ; pas davantage pour réviser ou polir, car le travail lui semblait sans défaut (et en un sens il l'était) ; il voulait seulement jouir de son ouvrage.

Les admirateurs de ses « pensées » (et ils étaient nombreux) n'auraient guère pu le reconnaître dans son nouveau livre. C'était un somptueux récit romanesque, confinant au mauvais goût ; un grand drame qu'il avait situé, ses expériences avec Sir Ralph Brompton le lui permettaient, dans le monde diplomatique de la décade précédente. Tels qu'il avait pu les observer, de la position ambiguë qui était la sienne, les personnages apparaissaient plus brillants que dans la réalité. L'intrigue était shakespearienne, avec quelque chose de fabriqué et d'invraisemblable. Le dialogue n'eût pu couler de lèvres humaines, mais il était capable de faire rougir les lecteurs des deux sexes, quel que fût leur âge. Ce n'était d'ailleurs pas un livre démodé. L'auteur ne savait pas qu'une demi-douzaine d'écrivains anglais, se détournant des privations du temps de guerre et des bouleversements sociaux que l'on pouvait craindre, ignorant mutuellement leur existence, inconnus d'Everard Spruce, de Connie et de Frankie, composaient déjà ou allaient composer des livres où ils s'écarteraient des sentiers battus des années trente pour les jardins parfumés d'un passé plus récent, transformé et illuminé par une mémoire débridée et par l'imagination. Ludovic, malgré son isolement, participait au mouvement.

Mais en dépit de son chatoiement son livre n'était pas un livre gai. La mélancolie imprégnait toutes ses pages et, à l'approche de la fin, s'alourdissait. Dans la mesure où l'un des personnages participait à la réalité, on pouvait dire que l'héroïne ressemblait beaucoup à l'auteur lui-même. Lady Marmaduke Transept était la seconde femme d'un ambassadeur : d'une extravagante beauté, ingénieuse, fine, d'avance condamnée. Lord Marmaduke semblait le seul homme qui n'excitât pas le désir de sa femme. Ses succès professionnels étaient les seuls qui ne fissent pas rêver l'ambitieuse. Autant que l'épithète pût convenir à une femme si magnifiquement harnachée, Lady Marmaduke était une putain. Dès les premières pages, Ludovic sut qu'elle mourrait au dernier chapitre. Il n'avait pas préparé son coup. Durant les semaines d'élaboration, il s'était souvent demandé, et en vain, comment elle allait finir. Il attendit ce qui allait venir, spectateur détaché, observant les cabrioles des acteurs.

Tandis qu'il lisait les dernières pages, Ludovic comprit que le livre entier avait préparé la mort de Lady Marmaduke. Meurtre prémédité, entouré de cérémonies comme celui du taureau dans l'arène, mais sans violence. Il avait craint parfois que son héroïne ne fût ensevelie vivante dans une cave ou abandonnée au fond d'une barque à la dérive. Chimères que tout cela ! Atteinte d'une affection qui n'était ni douloureuse, ni précise, Lady Marmaduke s'était éteinte d'une manière qu'ont pu connaître les temps heureux : les bagues glissaient de ses doigts sur le brocart de sa chaise longue comme la lumière s'évanouit au loin, sur les montagnes enchantées. Il avait hésité dans le choix du titre, séduit par d'obscures réminiscences, fruits de ses récentes lectures. Finalement, avec décision, il écrivit sur la première page : *« Le désir de la mort »*.

Fido, de son panier, sentit l'émotion de l'écrivain. Pour s'y associer, il sauta, enfreignant les ordres, sur les grosses cuisses de Ludovic, et leva vers lui des yeux pleins d'adoration, plus pâles, plus exorbités encore que ceux de son maître.

— Je meurs d'envie de savoir ce qui s'est passé entre Guy et Virginia après son installation à Carlisle Place, dit Kerstie. Un bon mois s'est écoulé avant que sa grossesse ne se voie.

— Ce n'est pas moi qui le lui demanderai.

— Moi non plus, pas maintenant du moins. Nous nous sommes raccommodées après notre querelle. A quoi bon garder rancune, n'est-ce pas ? Mais nous restons un peu en froid.

— Pourquoi veux-tu savoir ?

— Et toi ?

— Entre Virginia et moi, depuis des années le froid se prolonge.

— Du monde chez elle, ce soir ?

— Une vraie réception. Perdita avait amené Everard Spruce. Une lady Plessington aussi, que je ne connaissais pas, et un prêtre. Beaucoup de gaieté, sauf chez l'infirmière qui essayait de nous montrer le bébé. Virginia ne prend aucun plaisir à le voir. Dans un roman ou un film, l'enfant ferait de Virginia une autre femme. Ce n'est pas le cas. As-tu remarqué qu'elle ne l'appelle jamais par son nom ? C'est *« le bébé »* et Sister[1] Jenkins est devenue « Jenny ». Elles s'entendent fort bien. Le vieux Peregrine, lui, appelle l'enfant Gervase. Ils l'ont déjà fait baptiser, comme tous les catholiques. Quand il demande des nouvelles de Gervase, Virginia ne semble pas saisir : « Oh ! vous voulez dire le bébé ? Demandez à Jenny... ».

Le fils de Virginia avait dix jours, et l'on ne parlait

1. Dans les hôpitaux britanniques, les infirmières qualifiées portent le titre de Sister (Sœur).

plus que du débarquement en Normandie, quand la torpeur qui enveloppait Londres fut troublée. Des V 1 apparurent dans le ciel ; déplaisantes petites caricatures d'avions, ils bourdonnaient au-dessus des cheminées, devenaient tout à coup silencieux, puis disparaissaient pour éclater avec un bruit sourd. Ils arrivaient à l'improviste, nuit et jour, frappant au hasard des maisons proches ou lointaines. Le « blitz », ç'avait été autre chose, avec ses forces de destruction, ses monstrueux incendies et les répits qu'il laissait à la population dès l'annonce de fin de l'alerte. Dans les V 1, aucun ennemi ne risquait sa vie. La ville semblait en proie à un fléau, avec ce qu'il a d'impersonnel et d'inéluctable ; elle était attaquée par d'énormes insectes venimeux. Au *Bellamy* comme partout, les esprits avaient pris d'abord gaillardement leur essor, au temps où le Turtle était la proie des flammes et où le maréchal d'aviation Beech se réfugiait sous le billard. Maintenant, les visages demeuraient maussades. Du bar, on n'entendait pas les engins, mais les grandes fenêtres du salon de thé (quadrillées de chatterton) donnaient sur St. James's Street. Un silence complet s'établissait et toutes les têtes se tournaient de ce côté-là dès qu'une motocyclette passait. Job, dans la loge du portier, restait fidèle à son poste, mais son sang-froid réclamait de plus fréquents encouragements. Les membres que des tâches précises ne retenaient pas à Londres commencèrent à se disperser. Edelburry et Box-Bender jugèrent qu'ils avaient trop longtemps délaissé les affaires locales de leur circonscription. Le général Whale, pour la première fois, utilisa l'abri anti-aérien. Construit à grands frais, avec électricité, air conditionné, cet abri n'avait jamais servi, le bon ton au Q.G. des Commandos exigeant qu'on ignorât les raids aériens.

Mais cette fois, le général y fit descendre son lit ; il se tenait définitivement au sous-sol.

— Si je puis me permettre une remarque, sir, risqua un jour Ian Kilbannock, vous n'avez pas bonne mine.

— A vrai dire, Ian, je ne me sens pas bien. Pas une journée de permission depuis deux ans.

Ses nerfs le lâchent, pensa Ian ; et il estima qu'il pouvait, sans inconvénient, l'abandonner.

— Sir, dit-il, avec votre approbation je pensais demander un poste à l'étranger.

— Vous aussi, Ian ? Où ? Comment ?

— Sir Ralph Brompton pense pouvoir m'envoyer comme correspondant de guerre sur la côte Adriatique.

— Que vient-il faire là-dedans, celui-là ? dit le général sur un ton de légère exaspération. En quoi les postes militaires ont-ils trait à ses affaires ?

— C'est un domaine où il peut me pistonner, je crois.

Découragé, le général Whale regarda Ian sans comprendre.

Trois ans, deux ans, six mois même auparavant, un accès de rage eût éclaté. Il se contenta de soupirer. Il regardait autour de lui les murs en béton de son abri ; sur sa table, le téléphone silencieux.

— Qu'est-ce que je fais ici ? dit-il. Pourquoi m'abriter, quand la seule chose que je désire est la mort ?

— Angela, il vaut mieux que vous partiez aussi, dit Virginia. Je peux très bien rester seule maintenant, mais n'emmèneriez-vous pas le bébé ? La vieille Nounou s'occuperait de lui, bien sûr.

— Elle en serait probablement ravie, dit Angela

Box-Bender, toute prête à entendre raison. L'ennui, c'est que nous ne disposons que d'une place dans l'auto.

— Oh ! je n'ai pas l'intention de vous accompagner. Peregrine sera très heureux avec moi, et Mrs. Warner au septième ciel de voir la nursery débarrassée.

— C'est très généreux de votre part, Virginia. Si vous croyez que c'est la meilleure solution pour Gervase...

— Je suis sûre que c'est la meilleure solution pour... Gervase.

Tout s'arrangea ainsi et Virginia se reposa confortablement tandis que les bombes passaient au-dessus d'elle en vrombissant. Et, chaque fois que le bruit de l'engin cessait, elle se demandait : « Sera-ce celle-ci ? »

3

Dans les hautes sphères de la politique, l'abandon des Serbes (ces alliés dont le Premier Ministre anglais disait autrefois qu'ils avaient retrouvé leur âme) fut décidé et graduellement organisé. On persuada le roi en exil de congédier ses conseillers et d'en choisir de nouveaux, plus malléables. Un navire britannique amena à Vis le ministre récemment nommé pour rencontrer Tito. Une conférence eut lieu dans la cave du général qui, selon les instructions reçues des Russes, accueillit son visiteur avec les marques extérieures de la sympathie. L'Angleterre et l'Amérique firent des propositions alléchantes. Elles reconnaissaient les partisans, promettaient de leur apporter une aide substantielle et envisageaient dans un proche avenir des conférences à l'échelon supérieur.

Les Juifs continuaient d'occuper l'esprit de Guy. Il gardait rancune de l'hostilité à laquelle il s'était heurté, mais surtout il avait pitié, une pitié moins agissante que celle qu'il avait éprouvée pour Virginia et son enfant, mais le sentiment tout de même que, dans un monde de haine et de gâchis, une occasion lui était de nouveau offerte de se racheter. Il reçut donc avec joie ce message : *Gouvernement central approuve principe évacuation Juifs stop Envoyez deux répète deux par prochain avion pour discussion problème avec UNRRA.*

Il le porta chez le ministre de l'Intérieur qui, étendu sur son lit, absorbait un thé léger.

— Il est malate et ne zait rien, expliqua Bakic. Vous plutôt parler gommissaire.

Le commissaire déclara avoir reçu des instructions similaires.

— Je suggère qu'on envoie les Kanyi, proposa Guy.

— Il temante pourquoi les Kanyi.

— Parce que ce sont les plus sensés.

— Partonnez-moi ?

— Parce qu'ils me paraissent les plus capables.

— Le gommissaire temante capables de quoi ?

— D'expliquer leur cas.

Une longue discussion suivit entre Bakic et le commissaire.

— Il veut pas envoyer les Kanyi.

— Pourquoi ?

— Kanyi beaucoup de travail avec la dynamo.

On en choisit donc deux autres : le commerçant et le juriste, les émissaires du premier entretien. Guy assista à leur départ. Sur l'aérodrome, ils paraissaient ahuris ; recroquevillés parmi les paquets et les ballots de couvertures, ils attendaient. Ce fut seulement quand l'avion se posa non loin d'eux, éclairé par la longue rangée de feux de guidage, que tous deux éclatèrent en sanglots.

Cette petite flambée d'espoir humain n'avait rien de spectaculaire et ce soir-là, sur l'aérodrome, elle passa tout à fait inaperçue, en regard de l'accueil solennel réservé aux arrivants.

Guy n'avait pas été prévenu de l'importance des passagers. Dans l'obscurité qui précéda l'allumage des feux, il perçut quelque chose d'anormal et la présence d'un groupe d'accueil au milieu duquel se dessinaient les silhouettes du général et du commissaire. Quand les feux s'allumèrent, il reconnut avec surprise les reclus de la mission russe. L'avion atterrit, les portes s'ouvrirent et six figures émergèrent, vêtues de l'uniforme anglais. Les partisans les entourèrent pour leur donner l'accolade et leur montrer le chemin.

On déchargeait les marchandises, presque toutes destinées à la Mission anglaise, rations alimentaires, courrier et innombrables jerrycans d'essence.

— Que dois-je faire de tout cela ? demanda Guy au pilote.

— Attendez, il y a encore une jeep à sortir.

— Pour moi ?

— Pour votre commandant.

— J'ai un commandant, moi ?

— Vous ne le savez pas ? Ils ont annoncé son arrivée. Ils ne disent jamais les noms. Il est dans le groupe, là-bas.

Des volontaires, partisans costauds, se débrouillèrent pour faire glisser la voiture jusqu'à terre. Guy, debout près de ses deux Juifs, regardait.

— Est-ce que Guy Crouchback est dans le coin ? cria une vois anglaise.

Guy la reconnut : Frank de Souza était en face de lui.

— On ne m'attend pas. Tu recevras demain un avertissement. Une décision prise en dernière minute, et ils nous ont embarqués.

— Qui encore ?

— Je t'expliquerai plus tard. Dis donc, l'Oncle, je crois que je suis devenu ton supérieur hiérarchique ! Sois gentil, occupe-toi du matériel, veux-tu ? J'ai une nuit de conférence devant moi avec l'état-major et le Praesidium.

— Le quoi ?

— Je te parlerai de tout ça demain. Sache, pour ta gouverne, que Begoy est appelée à prendre une grande importance. Nous allons faire l'Histoire, ici, l'Oncle. Il faut que je déniche un cadeau que j'ai dans mes cantines à l'intention du général. Cela contribuera à cimenter le bloc antifasciste.

Penché sur le petit amas de bagages, il détacha quelques courroies et se redressa, une bouteille dans chaque main.

— Demande à quelqu'un de les envelopper, veux-tu ? Et fais-les mettre dans ma chambre.

Il rejoignit le groupe qui, à pas pesants, quittait le camp d'aviation.

— Je suis prêt à embarquer les passagers, dit le pilote.

On hissa deux partisans blessés, puis l'équipage d'un bombardier américain grimpa à bord. Les aviateurs avaient été amenés la semaine précédente au quartier général. Ce retour inopiné vers le travail était loin d'être de leur goût. D'après un règlement qu'ils connaissaient, ils pouvaient, s'ils restaient quelques semaines de plus en liberté sur le territoire ennemi, être rapatriés aux États-Unis. C'est pourquoi ils avaient risqué un parachutage hasardeux et détruit un coûteux bombardier à peine endommagé.

Enfin les Juifs montèrent. Guy leur tendit la main. Ils la baisèrent.

Comme toujours dans ces sorties nocturnes, Guy était accompagné de son sergent et de son ordonnance. La vue de la jeep les mettait manifestement en joie. Guy la leur abandonna, ainsi que le matériel, et rentra à pied. Cette nuit de plein été scintillait d'étoiles et son firmament resplendisait. De retour à la ferme, Guy annonça aux veuves l'arrivée de Souza. A côté de la sienne, une chambre était vide qu'elles se mirent aussitôt à préparer. Il était minuit, mais elles travaillèrent avec empressement, sans se plaindre, excitées par la perspective d'un nouvel arrivant.

La jeep entra peu après dans la cour. Les veuves accoururent pour l'admirer. Les soldats la déchargèrent, transportant les conserves et les jerrycans d'essence dans le magasin, les bagages de Souza dans la chambre préparée à son intention. Le Praesidium, quelle qu'en fût la nature, ne présentait pour Guy aucun intérêt. Il était content que de Souza fût venu, très content que les deux Juifs fussent partis.

— Le courrier, sir, annonça l'ordonnance.

— Laissons-le pour le commandant de Souza, qui verra cela demain matin. Vous savez que c'est lui, maintenant, qui prend le commandement.

— Oui, nous avons eu le tuyau pour l'aviation. Deux lettres personnelles pour vous, sir.

Guy prit les deux messages sur papier pelure. Il vit que l'un était de Virginia, l'autre d'Angela.

Non datée, la lettre de Virginia remontait nettement à six semaines :

D'après ce que me dit ce finaud de Peregrine, il a pu

les persuader de t'envoyer un télégramme pour t'annoncer la naissance. J'espère qu'il t'est parvenu. On ne peut plus compter sur les télégrammes. En tout cas le bébé est né. Je suis très en forme. Tout le monde est délicieux, Angela surtout. Sœur Jennings dit que c'est un beau bébé. Il est déjà baptisé. Il a pour marraine Éloïse Plessington, devenue ma grande amie, crois-le ou non. Depuis ton départ, je me suis fait beaucoup de nouveaux amis et mène une vie très mondaine. Un intellectuel qui dit te connaître et s'appelle Everard Quelque-chose m'a apporté du saumon fumé de chez Ruben. Et un citron ! *Où Ruben les prend-il ? Où que tu sois, j'espère que tu jouis de ton séjour à l'étranger et que tu oublies cette chienne de vie de Londres. Ian parle d'aller te retrouver. Comment ? Où ? Impatiente de te revoir. V.*

La lettre d'Angela était datée d'un mois plus tard.

J'ai d'horribles nouvelles pour toi. J'aurais dû tenter peut-être de te télégraphier. Arthur m'en a dissuadée, puisque tu ne pouvais rien faire. Prépare-toi donc : Virginia a été tuée, Peregrine et Mrs. Warner aussi. Un de ces V 1 est tombé hier matin à dix heures sur Carlisle Place. Gervase est avec moi ici sain et sauf. Tous trois ont été tués sur le coup. La « collection » de Peregrine est anéantie. C'est Virginia qui a voulu me confier Gervase pour le mettre en sécurité. Nous pensons faire enterrer Virginia et Peregrine à Broome, mais ce n'est pas facile. J'ai fait dire la messe pour eux, ce matin, ici. J'en ferai bientôt célébrer une autre à Londres pour les amis. Je n'essayerai pas de te dire ce que j'éprouve ; sache seulement que maintenant, plus que jamais, tu es dans mes prières. Tu as eu une vie difficile, Guy, et les choses pour toi semblaient enfin s'arranger. En tout cas, tu as Gervase. J'aurai voulu que papa vive plus longtemps pour le connaître. J'aurais voulu que tu voies Virginia ces dernières semai-

nes : charmante et gaie, toujours la même. Et pourtant, quelque chose en elle était différent. J'ai commencé à comprendre pourquoi tu l'aimes, à l'aimer moi-même. Autrefois, je ne la comprenais pas.

Comme dit Arthur, tu ne peux rien faire ici. Tu pourrais sans doute obtenir une permission spéciale. Mais sans doute préféreras-tu poursuivre tout ce que tu as entrepris là-bas...

La nouvelle n'émut pas Guy outre mesure. Moins, à vrai dire, que l'arrivée de Frank de Souza, et la jeep, et ce Praesidium ; beaucoup moins que le départ de ses deux protégés juifs. La réponse à la question qui avait intrigué Kerstie Kilbannock (et d'autres personnes de sa connaissance) — à savoir : quelles avaient été ses relations avec Virginia durant leur brève cohabitation chez l'oncle Peregrine — était assez simple. Ils étaient revenus de la mairie mari et femme, Guy boitillant de l'ascenseur à son lit. Virginia l'y avait rejoint, sachant, avec une agilité douce, presque tendre, adapter ses caresses à son état d'estropié, prodigue comme toujours de ce qu'elle pouvait offrir. Sans passion ni sentiment, mais de manière amicale, ils avaient repris les plaisirs conjugaux. Pendant les semaines de sa convalescence, l'ancienne blessure de Guy — blessure profonde du cœur et blessure d'orgueil — se cicatrisa aussi. Peut-être Virginia l'avait-elle intuitivement prévu : janvier fut un mois heureux, une période d'accomplissement, non d'initiation. Lorsque, reconnu apte au service, Guy fut en possession de sa feuille de route, il eut l'impression de quitter un hôpital où il avait été bien soigné, un lieu qu'il évoquait avec gratitude mais où il ne souhaitait pas particulièrement retourner. Ni à ce moment-là, ni plus tard, il ne fit part à Frank de la mort de Virginia.

Frank regagna la ferme à l'aube, conversant joyeusement, en serbo-croate, avec deux partisans. Guy, somnolent, l'attendait. Il l'accueillit et lui montra ses quartiers. Les veuves apparurent offrant une collation, mais sans succès.

— Il y a trente-six heures que je n'ai pas dormi, dit-il. A mon réveil, l'Oncle, je te mettrai au courant de bien des choses.

Il salua les partisans le poing fermé et poussa sa porte.

Le soleil s'était levé, la ferme s'était réveillée. Les sentinelles des partisans relevèrent la garde. Peu après, les hommes de la mission anglaise commencèrent à se raser dans la cour ensoleillée. Bakic prenait tout seul son petit déjeuner sur la marche de la cuisine. La cloche de l'église sonna trois coups, s'arrêta et résonna trois coups. Guy s'y rendait le dimanche, jamais en semaine. La messe du dimanche attirait les paysans en grand nombre. Le sermon, qui durait une demi-heure, était inintelligible à Guy, dont les progrès en serbo-croate étaient peu appréciables. Il préférait aller se promener quand le vieux prêtre montait en chaire, tandis que la police des partisans se pressait pour ne pas perdre un mot du discours. Dès que la cérémonie reprenait, Guy revenait à sa place, et les autres, fuyant le mystère, retournaient au fond de l'église.

La cloche sacrée rappela à Guy le devoir qu'il devait à sa femme.

— Sergent, demanda-t-il, avons-nous quelques rations de surplus ?

— Tout ce que vous voulez, depuis hier soir.

— Je pensais porter un petit cadeau à quelqu'un du village.

— Il serait préférable d'avoir l'autorisation du commandant, sir. Vous savez que c'est défendu...

— Vous avez raison.

Guy traversa la cour jusqu'au quartier des forces aériennes. Tout y était simple et facile. Le commandant, en effet, se livrait à un modeste trafic avec les paysans et avait réuni, à l'intention de sa femme, une petite collection d'art croate.

— Servez-vous, mon vieux.

Guy mit une boîte de singe et quelques barres de chocolat dans sa besace et se dirigea vers l'église.

Le vieux prêtre était de retour à son presbytère. Solitaire, il nettoyait le sol de pierre avec un balai de jonc. Il connaissait Guy de vue, mais ni l'un ni l'autre n'avaient jamais tenté d'engager la conversation. Un homme en uniforme ne présageait rien de bon dans la paroisse.

Guy salua en entrant et déposa ses offrandes sur la table. Le prêtre, d'abord surpris, les regarda, puis se confondit en remerciements en serbo-croate.

— *Facilius loqui latine,* dit Guy. *Hoc est pro missa. Uxor mea mortua est.*

— *Nomen ?* dit le prêtre.

Guy écrivit sur son calepin, en majuscules, le nom de Virginia, et déchira la page. Le prêtre mit ses lunettes et étudia les lettres.

— *Non es « partisan » ?*

— *Miles anglicus sum.*

— *Catholicus ?*

— *Catholicus.*

— *Et uxor tua ?*

— *Catholica.*

Tout cela ne paraissait pas très vraisemblable. Le prêtre regarda les dons, le nom sur la feuille de papier, l'uniforme de Guy qu'il reconnaissait pour être celui des partisans.

— *Cras. Hora septem,* dit-il enfin, formant de ses doigts le chiffre sept.

— *Gratias.*

— *Gratias tibi. Dominus tecum.*

En quittant le presbytère, Guy se dirigea vers l'église voisine. La construction avait un air ancien mais seul un spécialiste aurait pu la dater. Aucun doute qu'une église existât depuis des temps très anciens. Certaines parties en subsistaient. Mais entre-temps l'édifice avait été rénové, repeint, enrichi d'ornements, puis dépouillé, négligé et plus ou moins détérioré à travers les siècles. Restauré par de riches donateurs à l'époque où Begoy était une ville d'eaux, il avait retrouvé son ancien aspect. Une paysanne en costume se tenait agenouillée sur les marches de pierre devant l'autel latéral, bien droite, les bras en croix, faisant certainement son action de grâces après la communion. L'église comportait quelques bancs, point de chaises. Guy fit une génuflexion et pria debout, implorant pour Virginia et pour lui la miséricorde de Dieu. Bien qu'entraîné dès la nursery à utiliser pour chaque intention particulière les prières liturgiques, il ne le faisait pas volontiers. Il demanda à Dieu le repos pour l'âme de Virginia — « repos » était certes le mot qui convenait — en un monologue familier qui était sa manière habituelle de prier : « Une vieille femme qui parlerait à son chat », pensait-il parfois.

Il resta ainsi, pendant cinq minutes, les yeux fixés sur l'autel. Quand il se retourna, il vit Bakic, debout derrière lui, le surveillant de près ; le bénitier était vide. Guy fit une génuflexion et sortit dans la lumière du soleil.

— Z'ai bensé que peut-être vous voulez parler à quelqu'un.

— Je n'ai pas besoin d'interprète quand je dis mes prières, répliqua Guy.

Était-ce bien exact ? Un peu plus tard, il se le demanda.

Les corps de Virginia, d'oncle Peregrine et de Mrs. Warner furent retrouvés intacts dans les décombres de Bourne Mansions ; mais les difficultés administratives qu'eût entraînées leur transport à Broome (Mrs. Warner aussi était du village) lassèrent Arthur Box-Bender. Il les fit enterrer au bord de la rivière, à Mortlate, où un membre de la famille avait acheté au siècle dernier une parcelle de terrain jamais utilisée. De là, on pouvait voir le pavillon en stuc construit à la mémoire de Burton. La messe de requiem eut lieu huit jours plus tard à la cathédrale. Everard Spruce n'assista à aucun service, mais lut tout haut, pour Frankie et Coney, la liste des membres de la famille des défunts.

Il avait rencontré Virginia pour la première fois peu avant sa mort, mais il la connaissait depuis longtemps par les comptes rendus des journaux. Comme beaucoup d'hommes de gauche, il était un lecteur assidu du « carnet du jour » et il s'en justifiait par la nécessité de se tenir au courant, pour son travail, des plans de bataille de l'ennemi. Le récent brassage des classes sociales lui avait permis de sympathiser avec certains représentants de l'oppression et de la frivolité, la vieille Ruby, au *Dorchester*, par exemple. Longtemps après, quand il commença d'écrire ses Mémoires, il put ainsi donner l'impression qu'il avait fréquenté chez eux dans les beaux jours. Déjà il commençait à considérer Virginia comme une vieille et précieuse amie.

— Qui sont ces gens ? demanda Coney. Qu'ont-ils d'intéressant ? Je ne connais de Mrs. Crouchback que le saumon fumé qu'on lui a offert...

— Avant que nous ayons pu y goûter, renchérit Frankie.

— Et le citron ! reprit Coney.

Les V 1 avaient troublé le bon ordre du bureau de *Survival.* Deux des secrétaires étaient parties à la campagne. Toujours au poste, Frankie et Coney ne montraient plus la docilité d'autrefois. Venant du sud-est, les bombes étaient bien visibles dans la grande étendue de ciel au-dessus de la Tamise. Elles semblaient toutes viser la maison de Cheyne Row, distrayant les secrétaires de leur travail, qui consistait à servir et vénérer Spruce. Il les traitait de plus en plus en écolières, n'étant pas lui-même très sûr de ses nerfs, tel un professeur qui sent venir le chahut.

— De toutes les héroïnes qui ont illustré ces vingt années, Virginia était la dernière, dit-il, sur un ton qu'il s'efforçait de rendre autoritaire. Ce sont les fantômes romanesques d'entre les deux guerres...

Il prit un livre dans sa bibliothèque et lut :

— *Elle traversa la rue malpropre, posant avec une précision méticuleuse ses pieds sur la même ligne droite, semblant suivre un fil tendu au-dessus de quelque gouffre invisible. Elle paraissait flotter, mue à chaque pas comme par un petit ressort, et la jupe de son ensemble d'été, blanc avec des fleurs noires, flottait aussi au rythme de sa marche balancée...* Je parie que vous ne devinerez pas le nom de l'auteur. Vous allez me dire Michaël Arlen.

— Pas moi, je n'ai jamais entendu ce nom...

— Vous n'avez jamais entendu parler d'Iris Storm, « cette dame sans vergogne ni pudeur » ? « Je suis l'asile des hommes », disait-elle. J'ai lu ça à l'école, où c'était interdit. Que serait l'adolescence sans la littérature de quatre sous ? Vous n'avez jamais non plus entendu parler de Scott Fitzgerald ?

— Omar Kayam ? suggéra Frankie.

— Non. Le passage que j'ai lu, croyez-le ou non, est d'Aldous Huxley en 1922. Mrs. Viveash. Hemingway a corsé le personnage, mais le type a subsisté dans les livres et dans la vie. Virginia fut la dernière de ces héroïnes exquises, damnées, fatales, à la voix expirante. C'est un genre disparu, en littérature comme dans le réel, mais je suis content de l'avoir connue.

Les secrétaires échangèrent un regard de connivence, prêtes à la révolte.

— Vous allez nous dire que le moule en est cassé ? suggéra Coney.

— Oui, pourquoi pas ? rétorqua Spruce, pétulant. Le vulgaire seul craint les clichés.

Cette pointe agressive fit éclater Coney en sanglots. Frankie ne céda pas.

— Exquise, damnée, fatale, à la voix expirante... répéta-t-elle. On dirait plutôt l'héroïne de cet horrible *« Désir de Mort »* du commandant Ludovic.

Une autre bombe bourdonna au-dessus d'eux. Jusqu'à ce qu'elle fût passée, ils restèrent silencieux.

Cette bombe s'approcha de la petite maison d'Éloïse Plessington à Westminster. Éloïse s'y trouvait en compagnie d'Angela Box-Bender. L'engin s'arrêta, eût-on dit, juste au-dessus des deux femmes, qui restèrent silencieuses jusqu'à l'explosion, qui se fit entendre assez loin.

— C'est terrible à reconnaître, avoua Éloïse, mais je dis chaque fois : « Mon Dieu, pas sur moi ! »

— Qui ne le dit pas ?

— Mais, Angela, cela signifie : « Mon Dieu, dirigez-la sur un autre » !

— Pas nécessairement. Elle peut tomber sur Hampstead Heath.

— On devrait dire : « Mon Dieu, faites qu'elle tombe sur moi en épargnant tous les autres. »

— Ne sois pas sotte, Éloïse.

Les deux femmes, du même âge, s'étaient connues dès leur adolescence. Charles Plessington avait été pour Angela un parti éventuel. Tous deux appartenaient au même petit groupe de propriétaires terriens catholiques. Mais elle lui avait préféré le protestant et plébéien Box-Bender, déconcertant ainsi les « faiseurs de mariage » du Wiseman Club. Éloïse avait épousé Charles et était devenue non seulement catholique, mais catholique agissante. Ses fils étaient adultes et bien mariés ; son seul problème familial était l'avenir de sa fille Domenica, alors âgée de vingt-cinq ans, qui avait essayé du couvent et l'avait quitté pour conduire le tracteur du domaine ancestral. Sa nouvelle occupation avait transformé son aspect et ses manières : elle y avait perdu son extrême timidité, son allure délicatement féminine, pour devenir une fille robuste avec des pantalons boueux et un rude jargon de fermier.

— De quoi parlions-nous ?

— De Virginia.

— Oui, bien sûr. Au cours de l'hiver et ce printemps, je me suis mise à l'aimer beaucoup, et pourtant je ne puis voir, dans sa mort, une pure tragédie. Une providence spéciale préside à la chute d'une bombe. Je n'ai jamais eu très confiance, Dieu me pardonne cette pensée, dans la solidité de ses nouvelles dispositions. Elle a été tuée au seul moment de sa vie où elle a pu prétendre au Ciel.

— On ne pouvait s'empêcher de l'aimer, dit Angela.

— Guy sera-t-il bouleversé ?

— Qui sait ? Tout cela est très mystérieux. Elle

était déjà enceinte avant qu'ils ne reprennent la vie commune.

— Je m'en suis doutée.

— Je connais très mal Guy. Il a été si souvent parti. Je le croyais tout à fait guéri d'elle.

— Ils paraissaient assez heureux, ensemble, ces derniers temps ?

— Quand elle voulait, Virginia savait rendre les gens heureux.

— Et qu'adviendra-t-il de mon filleul ?

— C'est ce que je me demande. Je vais devoir m'en occuper, et ce ne sera pas du goût d'Arthur.

— J'ai quelquefois pensé adopter un enfant, dit Éloïse : un orphelin de réfugiés ou quelque chose comme cela. Les nurseries vides sont un reproche, comprends-tu, quand tant de gens sont sans abri. Et puis cela occuperait Domenica, cela la sortirait des eaux grasses et du fumier.

— Tu me proposes d'adopter Gervase ?

— Pas de *l'adopter* au sens légal de lui donner notre nom. Je te propose seulement de nous occuper de lui jusqu'au retour de Guy, qui lui offrira un foyer.

— C'est très chic de ta part, et Arthur en sera soulagé, mais il faut que je demande à Guy.

— En attendant sa réponse, si je prenais l'enfant ici, tu ne ferais pas d'objection ?

— Aucune. C'est un amour. Mais Arthur ne peut pas le voir à la maison.

— Ça y est... Encore un de ces satanés V 1 !

— Dis seulement : « Mon Dieu, faites qu'il n'explose pas. »

Il explosa, mais loin de Westminster, dans une rue déjà détruite par les premières bombes et entièrement inhabitée.

— Avez-vous lu *le Désir de la Mort ?* demanda Spruce.

— Des bribes... Un petit roman.

— Un petit roman ? Deux fois plus gros qu'*Ulysse !* Peu d'éditeurs de nos jours seraient en mesure de l'éditer. J'en ai lu pas mal cette nuit, avec ces sacrées bombes qui m'empêchent de dormir. Il y a quelque chose là-dedans...

— Quelque chose de mauvais, oui.

— Oui, manifestement mauvais. Je ne serais pas surpris que ce soit un succès.

— Ce n'est pas ce qu'on pouvait attendre de l'auteur des *Pensées*...

— C'est curieux à observer, poursuivit Spruce, mais très peu parmi les maîtres de la littérature populaire ont débuté en visant si bas. La plupart, dans leur jeunesse, écrivaient des sonnets. Voyez Hall-Caine — le protégé de Rossetti — ou le jeune Hugh Walpole, imitant Henry James. Dorothy Sayers écrivait des vers d'inspiration religieuse. Aucun, pratiquement, n'est allé de prime abord à la littérature populaire. Ceux qui le font ne vont pas très loin.

— Encore une bombe.

C'était la même qui avait troublé Angela et Éloïse, mais Spruce et Frankie ne prièrent pas. Ils se contentèrent de s'éloigner de la fenêtre.

Frank de Souza suivait le régime des partisans, dormant toute la matinée, discutant la nuit. Il n'apparut, le premier jour, qu'à l'heure du déjeuner.

— Meilleurs quartiers que ceux que je quitte, dit-il. Jusqu'à ces derniers jours je vivais dans une cave, à Bosnia. Mais il va falloir les rendre plus confortables. Nous allons avoir la visite d'un groupe de gros bonnets. Je te laisse le soin, l'Oncle, de ces arrangements. Hier soir, j'ai mis le général et le commissaire dans le bain. Tu les trouveras bien disposés.

— Peut-être pourrais-tu me mettre dans le bain, moi aussi ?

— Un bain fort agréable — parfumé. Tout va enfin à notre gré. Parlons d'abord du Praesidium — c'est le nouveau gouvernement. Officiellement, il n'est que provisoire, *de facto, ad hoc* et ainsi de suite, en attendant sa ratification par plébiscite. Tu les as peu vus sans doute hier soir : un groupe de types ramassés à Vis, dans le Monténégro, à Bari. Deux d'entre eux sont des nullités que nous avons dû admettre aux termes de l'accord signé avec les Serbes de Londres. Le véritable pouvoir reste bien entendu aux chefs militaires des partisans. Le Praesidium est une façade pour l'étranger... Maintenant, je vais te confier quelque chose d'ultra-secret et qui ne doit pas atteindre les oreilles du Praesidium avant un jour ou deux : seuls le général et le commissaire sont au courant. Tito est en Italie, invité d'honneur du quartier général allié à Caserte. D'après ce que m'a dit Joe Cattermole, on lui ménagerait une entrevue avec Winston. S'il le rencontre, il l'aura en un tournemain.

— Qui aura qui ?

— Tito aura Winston bien sûr. Notre ministre, à ce qu'on dit, croit rencontrer un Garibaldi. Il ignore que Tito est un homme politique de grande envergure.

— Et Churchill n'en est pas un ?

— C'est un orateur et un parlementaire, l'Oncle, tout autre chose... Il nous faut amadouer les Amerloks. Certains d'entre eux restent réticents devant les partis de gauche. Pas le Président naturellement, mais les militaires. Nous les avons persuadés qu'une seule question se pose à ce stade de la guerre : qui se bat ? Les hommes de Mihaylovic ont été mis à l'épreuve : un pont devait sauter, à une date donnée. Il est toujours là : la peur des représailles les paralyse. Nous, ça ne nous trouble pas. Et tant mieux si les nazis se font haïr ! Mais les Yankees ne nous font pas volontiers confiance. Ils veulent voir par eux-mêmes. Ils expédient un général pour constater que les partisans savent se battre.

— Ce n'est pas le cas, à ce que j'ai vu.

— Ils se battront quand les Amerloks seront là. Attends et tu verras.

— Ce qui m'inquiète, dit Guy, c'est le problème des réfugiés.

— Les Juifs ? J'ai vu un dossier à leur sujet.

— Deux sont partis hier soir. J'espère qu'on les écoutera à Bari.

— Sois-en sûr. Les Sionistes ont leurs fonds personnels, des contacts directs avec l'U.N.R.R.A. et le quartier général allié. Leurs histoires ne nous regardent pas.

— Tu parles comme un partisan.

— Je *suis* un partisan, l'Oncle. Nous avons mieux à faire qu'à nous mêler de ces questions raciales. N'oublie pas que je suis moi-même Juif, que trois des membres les plus brillants du Praesidium le sont aussi. Le problème juif a pu alimenter la propagande en Amérique. Il est temps maintenant d'oublier que nous sommes Juifs pour ne plus être qu'antifascistes. Pourquoi n'essayes-tu pas aussi de soulever les internés d'Auchinleck avec le problème du nationalisme écossais ?

— Je ne peux pas avoir la même attitude en face des catholiques.

— Tu ne peux pas, l'Oncle ? Essaye.

Quand Guy se rendit à l'église, le lendemain matin à sept heures, deux partisans l'y attendaient. On ne pouvait entendre le prêtre à l'autel, vêtu de la chasuble noire, mais les partisans surveillaient Guy. Lorsqu'il alla communier, ils le suivirent et se tinrent près de lui, mitraillette au côté. N'ayant remarqué aucun échange, à part l'hostie, entre le prêtre et Guy, ils regagnèrent leur place, mais la surveillance continua et ils le suivirent jusqu'à son quartier général.

— Dis donc, l'Oncle, qu'est-ce que c'est que cette histoire de curé ? demanda Souza en arrivant au repas.

— Je suis allé à la messe ce matin.

— Eh bien, ça n'arrange pas les choses. Tu as sérieusement inquiété le commissaire et ta conduite « incorrecte » fait l'objet d'une plainte officielle. On t'aurait vu donner des conserves au prêtre.

— C'est exact.

— Et lui remettre un papier.

— Je lui ai seulement donné le nom d'un défunt, pour lui faire dire une messe.

— C'est ce qu'il a répondu quand ils l'ont interrogé. Il a de la veine de n'avoir pas été arrêté, ou pire. Comment peux-tu être si naïf ? Il leur a montré un papier, ton message, disait-il, portant ton nom et rien d'autre.

— Pas mon nom — celui d'un des miens.

— Oh ! écoute, tu ne voudrais pas que le commissaire fasse la distinction, non ? Ils ont naturellement cru que le vieux se fichait d'eux et ont fouillé le presbytère. Rien de compromettant, sauf un peu de chocolat, qu'ils ont confisqué. Mais ils sont sur leurs gardes. Sans l'arrivée de nos hôtes américains, ça entraînait des troubles. J'ai dû leur expliquer que la seule mission du général n'était pas de faire un rapport militaire, et qu'il observerait la physionomie de Bagoy, capitale actuelle du pays. Mettez-vous bien dans le crâne, leur ai-je dit, qu'une église fermée et dont le curé vient d'être expulsé, ça ne représente pas exactement la démocratie libérale à laquelle il s'attend. Je ne les ai pas convaincus sans mal. Ce sont des types sérieux, nos camarades. Pour l'amour du Ciel, ne recommence pas ! Comme je te le disais hier, la fidélité à une secte n'est pas l'objectif du jour.

— Tu n'appelles pas le communisme une secte ?

— Non, répondit de Souza.

Il allait en dire plus long, mais il s'arrêta et répéta seulement « Non », avec une assurance totale.

La bataille se préparait à l'intention du général américain : l'assaut d'un petit fort, à trente kilomètres vers l'Ouest. C'était le poste ennemi le plus proche de Begoy, sur une route secondaire menant à la côte. Pas d'Allemands dans les environs. La garnison se composait d'un groupe de nationalistes croates. Ils envoyaient des patrouilles le long des frontières mal définies du territoire « libéré » et des sentinelles pour garder les ponts de leur région. Ce n'étaient pas de féroces *Oustachis*, mais de pacifiques *domobrans* appartenant à la police locale. L'objectif choisi présentait à tous points de vue des facilités pour le déroulement de l'exercice ; par sa situation dans une petite vallée ouverte aux pentes boisées, il était très accessible à la vue des spectateurs.

Le général fit remarquer que la tactique habituelle des partisans n'était pas d'attaquer de front en plein jour.

— Nous aurons besoin de l'aide de l'aviation, dit-il.

De Souza rédigea un long message à ce sujet. Le fait que la R.A.F. acceptât de consacrer deux bombardiers à une opération insignifiante donnait la mesure du nouveau prestige des partisans. L'attaque fut confiée à deux brigades de l'armée de libération, de cent hommes chacune.

— Nous ferions mieux de les nommer compagnies, suggéra de Souza. Mais que penseront les généraux, ramenés pour un jour ou deux au grade de capitaine ?

— Dans les Forces populaires antifascistes, nous attachons peu d'importance à ces questions, répliqua le commissaire.

Le général était moins affirmatif.

— Ils ont gagné leur grade sur le champ de bataille, dit-il. Nos brigades sont très réduites en raison des grands sacrifices que nous avons consentis ; du fait aussi de l'insuffisance des fournitures d'armes par nos alliés.

— Personnellement, reprit de Souza, je comprends parfaitement la question. Mais considérons l'impression produite sur nos observateurs alliés. Ils envoient des journalistes. Pour la première fois, des communiqués émanant directement de Yougoslavie paraîtront dans la presse. Dira-t-on que nous avons mis en branle deux brigades contre une compagnie ?

— C'est à considérer, reconnut le commissaire.

— Je propose, continua de Souza, que les généraux abandonnent leur grade et que leurs unités prennent le nom de « forces de frappe ». *« Les survivants de la Sixième offensive »*... Ce serait assez impressionnant.

De Souza s'était présenté avec des lettres de

créance reconnues par le général et le commissaire. Tous deux lui faisaient confiance et acceptaient ses suggestions avec un respect qu'ils n'auraient pas accordé à Guy ou même au général Cape ; pas plus d'ailleurs qu'au général Alexander ou à Mr. Winston Churchill.

Guy n'était pas admis à ses conférences, qui avaient lieu en serbo-croate, sans interprète. On lui laissa aussi ignorer les négociations avec Bari. De Souza se faisait remettre tous les messages en code. Ses matinées au lit étaient consacrées à la lecture de ces messages et à la rédaction des réponses en code. Il abandonna à Guy les préparatifs domestiques de la visite. Conformément à ses prévisions, les partisans faisaient montre d'une étrange aménité. Ils révélèrent des stocks secrets de butin, meubles modernes allemands monstrueux et solides saisis dans les maisons des bourgeois en fuite. De robustes partisanes transportèrent les chargements. Le nouvel aménagement de la ferme provoqua chez Guy une profonde dépression, mais réjouit fort les veuves qui époussetaient et frottaient avec un zèle de sacristains. L'ancien « ministre de l'Intérieur », nommé chef des réjouissances, proposa un vin d'honneur et un concert.

— Il veut gonnaître des chants antifazistes anglais et américains, expliqua Bakic. Il veut les mots et la mousique pour que les filles les apprennent.

— Je n'en connais pas, dit Guy.

— Il veut zavoir quels chants vous apprenez vos soldats.

— Nous ne leur en apprenons pas. Ils chantent parfois des chansons à boire, c'est tout.

— Non, il tit pas ces chants là. Nous avons les mêmes, avec les fazistes. Ils zont tous arrêtés maintenant. Il tit gommissaire ordonner chants américains pour honorer zénéral américain.

— Tous les chants américains parlent d'amour.

— Il tit l'amour pas antifaziste.

De Souza sortit de sa chambre avec une liasse de papiers.

— J'ai une surprise pour toi, l'Oncle. Nous attendons aussi un observateur militaire anglais de haut grade. Le règlement à Caserte veut que nos V.I.P.[1] voyagent toujours par deux, l'Amerlock dépassant d'un grade son compagnon anglais. Tu verras qui on nous envoie. Je t'en réserve la surprise.

4

Le premier jour de Ian Kilbannock à Bari fut semblable à celui de Guy. Joe Cattermole et le général Cape le mirent au courant de la situation. On lui laissa ignorer la bataille imminente, mais par contre les succès des partisans, l'échec des *Cetnics* de Mihajlovic, le caractère national du nouveau gouvernement, représentant tous les partis, les qualités personnelles du maréchal Tito, qui attendait actuellement le Premier ministre britannique à Capri, firent l'objet de généreux développements.

Premier journaliste admis en Yougoslavie, Ian avait été recommandé par Sir Ralph Brompton à Cattermole, comme un homme sinon totalement acquis à la cause, du moins sans préjugé. Cape voyait en lui un pair, un membre du *Bellamy*, et au

1. V.I.P. : *Very important persons* - personnages très importants.

fond de lui-même lui faisait inconsciemment confiance. Ian écouta, posa quelques questions, judicieuses et s'abstint de commentaires.

— Je vois que ma tâche sera longue, dit-il seulement. Impossible d'envoyer des nouvelles directement. Je vais faire un petit tour, bavarder un peu partout et revenir ici pour écrire une série d'articles.

Il se considérait désormais comme un journaliste politique, situation où quelques-uns, au cours des années trente, avaient joui d'un prestige considérable.

Le commandant des Hallebardiers l'emmena dîner au club.

— Je crains de n'avoir pas compris votre nom, avoua-t-il, plus direct que Guy.

— Marchpole, Grace Grounding-Marchpole pour être précis. Je suis sûr que vous connaissez mon frère, à Londres. C'est un gros bonnet.

— Non !

— Un gros bonnet du Service secret. Je ne suis, personnellement, qu'un rouage dans la machine. Parlez-moi de Londres.

Ian parla des V 1.

— Mon frère ne doit pas aimer cela...

Pendant qu'ils dînaient, le général Cape entra, poussant devant lui un vieillard raide et décharné portant l'uniforme de général de corps d'armée : dans un visage gris, un œil unique et terne, une main mutilée qui se tendait vers le dossier d'une chaise. Le grand blessé s'y appuya pour se traîner en boitant vers sa table.

— Bon Dieu ! s'exclama Ian. Un fantôme.

Il avait pris place avec cet homme, en décembre 1941, sur le yacht *Cléopâtre* pour rallier l'île de Mugg. Il se le rappelait fougueux, original, animé de plaisanteries féroces, d'ambitions sanguinaires et tel enfin que lui, Ian, l'avait soigneusement évité.

— Ben Ritchie-Hook, dit le commandant Marchpole. Une des grandes figures des Hallebardiers. Je n'étais pas très bien en cour auprès de lui. Nous nous sommes séparés.

— Que lui est-il arrivé ?

— Il est au rancart. On lui a trouvé une place de second violon comme observateur. Il fait partie de cette mission, la vôtre, qui va partir demain.

La délégation rassemblée le lendemain soir sur l'aérodrome n'avait officiellement pas d'autre but que de rendre visite au nouveau Praesidium. Mais depuis qu'avait été admis le projet d'envoyer simplement en Yougoslavie un observateur indépendant, la mission avait pris de l'ampleur.

Un Américain la dirigeait : le général Spitz, visage rond et austère sous le casque. Il était accompagné d'un aide de camp d'aspect moins martial, choisi pour sa connaissance du serbo-croate, et de son photographe personnel, un petit nabot jeune et dynamique répondant au nom de Mr. Sneiffel. Ritchie-Hook portait des shorts, une chemise coloniale et un calot à bandes rouges. Son ordonnance des Hallebardiers veillait sur ses maigres bagages. C'était Dawkins, usé par la guerre, comme son maître qu'il avait servi à Southands, à Penkirk, en Afrique Centrale et dans le désert. Le lieutenant Padfield était là aussi, en compagnie de son chef d'orchestre, précieux appoint, pensait-on, à l'organisation du concert des partisans ; et la France libre avait un représentant dans la mission. D'autres silhouettes indéfinissables, américaines, britanniques, yougoslaves, remplissaient l'avion. Gilpin y représentait Cattermole, et un envoyé des Forces aériennes devait assurer la coopération de deux bombardiers. Ce dernier ainsi que les deux généraux étaient au courant avec précision de l'assaut projeté. Gilpin en avait vaguement connaissance. Tous les autres l'ignoraient.

Le commandant du camp étant venu assister à l'embarquement, le général américain voulut être photographié près de lui et fit signe à Sneiffel. Il invita Ritchie-Hook à se joindre à eux. Mais ce dernier regardait la petite silhouette accroupie et son harnachement de flashes :

— Pas moi, dit-il avec une affreuse grimace. Mon vilain museau ferait peur à l'appareil.

Le lieutenant Padfield salua le général Spitz :

— Sir, vous n'avez pas encore rencontré Sir Almeric Griffiths, qui nous accompagne. Sa notoriété de chef d'orchestre est très grande.

— Amenez-le, répondit le général. Venez, Griffiths, mettez-vous à côté de moi.

Le flash partit.

— Il devrait avoir un permis de sortie, avant de prendre des clichés sur notre camp d'aviation, remarqua Gilpin.

Ian était résolu à se mettre en frais vis-à-vis du photographe. Il comptait lui demander des négatifs de tous ses clichés, qui pourraient servir à l'illustration d'un livre.

La dernière lueur du soleil couchant s'éteignait lorsqu'ils embarquèrent par ordre inverse de priorité, l'ordonnance des Hallebardiers en tête, pour finir par le général Spitz. L'appareil qui les emmenait pouvait sembler luxueux dans cette partie du monde. Il comportait des sièges, comme s'il eût transporté des passagers civils en temps de paix. De petites lumières brillaient le long du plafond. Elles s'éteignirent lorsqu'on ferma les portes et l'obscurité fut complète. On avait badigeonné les vitres de peinture. Le grondement des moteurs imposa silence au groupe. Assis près de Sneiffel, Ian essaya de s'installer pour dormir. Il était loin de l'heure habituelle de son coucher. Tout le jour il avait porté la même chemise et après le chaud après-midi elle était humide de sueur. Maintenant, elle collait à sa peau dans l'air frais et, sans sa capote qu'il avait négligé de prendre, il frissonnait. Journée peu satisfaisante pour lui : déjeuner au club avec le lieutenant Padfield et Griffiths. Sur un ordre reçu ils s'étaient présentés au camp d'aviation deux heures trop tôt. Aucun espoir de dîner. Ian resta une heure sans bouger, avec une sensation d'inconfort, s'ennuyant ferme. Puis il s'endormit.

L'avion volait à haute altitude au-dessus de l'Adriatique et de la côte ennemie de Dalmatie. Tous les passagers dormaient quand les petites lampes s'allumèrent.

— Allons, les gars, nous arrivons, lança le général américain, qui avait fait le voyage près des pilotes et revenait prendre sa place en queue.

Chacun commença à rassembler à tâtons son matériel. Le photographe serrait tendrement son appareil sur son cœur. Ian perçut le changement de vitesse des moteurs, sentit la rapide descente et l'inclinaison de l'avion qui virait sur l'aile, puis reprenait son aplomb pour l'atterrissage.

Et soudain, sans que l'on put s'y attendre, les moteurs s'emballèrent, l'appareil se dressa, rejetant violemment les passagers sur leurs sièges, puis aussi brusquement plongea, les lançant brutalement en avant. Ian enregistra encore un cri d'alarme de Sneiffel ; après quoi une porte claqua dans son esprit.

Il se trouvait en plein air, près d'un grand feu, à Londres, pensa-t-il ; le Turtlé's Club est en flammes... Mais comment du maïs poussait-il dans St James's Street ? Des silhouettes évoluaient autour de lui, méconnaissables dans cette terrible lumière. L'une d'elles lui parut familière.

— Loot, demanda-t-il, que faites-vous ici ?

Et il ajouta :

— Job dit que les caniveaux débordent de vin.

— Pas possible ? reprit le lieutenant Padfield, toujours poli.

— Est-ce que tout le monde est sorti ? criait une voix plus distinctement américaine, plus autoritaire aussi.

Une autre figure familière s'approchait. Un seul œil brilla furieusement dans la lumière des flammes.

— Eh ! vous, là, demanda Ritchie-Hook, c'est vous qui conduisiez cet engin ?

Comme revenant à lui dans le fauteuil du dentiste après une anesthésie, Ian reconnut l'engin : un avion amputé de sa queue ; celle-ci était à demi enterrée dans le profond sillon qu'il s'était creusé. L'avant brûlait furieusement, les flammes léchant le fuselage et faisant penser aux vins du Turtle. Ian se souvint qu'il avait quitté Bari en avion, en route pour la Yougoslavie.

Il prit conscience d'une présence en face de lui : silhouette décharnée, œil unique captant l'éclair de l'incendie.

— C'est vous le pilote ? demanda Ritchie-Hook. Vous ne pouvez pas regarder où vous allez ?

Le choc qui avait assommé ses compagnons semblait avoir momentanément réveillé Ritchie-Hook.

— Aux arrêts ! hurla-t-il, couvrant de sa voix les crépitements de l'incendie.

— Qui manque à l'appel ? s'informa le général Spitz.

Ian vit alors un homme se détacher de leur groupe, courir vers le brasier et grimper délibérément par l'issue de secours.

— Que fait cet imbécile ? cria Ritchie-Hook. Aux arrêts !

Ian avait recouvré ses sens. Il gardait l'impression de vivre un rêve, mais un rêve très précis.

— C'est le match de croquet d'*Alice au Pays des Merveilles*, se surprit-il à dire au lieutenant Padfield.

— Voilà un bel acte de courage, reconnut le lieutenant.

La silhouette émergea à nouveau de l'ouverture et sauta, tirant derrière elle non pas, comme on l'avait cru d'abord, un homme évanoui, mais un énorme ballot cylindrique. Chancelant avec son fardeau, elle s'éloigna de l'appareil et commença à se rouler par terre.

— Bon Dieu ! c'est Dawkins ! s'exclama Ritchie-Hook. Qu'est-ce qu'il peut bien fiche ?

— Mon pantalon a pris feu, sir. Puis-je le retirer ?

Il s'exécuta sans attendre les ordres ; puis, avec difficulté, détacha ses guêtres qui se consumaient et s'en débarrassa à grand renfort de coups de pied. Il se tenait debout, en pan de chemise, avec sa veste et ses chaussures, regardant avec curiosité ses jambes nues, « rôties à point », dit-il.

— Y avait-il encore des hommes dans l'appareil ? demanda le général américain.

— Oui, sir. Ils n'avaient pas l'air de bouger. Trop chaud pour rester. Fallait que je sorte le bagage du général...

— Êtes-vous gravement brûlé ?

— Oui, sir, mais on dirait que je ne le sens pas.

— Le choc, reprit le général. Vous le sentirez plus tard.

Les flammes atteignaient la queue de l'avion.

— Personne ne doit plus tenter d'opération de sauvetage. (Personne n'en manifestait d'ailleurs la moindre velléité).

— Qui manque ? demanda Spitz à son aide de camp. Comptez et dites-le-moi.

— Je ne vois pas Alméric, remarqua le lieutenant Padfield.

— Comment sommes-nous sortis ? demanda Ian.

— Le général Spitz. Il a ouvert les deux sorties de secours avant que l'un de nous ait bougé.

— Un bon point pour sa formation technique.

Gilpin se plaignait bruyamment de brûlures aux doigts. Personne n'y prêta attention. Le petit groupe se conduisait avec un automatisme tranquille. Chacun parlait au hasard sans attendre de réponse. Chacun semblait solitaire, isolé des autres par le choc récent.

— Où diable pouvons-nous bien être ? s'enquit quelqu'un.

Personne ne répondit.

— Vous n'étiez pour rien dans cette inadmissible exhibition d'incompétence ? demanda Ritchie-Hook à Ian.

— Je suis journaliste, sir.

— Je vous prenais pour le pilote. Dans ce cas vous n'êtes pas aux arrêts. Mais faites attention. C'est la seconde fois que ça m'arrive. Ils ont déjà tenté le coup en Afrique.

Les deux généraux se tenaient l'un près de l'autre.

— J'appelle ça du beau travail, reconnut Ritchie-Hook. Cette manière d'ouvrir la porte. J'ai été long à la détente. Je ne savais pas ce qui arrivait. Sans vous nous y serions encore.

L'aide de camp venait faire son rapport au général Spitz :

— Tout l'équipage est manquant. Et six membres de la mission, dont Sneiffel, malheureusement.

— Dommage, dit le général Spitz. C'était un gentil garçon.

— Le musicien aussi.

— Dommage.

— Et l'officier de liaison français.

Le général Spitz n'écoutait plus la liste des victimes. Il semblait qu'une éternité se fût écoulée depuis l'accident. Il regarda sa montre.

— Huit minutes, annonça-t-il. On ne devrait pas tarder à arriver.

L'avion était tombé dans une prairie. Un champ de maïs s'étendait devant eux avec ses grands épis mûrs d'un or rougeoyant dans la lumière de l'incendie. Les longues tiges s'écartèrent soudain, livrant passage aux premiers représentants du comité de réception. Ils arrivaient en courant avec des partisans et la mission anglaise. On se salua et les questions anxieuses se pressèrent. Ian se désintéressait de la scène, bâilla et s'assit par terre, la tête sur les genoux, tandis que derrière lui le ronron des condoléances directes ou traduites s'estompait pour le laisser dans le silence.

Quelqu'un lui demanda :

— Es-tu blessé ?

— Je ne pense pas.

— Peux-tu marcher ?

— Oui, mais je préfère rester ici.

— Allons, viens, ce n'est pas loin.

On l'aidait á se relever. Il reconnut Guy sans surprise, se souvenant qu'il habitait cette terre étrange. Il avait quelque chose à dire à Guy. Oui, cela lui revint :

— Désolé pour Virginia...

— Merci. As-tu tes affaires ?

— Brûlées... Une foutue déveine. Je n'ai jamais eu confiance dans la R.A.F. depuis le jour où ils m'ont accepté. Il doit y avoir quelque chose qui ne tourne pas rond chez les gens qui m'acceptent.

— Es-tu sûr de n'avoir pas reçu quelque chose sur la tête dans cet accident ? demanda Guy.

— Pas sûr. Je crois que j'ai tout simplement sommeil.

Un médecin des partisans fit le tour des survivants. Seuls Dawkins et Gilpin souffraient de brûlures. Gilpin ne retint pas son attention. Les jambes et les cuisses de Dawkins étaient couvertes d'énormes cloques qu'il touchait du doigt avec détachement et curiosité.

— C'est pas ordinaire, dit-il ; vous renversez de l'eau bouillante sur vos doigts de pieds, ça vous fait danser. Vous bouillez dans l'huile comme un païen, et vous ne sentez rien.

Le médecin lui fit une piqûre de morphine et deux femmes l'emportèrent sur un brancard.

La petite procession suivit le chemin tracé par les sauveteurs dans le maïs. Les flammes projetaient de grandes ombres devant eux. A l'extrémité du champ s'élevait un marronnier.

— Ne vois-tu pas quelque chose, toi aussi ? demanda Ian.

Une étrange silhouette qui faisait penser à un singe s'agitait dans les branches. C'était Sneiffel avec son appareil.

— Belles photos ! dit-il. Sensationnelles, si elles donnent bien !

Ian se réveilla le lendemain matin dans l'état de quelqu'un qui aurait fait la noce. Il n'avait pas souvenir de s'être couché. Comme au temps de ses gueules de bois d'adolescent, il reçut la visite matinale de celui qui l'avait installé là.

— Comment te sens-tu ? demanda Guy.

— Vaseux. C'est horrible.

— Un médecin passe la visite, veux-tu le voir ?

— Non.

— Veux-tu prendre ton petit déjeuner ?

— Non.

On le laissa seul. La chambre aux volets pleins était calme, feutrée. La lumière s'infiltrait seulement par les interstices des charnières. Dehors, la volaille caquetait. Ian resta étendu sans bouger. La porte s'ouvrit à nouveau. Quelqu'un entra d'un pas lourd, ouvrit volets et fenêtres, une femme portant l'uniforme, l'insigne de la Croix-Rouge au bras et une boîte métallique à la main. Elle souleva la couverture et saisit le bras du malade.

— Qu'est-ce que vous faites, Bon Dieu ?

La femme brandit une seringue.

— Fichez-moi le camp ! rugit Ian.

Elle enfonça l'aiguille. Il fit tomber la seringue de ses mains.

— Bakic, Bakic ! appela-t-elle.

Et dès qu'il l'eut rejointe, elle commença de parler avec excitation dans une langue étrangère.

— Elle infirmière, dit Bakic, elle toit faire piqûre.

— Pourquoi ?

— Elle tit tétanos. Elle tit injecter tétanos à tout le monde.

— Dites-lui de f... le camp !

— Elle tit, fou avoir peur t'une aiguille. Elle tit partisans jamais peur.

— Mettez-la dehors !

Dans la mesure où l'on peut attribuer à une telle personne une attitude aussi féminine, elle se montra piquée. Dans la mesure où la jupe étroite des infirmières de l'armée permet de réussir une sortie digne, c'est ce qu'elle fit en quittant son malade. Guy revint.

— Je suis désolé de l'incident. Toute la matinée je l'ai empêchée d'entrer. Elle est passée pendant que je parlais au général.

— C'est toi qui m'a mis au lit, la nuit dernière ?

— Oui. Tu paraissais bien, presque en bonne forme.

— C'est passé.

— Tu veux qu'on te laisse tranquille ?

— Oui.

Il devait en être autrement. Les yeux fermés, il se laissait aller à la torpeur quand il sentit un poids pesant sur ses pieds comme si un chien ou un chat s'y fût posé. C'était Sneiffel.

— Vous êtes le journaliste ? Mais, sapristi, vous avez là un beau reportage ! J'ai été voir l'appareil sinistré. Il est encore trop chaud pour qu'on puisse approcher. On croit qu'il contient l'équipage, plus cinq autres macchabs. Le lieutenant Padfield est bouleversé par la disparition du musicien anglais. Mais quand ils auront sorti les corps nous allons assister à un enterrement de première classe. Tout le monde semble avoir perdu la boule. Pas moi. Les partisans voulaient remettre le combat, mais le général Spitz suit toujours son ordre du jour. Il exige sa bataille à l'heure dite, puisqu'il a un rapport à expédier, et il me faut les photos qui l'accompagneront. L'attaque se déroulera demain, comme prévu. Que diriez-vous d'interviewer quelques-uns de ces partisans ? J'ai là l'interprète du général. Ce n'est pas qu'il se sente particulièrement en forme ce matin, mais j'espère qu'il se montrera capable d'entendre et de parler.

C'est ainsi que Ian, ayant posé le pied par terre avec mille précautions, s'habilla, et commença son travail de correspondant de guerre.

Le drame de la nuit resta techniquement inexplicable. Guy, présent à son poste habituel à l'extrémité du camp, avait entendu le vocabulaire spécial du commandant donnant ses ordres dans les appareils de transmission ; il avait vu les femmes courir de fût de goudron en fût de goudron pour éclairer le chemin de l'avion, avait regardé celui-ci descendre comme il en avait regardé tant d'autres, l'avait vu dépasser son objectif, se dresser en l'air tel un faisan levé, et retomber comme touché à mort, cinq cents mètres plus loin. « C'est fini pour eux », avait dit de Souza, tandis que les flammes jaillissaient, gagnaient du terrain. Quelques silhouettes sombres et inconnues, comme en léthargie, étaient sorties de l'issue de secours, et Guy s'était joint à la ruée qui se portait vers le lieu de l'accident. Puis, en tant qu'hôte, il avait conduit les rescapés vers leurs lits et cherché parmi les fournitures du magasin de quoi remplacer leur équipement perdu.

Endurcis aux catastrophes, les partisans semblaient considérer celle-ci avec un certain plaisir et ils ne manquèrent pas de la mentionner comme un échec strictement anglo-américain. Mais ils le firent avec une cordialité insolite. Ils avaient douté, jusqu'ici, que les alliés prissent la guerre au sérieux. Ce sacrifice spontané parut les apaiser.

De Souza avait fort à faire avec ses messages et Guy eut à organiser la journée des nouveaux venus.

L'aide de camp du général Spitz ressentait à présent le contre-coup de sa chute et se plaignait de douleurs dans le dos. Gilpin avait les mains bandées. Les plus en forme du groupe étaient les deux généraux, Spits, actif et affairé, Ritchie-Hook, ressuscité. Guy ne l'avait pas vu à son déclin. Il le retrouvait tel qu'il l'avait connu autrefois.

— Le général est à son affaire, dit Dawkins. Il a retrouvé sa vigueur ; ce matin il m'a engueulé pour avoir désobéi aux ordres en allant chercher ses affaires dans l'avion.

Dawkins, lui, devait rester étendu et, après de dures années au service de Ritchie-Hook, n'était pas mécontent de se tenir tranquille avec les honneurs de la guerre. Il subit sans protester les piqûres antitétaniques et apprécia l'hospitalité du sergent de la mission, qui le ravitaillait en whisky, en cigarettes et en cancans.

L'ancien « ministre de l'Intérieur » annula de mauvaise grâce le vin d'honneur et le concert, mais, au cours de réceptions intimes qui groupaient l'état-major, ses invités et les observateurs, les plans de l'assaut furent discutés. C'est à la suite d'un de ces colloques que Ritchie-Hook aborda Guy.

— Je voudrais avoir un entretien en tête à tête avec l'officier dont le nom finit en « itch ».

— Tous leurs noms finissent ainsi, sir.

— Je parle de ce jeune type qui a de la classe et qu'ils appellent le général, celui qui prendra la tête de l'attaque.

Guy devina qu'il parlait d'un Monténégrin féroce, pouvant présenter des affinités avec Ritchie-Hook du fait qu'il lui manquait un œil et une bonne partie de la main.

Il leur ménagea une entrevue et les laissa avec

l'interprète du commissaire. Ritchie-Hook en revint d'excellente humeur.

— Plein de mordant, ce « itch ». Rien d'un officier de salon. Mais doit-on prendre leurs histoires au sérieux ?

— Non, sir.

— C'est mon impression. J'ai fait un peu marcher mon bonhomme, mais je ne réponds pas que l'interprète ait bien pigé. Nous avons bu le coup ensemble : quelque chose de parfaitement détestable qui finissait aussi en « itch » — quelle langue extraordinaire ! Nous nous sommes quittés bons amis et nous avons rendez-vous demain. Ne le dites pas aux autres. « Itch » n'a qu'une place touriste dans sa voiture. Ce soir nous poussons une pointe de reconnaissance et nous plaçons les hommes pour l'attaque.

— On dirait qu'il y a pas mal de comédie autour de cette attaque, sir. Elle est organisée par le général Spitz.

— Voudriez-vous apprendre à votre grand-mère à gober un œuf ? s'exclama Ritchie-Hook. J'ai flairé ça depuis le début, bien sûr. « Itch » et moi, nous nous sommes compris. C'est une démonstration, ce que nous faisions à l'entraînement. Mais c'était amusant, non ?

Guy évoqua les longues marches forcées dans le froid à Southands, à Penkirk, à Hoy.

— Oui, sir, dit-il, c'était le bon temps.

— Et puis, de vous à moi, j'estime que c'est ma dernière chance de retourner au feu. S'il y a moyen de s'amuser quelque part, « Itch » y sera.

Le lendemain matin à huit heures, le général Spitz et son aide de camp, la mission anglaise, l'état-major partisan, Ian et Sneiffel se groupèrent près de la rangée de voitures qu'avec tant d'autres choses, les Yougoslaves avaient secrètement gardées dans la forêt tout l'été. Comme Guy excusait Ritchie-Hook :

— Nous sommes bien assez nombreux sans lui, répondit Spitz.

Le convoi s'engagea dans un charmant terrain champêtre qui faisait penser à une aquarelle du siècle dernier. Des chapelets de poivrons pendaient sous les toits des maisonnettes. Les femmes qui travaillaient dans le champ levaient la main pour saluer ou se cachaient le visage. La différence n'était pas sensible entre le territoire « libéré » et celui qu'opprimait l'ennemi. Ils franchirent la vague frontière sans que Ian le remarquât.

En moins d'une heure ils arrivèrent en vue du blockhaus. L'emplacement choisi était situé à cinq cents mètres de celui-ci, bien caché par des feuillages. Les observateurs pouvaient y attendre les événements confortablement et en toute sécurité. Les partisans s'étaient avancés pendant la nuit et devaient être en position dans les abris les plus proches de l'objectif.

— Je pars à leur recherche, annonça Sneiffel.

— Je reste ici, répondit Ian, mal remis encore du choc reçu.

Le général Spitz inspecta la scène à l'aide de puissantes jumelles. Le terme de « blockhaus » semblait un peu usurpé. Il vit un solide petit fort construit plus d'un siècle auparavant, un des points de la ligne de défense chrétienne contre les Turcs.

— Je ne vois personne bouger, dit Spitz. Nous avons, en tout cas, réussi à les surprendre.

— Ne le dis pas à nos alliés, Guy, avoua tout bas de Souza, mais les choses ne se déroulent pas exactement selon les plans prévus... L'une des brigades s'est perdue au cours de sa marche d'approche. Peut-être arrivera-t-elle à temps ?

— Tout le monde semble dormir, chez les Fritz, s'étonna Spitz.

— Ce sont des domobrans, répondit l'interprète du commissaire. Ils sont paresseux.

— Des quoi ?

— Des collaborateurs fascistes.

— J'avais cru comprendre que nous nous battrions contre des Allemands. Enfin, c'est sans doute la même chose...

Le soleil approchait maintenant du zénith, mais l'ombre du poste d'observation gardait la fraîcheur. L'action aérienne qui devait commencer à dix heures constituait un signal pour l'infanterie, qui devait alors se découvrir.

A neuf heures et demie, une fusillade éclata, plus bas dans la vallée. Le général des partisans sembla contrarié.

— Qu'est-ce qu'ils fabriquent ? demanda Spitz.

Une estafette partit aux nouvelles. La fusillade avait cessé quand elle revint.

— Ce n'est rien, dit l'interprète au général. Une erreur.

— Mais nous avons perdu l'effet de surprise !

De Souza, qui avait entendu et compris le rapport de l'estafette, put éclairer Guy :

— C'est la deuxième brigade qui vient d'arriver. La première l'a canardée, la prenant pour l'ennemi.

Le calme avait cessé dans la vallée. Des coups de feu partaient de temps en temps, en provenance tantôt du parapet du fort, tantôt des buissons qui l'environnaient. Mais à dix heures précises, ainsi que l'indiquait la grande aiguille de la montre perfectionnée du général Spitz, les deux avions arrivèrent en hurlant. L'un après l'autre ils piquèrent. Le premier lança simultanément deux obus qui manquèrent la cible et explosèrent plus loin, dans le bois où se cachaient une partie des forces d'attaque. Le second visa mieux. Les deux obus atteignirent exactement les murs du bâtiment, soulevant un nuage de gravats. Puis les appareils reprirent de l'altitude et exécutèrent un virage sur l'aile. Guy, se souvenant de la Crète, des piqués des bombardiers poursuivant et pilonnant sans relâche les troupes, attendait leur retour. Mais ils ne revinrent pas.

— Beau travail, dit près de lui l'aviateur chargé du rapport. Exactitude quant à l'heure et au but.

— C'est tout ? demanda Guy.

— C'est tout. Au tour des soldats, maintenant.

Le silence régnait à nouveau sur la vallée. Amis comme ennemis attendaient le retour des avions. La poussière se dissipa, découvrant deux brèches distinctes dans les murs massifs du fort. Des coups de feu partaient des rangs des partisans, mais aucun d'eux ne se montra. L'observateur des forces aériennes expliqua au général Spitz la complexité de la tâche exécutée avec succès sous ses yeux. Le commissaire et le général des partisans s'entretenaient dans leur langue avec conviction et violence. Un coureur détaché des troupes monta vers eux.

— L'attaque est remise à plus tard, expliqua l'interprète au général Spitz. Une colonne allemande blindée est en marche vers le fort.

— Que vont faire vos hommes ?

— Devant une colonne blindée, ils se dispersent. C'est le secret de toutes nos victoires.

— Dis donc, l'Oncle, souffla de Souza, occupons-nous du déjeuner de nos hôtes. La fête que nous pouvions leur offrir ici est terminée.

Il se trompait.

— Regardez ! s'écria Ian, tandis que les observateurs retournaient vers leurs voitures.

Non loin des murs du fort, deux silhouettes émergeaient des broussailles et s'avançaient en terrain découvert. Guy se souvint des leçons de son instructeur d'artillerie : A 200 mètres toutes les parties du corps sont distinctes. A 300, la ligne extérieure du visage devient floue. A 400, il n'y a plus de visage. A 600, la tête est un point et le corps diminue. » Il ajusta les jumelles et identifia le couple incongru : Ritchie-Hook s'agitait vigoureusement pour entraîner les hommes derrière lui. Ceux-ci, au lieu de le suivre, s'éclipsèrent, mais il ne se retourna plus, s'avançant d'un petit trot claudicant vers la trouée laissée par les obus. Sneiffel le suivait. Tel un fox-terrier, tel le bouffon favori d'un prince de la Renaissance, le photographe, armé de son appareil, s'accroupissait et sautait, si menu, si agile qu'il échappait aux tireurs du fort. Atteint par une première balle à 20 mètres des murs, Ritchie-Hook fit un tour complet sur lui-même, tomba à genoux, se releva et continua d'avancer lentement, en boitant. Il touchait les murs, cherchant une prise, quand une décharge tirée par les défenseurs l'atteignit et l'étendit, mort. Sneiffel s'immobilisa le temps nécessaire pour prendre un ultime cliché du général, puis décampa. La garnison, au-dessus de lui, sidérée par cet étrange incident, suspendit le tir ; il put s'enfoncer et disparaître dans les rangs des partisans.

La patrouille allemande (non pas une colonne blindée comme les éclaireurs l'avaient annoncé, mais deux voitures de reconnaissance appelées par téléphone aux premiers coups de feu) arriva au fort, devant les brèches ouvertes par les bombes et le corps de Ritchie-Hook. Ils ne quittèrent pas la route. Une section de domobrans fouilla les bois à l'endroit où l'avion avait lâché ses projectiles. Quelques arbres se consumaient près des corps de quatre partisans. Un capitaine allemand, perplexe, relata l'incident dans un rapport qui circula parmi les différents bureaux du Service secret, provoquant d'invraisemblables notes et remarques.

L'attaque d'une position fortifiée par un général en chef britannique, suivi seulement d'un petit garçon selon les uns, d'un nain d'après les autres, était sans précédent dans l'histoire militaire. Le Service secret allemand conclut à quelque motif caché qui lui demeura obscur. Peut-être n'était-ce pas là le corps de Ritchie-Hook — l'ennemi possédait sa biographie complète — mais celui d'un volontaire ? On devait garder le général pour quelque entreprise mystérieuse. Un mot d'ordre circula dans toute la « Forteresse Europe » : « Attention aux borgnes ! »

Le lieutenant Padfield, en compagnie du seul Gilpin, ne passa pas à Begoy une agréable matinée. Il fut dérangé par une députation de Juifs qui, ayant eu vent de la présence d'un Américain, venaient s'informer des démarches entreprises par l'U.N.R.R.A. pour leur venir en aide. Bakic était hargneux, le lieutenant peu doué pour les langues. La conversation entraîna pour son esprit, fatigué déjà par l'accident d'avion, une tension pénible. Il vit avec grand plaisir les observateurs rentrer plus tôt que prévu.

La mort de Ritchie-Hook avait transformé en drame le fiasco de la journée. Les causes de récriminations abondaient, mais, devant cette mort, le commissaire lui-même était réduit au silence.

Sneiffel jubilait. Les documents sensationnels qu'il s'était procurés pouvaient remplir une demi-douzaine de pages de magazine.

Ian était satisfait, sans plus.

— Vous n'avez pas manqué grand-chose, *loot,* dit-il, mais le but de l'exercice est atteint. Le général Spitz a bonne opinion des partisans, il les estime ingénieux en matière de guérilla. Il aurait pu être sceptique, mais Ritchie-Hook a tout changé. Décision du cœur plus que de la tête, peut-être ? C'est étrange. Depuis le début de la guerre, je n'ai pris part que deux fois à des opérations, pour assister deux fois à la classique manifestation d'héroïsme. Faut-il croire que Trimmer et Ritchie-Hook avaient des points communs ?

Guy voulut informer lui-même le Hallebardier Dawkins de la mort de son maître.

L'homme couvert de cloques ne manifesta pas un chagrin démesuré :

— Sans ces brûlures, je l'aurais sans doute accompagné, dit-il. Je peux vous affirmer, sir, qu'il m'a emmené dans de fichus endroits, depuis trois ans. Il a tout fait pour en arriver là. Vous vous souvenez, sir, qu'il était très direct. Plus d'une fois il m'a dit tout de go : « Dawkins, je souhaite que ces salauds, un jour, visent juste. Je n'ai pas envie de rentrer à la maison. » Pour lui, d'accord ; pour moi, qui ai femme et gosses et vingt ans de moins, c'est différent. Bien sûr j'aurais été partout avec le général. Il le fallait d'ailleurs ; et pas d'erreur, c'était un chic type. Donc, tout finit bien pour nous deux... Je ne sais comment m'y prendre pour ses affaires. Sans doute faut-il que je les renvoie à la base ? Votre ordonnance me donnerait peut-être un coup de main quand on viendra nous chercher ? C'est une honte, qu'on ne puisse pas l'enterrer correctement ;

mais il disait que, pour ça, on pouvait faire confiance aux Boches. Ce n'était pas positivement un homme religieux. Une tombe avec son nom, il n'en aurait pas demandé davantage.

Les partisans creusèrent une grande fosse commune pour les cadavres de l'avion. Eux aussi voulaient faire le nécessaire, et ils offrirent les services du curé du village. En ce qui concernait Sir Almeric Griffiths, le lieutenant Padfield assura qu'il était d'esprit sceptique. Sur les croyances des autres victimes, on savait peu de choses : un peloton et un trompette se chargèrent du cérémonial.

Un peu plus tard, les Forces aériennes firent une sortie en plein jour, sous la protection des chasseurs, pour emmener le général Spitz et le reste du groupe. Quand Guy et de Souza revinrent à leurs quartiers, les femmes déménageaient déjà les meubles cossus :

— *Les capitaines et les rois s'en vont*[1], dit de Souza, qu'allons-nous faire maintenant, l'Oncle, pour nous amuser ?

Il n'y avait pas de travail à la mission pour deux officiers de liaison : il y en avait à peine pour un.

Le rapport du général Spitz eut pour résultat de provoquer de généreux envois ; presque toutes les nuits des colis furent parachutés. Le commandant du camp organisait leur arrivée, les partisans venaient les chercher, Guy et de Souza regardaient. Au cours des dernières semaines d'août et des premières de septembre, le commissaire et le général non seulement ne se plaignirent pas, mais se montrèrent aimables. De Souza emmena Guy visiter en jeep des camps de partisans dans toute la région « libérée ».

— On dirait qu'ils ont tout ce qu'il leur faut,

1. Rudyard Kipling (N. d. T)

remarqua Guy. S'ils veulent déclencher une offensive d'été, c'est le moment.

— Il n'y aura pas d'offensive d'été ici, en Croatie, répondit de Souza. Dès que les troupes sont équipées, on les dirige sur le Monténégro et la Bosnie, où elles talonneront les Allemands. L'important, maintenant, c'est qu'elles entrent en Serbie avant les *Cetnics*. Begoy a rempli sa tâche. On y laissera juste assez d'hommes pour réduire les fascistes locaux. Peux-tu rester seul cet hiver, l'Oncle ? La piste d'atterrissage, quand elle sera couverte de neige, deviendra inutilisable, tu sais.

— Je voudrais faire quelque chose pour les Juifs.

— Ah ! oui, tes Juifs... Je vais envoyer un message.

La réponse ne se fit pas attendre : *Plans bien avancés. Évacuation tous Juifs de votre région avant neige.*

— J'espère que te voilà remonté, l'Oncle ?

Cela se passait pendant la troisième semaine de septembre. Au cours de la quatrième, de Souza entra dans leur salle commune avec son dossier de messages.

— Je te quitte ce soir. Rappelé à Bari. Si je peux faire quelque chose pour toi là-bas, dis-le moi.

— Rappelle-leur les Juifs.

— Je commence à me demander, l'Oncle, si tu as raison de rester ici. Tu es la proie d'une *idée fixe*[1].

Ce ne fut qu'au dîner que de Souza aborda la politique.

— Tu dois être au courant de ce qui se passe. Tito a quitté Vis pour rejoindre les Russes. Il aurait pu le faire poliment. Sans souffler mot à personne, il a décollé quand tout le monde dormait. Certains de

1. En français dans le texte.

chez nous n'ont pas trouvé ces manières à leur goût, Winston, en particulier. Je t'avais dit que l'autre posséderait le vieux. Winston a cru réussir ses tours de passe-passe avec Tito comme avec les leaders travaillistes en 1940. On prévoyait des débarquements britanniques en Dalmatie et un bon petit gouvernement de coalition formé à Belgrade. C'était le plan de Winston. A partir de maintenant, Tito attend de la Russie et de la Bulgarie l'aide dont il a besoin.

— Mais les Yougoslaves haïssent les Bulgares comme la peste !

— Plus maintenant, l'Oncle. Tu ne suis pas mieux la politique actuelle que le pauvre Winston. Les Bulgares ont trouvé leur âme, aurait pu dire notre Premier ministre. Je ne pense pas que tu aies beaucoup à faire cet hiver. Les Anglo-Américains ont cessé d'exciter l'intérêt. En fait, il se pourrait que cette mission fût fermée avant Noël.

— Et comment, selon toi, sortirons-nous de là ?

— Je te laisserai la jeep, l'Oncle. Tu arriveras peut-être jusqu'à Split.

Guy eut le sentiment qu'il n'avait jamais vraiment aimé Frank de Souza.

L'officier qui, à Bari, distribuait la pâture «culturelle », avait envoyé à Begoy un énorme paquet de magazines américains, très anciens pour la plupart. Durant les longues heures du début d'octobre, Guy les lut lentement, sans rien passer, comme une nurse protestante lit la Bible.

Les jours passèrent sans qu'on le convoquât au quartier général. Bakic n'aimait pas la marche. Guy prit quelque plaisir à vagabonder dans la campagne automnale, l'espion boitant derrière lui. L'église était fermée à clef. Trois membres du Praesidium occupaient le presbytère depuis le départ du curé.

— Qu'est-il devenu ? demanda Guy à Bakic.

— Il est allé ailleurs. Petit village plus tranquille. Il était vieux. Trop grande maison pour lui.

Guy, pour son quarante et unième anniversaire, reçut un message : *Recevez vol spécial quatre Dakotas demain soir 29. Envoyez Juifs au complet.*

Il alla joyeusement chez le commissaire. Celui-ci avait été informé de son côté ; il donna froidement son assentiment. Lorsque Guy alla avec Bakic informer les Juifs de leur proche départ il lui sembla, la solitude ayant amplifié son imagination, jouer un rôle de l'histoire antique : Moïse arrachant son peuple à la captivité.

Ses connaissances de l'Ancien Testament s'estompaient. Les roseaux, le buisson ardent, les plaies d'Egypte faisaient partie de ses plus anciens souvenirs, à peine distincts des contes de Grimm et d'Andersen. Mais tour à tour, incongrues ou majestueuses, des images de Moïse frappant le rocher près du grand hôtel à Rome, ou établissant les lois à St.-Pierre-aux-Liens, se dressaient devant lui. Les cornes de cocu de Guy brillaient ce jour-là comme celles du patriarche lorsque, sur le Sinaï, il sortit du redoutable nuage.

Il n'y eut pas d'intervention divine en faveur des Juifs de Begoy, pas de séparation des eaux, pas de chars engloutis. Guy fut informé qu'on n'attendait plus rien de lui. Une compagnie de la police des partisans fut détachée au rassemblement des réfugiés et à l'examen de leurs maigres bagages. Au crépuscule, on les fit sortir de leur ghetto et s'engager sur la route de l'aérodrome. Guy les vit passer. C'était la saison des brumes et il lui sembla éprouver le frisson de l'échec. Silencieuse, fantomatique, la procession défila devant lui. Quelques-uns avaient emprunté des charrettes à bras aux paysans pour transporter les plus vieux et les plus faibles. La plupart cheminaient à pied, ployant sous le poids de leurs misérables petits ballots.

A dix heures, quand Guy et le commandant sortirent, le brouillard au sol était si dense qu'ils purent à peine trouver leur chemin, pourtant familier. Les Juifs étaient entassés sur le talus, pour la plupart endormis.

— Ça va-t-il se lever ? demanda Guy.

— Depuis deux heures ça ne fait que s'épaissir.

— Pourront-ils atterrir ?

— Aucune chance. Je vais envoyer l'ordre d'annuler.

Guy ne supporta pas cette attente. Il rentra seul, mais ne put rester en repos. Plusieurs heures plus tard, il sortit et se posta à la croisée des chemins, jusqu'à ce qu'il vît repasser les malheureux, épuisés, qui traînaient la jambe pour rentrer en ville.

Cette lugubre scène se renouvela deux fois au cours des trois semaines suivantes. La seconde fois, les feux étaient allumés. On put entendre les avions tourner en rond au-dessus de l'aérodrome jusqu'à ce qu'ils prissent à la fin la direction de l'Ouest. « Mon Dieu, faites que ça marche ! avait supplié Guy, ce soir-là. Vous avez déjà accompli des choses semblables. Faites seulement que le vent se lève. Je vous en prie, mon Dieu, faites souffler le vent ! » Mais le bruit des moteurs s'éloigna pour mourir dans le lointain ; les pauvres gens s'ébranlèrent et reprirent le chemin par où ils étaient venus.

La neige tomba abondamment, cette semaine-là. Il n'y aurait plus d'atterrissage avant le printemps.

Guy, en proie au dècouragement, reçut un nouveau message, car des forces puissantes étaient à l'œuvre à Bari : *Attendez incessant parachutage spécial provisions de secours pour Juifs stop Expliquez Q.G. partisans envoi uniquement répète uniquement distribution Juifs.*

Porteur de cette communication, il alla voir le général.

— Quelles provisions ?

— Des vivres, des vêtements, des médicaments, je pense.

— Depuis trois mois, je demande ces choses pour mes hommes et le troisième corps n'a plus de chaussures. A l'hôpital ils opèrent sans anesthésiques. La semaine dernière, nous avons dû, faute de ravitaillement, évacuer trois positions avancées...

— Je n'ai pas cessé d'envoyer des messages à ce sujet.

— Pourquoi y a-t-il des vêtements et des vivres pour les Juifs et pas pour mes hommes ?

— Je ne sais pas. Je viens seulement vous demander si vous pouvez garantir la distribution.

— Je verrai.

Guy rédigea un message : *« Me soumets respectueusement regrettable discrimination en faveur Juifs. Stop. Tenterai assurer répartition équitable.* Il reçut en réponse : *Trois appareils parachuteront provisions pour Juifs point C. 11 h 30 le 21. stop. Ravitaillement provenant source privée non militaire. stop. Distribuez selon message précédent.*

Le 21 dans l'après-midi, Guy reçut la visite du commandant du camp.

— Que se passe-t-il ? Je viens d'avoir une algarade avec l'officier de liaison de l'air au sujet du parachutage de ce soir. Jusqu'à ce qu'il ait reçu des ordres, il exige que toutes les provisions envoyées soient consignées au dépôt. C'est un camarade calme et sensé. Je ne l'avais jamais vu ainsi. Il veut que les colis soient comptés en présence du « ministre de l'Intérieur » et mis sous clef. Jamais entendu tant d'imbécillités. je suppose qu'à Bari quelqu'un a encore fait de la politique.

Le ciel, cette nuit-là, fut plein de parachutes et les paquets tombèrent comme des bombes. La jeunesse antifascite les ramassa. Les provisions furent chargées sur des charrettes, emportées dans une grange près des quartiers du général, et finalement confisquées.

Belgrade tomba aux mains des Russes, des Bulgares et des partisans. Le Praesidium annonça des réjouissances à Begoy. Le concert et le vin d'honneur, ajournés pour cause de deuil, concoururent cette fois à fêter la victoire. Par ordre des autorités suprêmes, dans l'église, rouverte pour la circonstance, un *Te Deum* retentit, chanté par un nouveau prêtre que les partisans avaient découvert au cours de leur avance en Dalmatie. A la tombée de la nuit, le chœur antifasciste chanta, et le groupe théâtral antifasciste monta une sorte de parade évoquant la Libération. On but beaucoup de vin et de *slivovic ;* Guy, avec l'aide de l'interprète, prononça quelques mots de remerciements, en réponse au toast porté à Winston Churchill. Et le lendemain, pour clôturer le programme des festivités, les Juifs reçurent leur ravitaillement.

— Encore ces Zuifs, annonça Bakic.

Guy trouva la cour remplie de ses anciens visiteurs, transformés maintenant en une sorte d'armée bouffonne. Tous, hommes et femmes, portaient des capotes militaires, des passe-montagnes et des gants tricotés. Sur ordre émanant de Belgrade, la distribution venait d'avoir lieu et les bénéficiaires tenaient à le remercier. Les porte-parole n'étaient plus les mêmes. Le commerçant et le juriste les avaient précédés vers la Terre promise. Madame Kanyi, pour des raisons personnelles, restait à l'écart. Un vieillard fit un long discours que Bakic traduisit laconiquement.

— Il tit tous très heureux.

Les Juifs, au cours des jours suivants, cédèrent à un déplorable désir d'ostentation. On eût dit que le mauvais sort qui les poursuivait se fût dissipé. Ils se montraient partout, laissant traîner dans la neige les pans de leurs capotes, marchant au pas lourd de leurs énormes chaussures neuves et gesticulant de leurs mains gantées. Repus de viande de conserve et de fruits secs, le visage luisant de savon, ils passaient comme un psaume vivant. Et puis, aussi soudainement que s'était opérée leur transformation, ils disparurent.

— Que leur est-il arrivé ?

— On les a envoyés autre part.

— Pourquoi ?

— Les zens les ennuient.

— Qui ?

— Les partisans qui n'ont pas eu te mandeaux ni te chaussures. Ils grontent avec le gommissaire. Alors, le gommissaire les a fait partir.

Guy avait, ce jour-là, des affaires à régler avec le commissaire. Quand il eut terminé :

— Les Juifs sont partis ? dit-il.

Sans consulter son chef, le jeune intellectuel donna des explications :

— Le ministre de l'Agriculture avait besoin de leurs bâtiments. On leur a trouvé de nouveaux quartiers à quelques kilomètres d'ici.

Le commissaire grogna quelque chose et se leva.

Guy salua et l'entrevue prit fin. Sur les marches, l'interprète le rejoignit.

— C'est au sujet des Juifs, capitaine Crouchback. Il fallait qu'ils s'en aillent. Le traitement de faveur dont ils bénéficient irrite les nôtres. Certaines femmes travaillent toute la journée sans chaussures ni manteaux. Comment leur faire comprendre que ces vieux, inutiles à notre cause, ont droit à des vêtements confortables ?

— Peut-être en leur expliquant que les besoins matériels des vieux qui n'ont pas de cause à servir sont plus impérieux que ceux des jeunes militants...

— Et puis il trafiquaient avec ce qu'on leur avait donné. Mes parents sont juifs et je connais ces gens. Ils veulent toujours faire du commerce.

— Où est le mal ?

— Le temps de la guerre n'est pas le temps du commerce.

— J'espère en tout cas qu'ils sont bien installés.

— Ils ont ce qu'il leur faut.

En hiver, les jardins parurent plus petits qu'au temps des feuilles. La neige recouvrait pelouses et plates-bandes qui, d'une barrière à l'autre, ne se distinguaient plus. Les chemins seuls restaient visibles grâce aux empreintes de bottes. Tous les jours, Guy portait une poignée de fragments de biscuits à l'écureuil.

Ce jour-là, il observait le petit animal, quand il vit s'avancer dans l'allée madame Kanyi. Ployée sous son chargement de bois, elle ne l'aperçut que parvenue près de lui.

Un message avait tout récemment rappelé Guy à Bari. La mission à laquelle il appartenait allait être réorganisée sous un autre nom et il devait se présenter aussi vite que possible. Le fait qu'il ne fût plus *persona grata* avait atteint Belgrade, il s'en rendait compte.

Il salua chaleureusement madame Kanyi :

— Laissez-moi porter cela, dit-il.

— Non, s'il vous plaît. Mieux vaut pas.

— Mais si, j'insiste...

Madame Kanyi regarda autour d'elle. Personne en vue. Elle le laissa prendre son fardeau et le porter jusqu'à la cabane.

— Vous n'êtes pas partie avec les autres ?

— Non, on a besoin de mon mari.

— Et vous ne portez pas votre capote ?

— Pas dehors. Je la mets la nuit, dans la cabane. Les manteaux et les bottes nous font détester de tout le monde, même de ceux qui jusqu'ici s'étaient montrés bienveillants.

— La discipline du parti est stricte. Vous n'avez pas à redouter de violences.

— Ce n'est pas cela. Nous avons peur des paysans. Les partisans aussi les craignent. Ils s'occuperont d'eux plus tard. Actuellement, ils en sont tributaires pour le ravitaillement. Les nôtres ont entrepris des échanges avec les paysans. Ils proposaient du fil, des aiguilles, des rasoirs, choses introuvables, contre des dindes et des pommes. L'argent n'intéresse pas les paysans. Pour faire du troc avec nous, ils méprisaient les billets de banque des partisans. D'où protestations et troubles.

— Où les vôtres sont-ils allés ?

Le nom qu'elle prononça ne disait rien à Guy.

— Vous ne connaissez pas ce lieu, à trente kilomètres d'ici ? Il n'a pas bonne presse. Les Allemands et les Oustachis y avaient établi un camp où s'entassaient Juifs, bohémiens, communistes, royalistes qui travaillaient au canal. Quand ils ont dû évacuer la région, ils ont tué les prisonniers qui restaient, et maintenant on a trouvé un autre moyen pour remplir le camp.

Arrivé à la cabane, Guy entra derrière la femme et déposa sa charge dans un coin, près du poêle. Pour la première et dernière fois, ils franchissait ce seuil. Il eut une impression de pauvreté, de propreté et ressortit dans la neige.

— Écoutez, Signora, dit-il, ne perdez pas courage. On me rappelle à Bari et je partirai dès que la route sera libre. Arrivé là-bas, je ferai du bruit autour de cette affaire. Vous avez beaucoup d'amis en Italie. Je leur expliquerai la situation. Vous allez sortir d'ici, je vous le promets.

Comme ils se tenaient devant la porte, sur un petit carré de terrain d'où madame Kanyi avait balayé la neige, ils aperçurent à travers les buissons dépouillés la silhouette tapie de Bakic.

— Regardez, on nous a suivis.

— Il ne peut pas faire grand mal.

— Pas à vous, peut-être, vous partez. Partir me semblait autrefois la première et la seule condition du bonheur. Les autres le croient encore... Partir pour s'éloigner du Mal. Certains iront chercher asile en Palestine ; d'autres se contenteront de l'Italie ; traverser seulement la mer, comme on traversait autrefois la mer Rouge... Mais y a-t-il un lieu où le Mal ne règne pas ? Dire que les nazis ont voulu la guerre est trop simple. Ces communistes aussi la voulaient, c'était le seul moyen pour eux de s'emparer du pouvoir. Beaucoup des miens la voulaient comme une vengeance contre les Allemands et un pas vers la création d'un État national. Le désir de la guerre, le désir de la mort, je les ai vus partout. Les hommes droits eux-mêmes y voyaient un moyen de sauver leur honneur personnel. Tuer, se faire tuer, c'était une manière d'affirmer leur virilité. Ils acceptaient la vie dure pour le rachat de leur égoïsme et de leur paresse. Le danger justifiait le privilège. J'ai connu des Italiens — pas beaucoup — qui étaient ainsi. N'avaient-ils pas d'émules en Angleterre ?

— Dieu me pardonne, avoua Guy, j'étais l'un d'eux...

5

Guy voyait se terminer la croisade dans laquelle il s'était engagé sur la tombe de Sir Roger. Sa vie de soldat était finie. Tous ces piétinements dans une cour de caserne et ces bagarres contre les places fortes imaginaires trouvaient leur aboutissement dans un acte de charité manqué. Il quitta Begoy sans adieu, emmenant avec lui son petit personnel, et passa seulement au quartier général prendre sa permission de route. Son dernier geste fut d'envoyer à madame Kanyi par son ordonnance la pile des magazines américains. Le commandant n'ayant pas besoin de sa réserve de conserves, il en fit cadeau aux veuves, qui pleurèrent. Le souhait du commandant était de recevoir bientôt, lui aussi, son ordre de rapatriement.

La route qui menait à la côte était libre et praticable en jeep. Elle traversait la région désolée de Léka, où toutes les maisons des villages étaient sans toit, ravagées, puis elle descendait jusqu'à la côte clémente de l'Adriatique. Quarante-huit heures après avoir quitté Begoy, Guy et ses hommes étaient à Split. Là, sous les murs de Dioclétien, un croiseur anglais mouillait à l'ancre dans le port, avec interdiction à l'équipage de débarquer. Les batteries des partisans étaient braquées sur lui. Plus que par tout autre spectacle en Yougoslavie, le sergent en fut impressionné :

— Qui aurait imaginé, sir, que la Flotte supporterait une chose pareille ? Voilà ce que c'est que la politique...

A Split, un officier de liaison anglais transmit à Guy un ordre récemment arrivé, lui enjoignant de continuer sur Dubrovnik, où une petite force britannique (de l'artillerie de campagne principalement) avait été débarquée, puis maintenue inactive, il y fut nommé officier de liaison entre cette force et les partisans.

Sa tâche consistait à écouter les plaintes des autorités partisanes concernant la conduite « incorrecte » des troupes britanniques et à les transmettre à son général perplexe, qui avait cru venir en allié apprécié. Il était là aussi pour entendre des sollicitations — le contraste était trop flagrant entre les envahisseurs magnifiquement équipés et les partisans déguenillés — et pour recevoir les visites clandestines de civils de toutes nationalités qui demandaient à être inscrits sur la liste des personnes déplacées. Guy envoya dès le premier jour un message : *Situation personnes déplacées région Begoy très inquiétante.* Il reçut cette seule réponse : *Autorités compétentes informées ;* et, quand il expédia plus tard une liste des réfugiés, on ne lui en accusa même pas réception.

Enfin vers la mi-février, le poste britannique se retira. Guy parti avec l'avant-garde, débarqua à Brindisi et atteignit Bari. Il y retrouva les amandiers en fleur qui l'avaient accueilli lorsqu'il y était arrivé pour la première fois, un an auparavant. Il se présenta devant le commandant Marchpole et dîna au club.

— Tout le monde fait ses bagages, ici, annonça le commandant. Moi, aussi longtemps que je le pourrai, je resterai. Le général est déjà parti. C'est Joe Cattermole qui est responsable. Vous retournerez en Angleterre dès que vous voudrez.

Guy apprit par Cattermole que les Juifs de Begoy étaient maintenant non loin de Bari. En Amérique une organisation privée avait fourni des camions Ford tout neufs, les avait fait parvenir en Croatie à travers la neige, les laissant aux partisans comme récompense après le rapatriement des exilés en Italie. C'était vraiment la mer Rouge s'ouvrant miraculeusement pour laisser un passage entre ses murs d'eau...

Guy reçut l'autorisation d'aller les voir. Ils étaient à nouveau derrière des fils barbelés, dans une vallée pierreuse, près de Leece. On leur avait adjoint quatre ou cinq cents malheureux ramassés dans diverses prisons et cachettes, tous vieux, tous anéantis, tous en capote de l'armée et passe-montagne.

— Je ne vois pas pourquoi ils sont ici, remarqua le commandant. Nous les hébergeons, les nourrissons, les soignons, c'est tout ce que nous pouvons faire. Personne n'en veut. Les Sionistes ne s'intéressent qu'aux jeunes. Sans doute sont-ils là jusqu'à ce qu'ils meurent ?

— Sont-ils heureux ?

— Ils se plaignent, et ils ont diablement de quoi se plaindre. C'est moche d'être coincé ici.

— Je m'intéresse particulièrement à un couple nommé Kanyi.

Le commandant parcourut sa liste :

— Pas ici.

— Tant mieux ; ils ont probablement pu partir pour l'Australie ?

— Pas ici, mon cher. Je suis là depuis le début. Personne n'en est jamais parti.

— Peut-on s'en assurer ?

Le commandant envoya son interprète se renseigner, emmena Guy dans le hangar qu'il appelait son mess et lui offrit à boire. L'homme revint peu après.

— C'est bien ça, sir. Les Kanyi n'ont jamais quitté Begoy. Ils ont eu des ennuis et ont été coffrés.

— Puis-je aller me renseigner avec l'interprète ?

— Bien sûr, mon vieux ; mais pour deux de plus ou de moins, ne faites-vous pas beaucoup de foin ?

Dans le camp où il arrivait avec l'interprète, quelques Juifs reconnurent Guy, l'accablèrent de plaintes et de requêtes. Tout ce qu'il put savoir des Kanyi, c'est que la police des partisans les avait fait descendre du camion au moment où celui-ci allait partir.

Il retourna auprès du commandant Marchpole.

— Nous ne voulons plus ennuyer les Yougoslaves, dit celui-ci. Ils ont vraiment fait ce qu'ils pouvaient, dans cette affaire. Et puis la guerre est finie, dans ce coin-là. Pas de raison d'en faire sortir quelqu'un. Actuellement, nous nous occupons plutôt d'y faire *rentrer* des gens.

A ce moment, cet homme, sans s'en douter, consacrait son activité à envoyer des officiers royalistes vers une exécution certaine...

Au cours de ses derniers jours à Bari, Guy fréquenta les bureaux où, par message, il avait commencé son œuvre de libération. Cette fois il n'y fut pas très bien reçu. L'organisation sioniste manifesta peu d'intérêt dès qu'il comprit qu'il ne s'agissait pas de vente illicite d'armes, et moins encore quand Guy avoua que les Kanyi devaient aller en Australie et non en Israël.

— Nous devons nous occuper de l'État, lui dit-on. C'est là que tous trouveront refuge. Les choses essentielles d'abord.

Une ancienne connaissance de la R.A.F. du temps d'Alexandrie qui possédait un appartement à Pausilippe, offrit l'hospitalité à Guy. Il trouverait, quand il voudrait, une place dans un avion. Il suffisait qu'un personnage important ne se présentât pas au dernier moment.

La veille de son départ pour Naples, il fut accosté par Gilpin :

— Il faut me rendre votre laissez-passer avant de partir.

— Je crains de l'avoir perdu ?

— C'est très ennuyeux !

— Pas pour moi. C'est un ami qui s'occupe des rapatriés prioritaires.

Gilpin le regarda de travers :

— J'ai entendu dire que vous faisiez une enquête sur un ménage du nom de Kanyi.

— Oui, je m'intéresse à eux.

— Je m'en doutais. Cela m'étonnait de Frank de Souza...

— Quoi donc !

— D'après le rapport secret, la femme était la maîtresse d'un officier de liaison anglais.

— Ça n'a aucun sens !

— On l'a vu sortir de chez elle pendant que le mari était au travail. C'était un couple inquiétant. L'homme s'est rendu coupable de sabotage dans l'installation électrique et, dans leur chambre, on a découvert un tas de publications de propagande américaine, plus qu'il n'en fallait pour compromettre la mission anglaise. C'est une veine que Cape ait passé l'affaire à Joe avant l'arrivée du rapport. Vous risquiez de faire figure d'accusé. Mais Joe n'est pas vindicatif. Il s'est contenté de vous nommer là où vous ne pouviez nuire. Je peux dire pourtant que, sur votre liste de « personnes déplacées » envoyée de Dubrovnik, plusieurs sont suspectes.

— Que sont devenus les Kanyi ?

— Que croyez-vous ? Ils ont comparu devant le tribunal du peuple. Justice a été faite, soyez-en sûr.

Une fois déjà au cours de sa carrière militaire, Guy avait été tenté de frapper un camarade officier : Trimmer, à Southsands. La tentation, cette fois, fut encore plus forte ; mais avant qu'il ait fait autre chose que serrer le poing, avant qu'il ait eu le temps de le lever, le sentiment de la futilité de son intervention l'arrêta. Il tourna les talons et quitta le bureau.

Le lendemain, il s'installa à Pausilippe.

— Pour un gars qui va rentrer chez lui, tu n'as pas l'air très gai, s'étonna son hôte.

Puis il changea de sujet, car, parmi tous les hommes qui lui étaient passés par les mains, beaucoup retournaient vers des problèmes plus cuisants qu'aucun de ceux que la guerre leur avait posés.

Épilogue

LE FESTIVAL DE GRANDE-BRETAGNE

En 1951, pour célébrer le début d'une décade plus heureuse, le gouvernement organisa un festival. De nombreuses constructions apparurent sur la rive sud de la Tamise. La première pierre du Théâtre National fut solennellement posée. Mais les Anglais, encore éprouvés par les restrictions, ne se livraient pas volontiers à l'exubérance populaire, et les touristes à dollars écourtaient leur visite pour se précipiter vers les pays du continent où, en dépit de conditions précaires, les habitants s'étaient mieux débrouillés.

Les réceptions privées étaient rares. Deux pourtant eurent lieu à Londres le même soir de juin.

Tommy Blackhouse était revenu en Angleterre en mai. Il quittait l'armée couvert de décorations, remarié à une très jolie femme, et général de brigade. Au cours des dernières années, il avait largement dépassé la zone d'influence d'un chef de commando, occupant des postes de plus en plus importants et assumant des responsabilités considérables, ne semblant jamais chercher l'avancement, ne laissant jamais de rancœur derrière lui parmi ceux qu'il dépassait. Mais ses premières années de commandement lui tenaient à cœur. Ayant rencontré Bertie au *Bellamy,* il suggéra de réunir en un dîner les camarades d'autrefois.

— Ça va demander une longue organisation, remarqua l'ancien capitaine, accueillant toutefois l'idée avec sympathie.

Tommy, comme toujours, se chargea du travail.

Les rangs du groupe de Mugg étaient moins clairsemés que ceux de certaines formations. La plupart des officiers qui le composaient avaient été prisonniers ensemble. Luxmore s'était échappé. Ivor Claire avait passé six mois en Birmanie avec les Chindits, accompli du bon travail, récolté un D.S.O.[1] et une blessure qui le laissait honorablement inapte au service. Il allait souvent au *Bellamy.* Sa brève période de disgrâce était oubliée, presque ignorée.

1. Distinguished Service Order : Ordre du Mérite.

— Vous allez inviter tout le monde ? demanda Bertie.

— Tous ceux que je trouverai. Comment s'appelait ce vieil Hallebardier, Jumbo quelque chose ? Nous inviterons le mangeur d'algues. Je ne pense pas qu'il vienne. Guy Crouchback aussi, naturellement.

— Trimmer ?

— Certainement.

Mais Trimmer avait disparu. Les enquêtes n'aboutirent pas à retrouver sa trace, malgré l'ingéniosité de Tommy. Selon quelques-uns, il avait déserté en Afrique du Sud. On ne sut rien de certain. Quinze convives, à la fin, se retrouvèrent.

La seconde réception de ce soir-là fut donnée en partie par Arthur Box-Bender. Il avait perdu son siège au Parlement en 1945 et n'était venu que rarement à Londres au cours des années suivantes. Mais en ce soir de juin, il se vit obligé de partager les frais d'une surprise-party donnée dans un hôtel en l'honneur de sa fille, âgée de dix-huit ans, et d'une amie de celle-ci. Pendant une heure ou deux, il se tint à côté d'Angela pour accueillir des jeunes gens chétifs, ses invités. Certains garçons avaient loué des costumes de soirée ; d'autres se présentaient effrontément en smoking et chemise molle. En compagnie de l'autre père, il avait cherché le mousseux le moins cher. Enfin, se sentant altéré, il se dirigea sans hâte vers Picadilly, puis tourna dans St. James's Street. Le *Bellamy* seul avait gardé trace des jours heureux.

Elderberry se tenait dans le vestibule central, lisant les mémoires du général d'aviation Beach. Lui aussi avait perdu son siège, et son heureux rival,

Gilpin, bien qu'assez impopulaire à la Chambre, n'en faisait pas moins son chemin ; il était devenu récemment sous-secrétaire. Elderberry n'avait pas de résidence hors de Londres, et, sans occupation déterminée, il passait solitaire ses journées et ses soirées au *Bellamy,* dans le même fauteuil.

Il fixa avec désapprobation le plastron amidonné de Box-Bender.

— Vous sortez encore ?

— J'ai dû donner une soirée pour ma fille.

— Ah ! une fête à vos frais, c'est différent. Ce que j'aime, c'est être invité. Et à présent on ne m'invite plus.

— Vous ne vous seriez guère amusé...

— Non, bien sûr... Autrefois, j'étais convié aux dîners d'ambassade. Vous aussi, d'ailleurs. Il s'y débitait beaucoup d'imbécillités, mais c'était une soirée de passée. Tout est bien tranquille, à présent.

Cette assertion fut immédiatement démentie par l'invasion du commando qui, le dîner terminé, descendait bruyamment l'escalier en titubant, pour gagner la salle de billard.

Guy s'arrêta pour saluer son beau-frère.

— Je ne vous ai pas invité à notre soirée, s'excusa Box-Bender. C'est une sauterie pour les jeunes qui ne vous eût pas amusé, j'ignorais d'ailleurs que vous veniez à Londres.

— J'y suis venu pour voir les hommes de loi. Nous avons vendu le Castello.

— J'en suis content pour vous. Mais qui diable peut bien s'offrir, à présent, une propriété en Italie ? Des Américains, peut-être ?

— Pas du tout. Un de nos compatriotes qui ne peut se permettre de vivre en Angleterre : Ludovic.

— Ludovic ?

— L'auteur du *Désir de la Mort*. Vous avez dû en entendre parler ?

— Je crois qu'Angela l'a lu. Elle l'a trouvé exécrable.

— Il s'en est vendu près d'un million d'exemplaires en Amérique et on en fait un film. J'ai rencontré l'auteur pendant la guerre.

— Il est ici ?

— Non, notre groupe n'est pas précisément de ceux où Ludovic aurait sa place.

— En tout cas, le Castello est l'endroit rêvé pour un écrivain. C'est malin de votre part d'avoir déniché l'acquéreur.

— Ça s'est fait par l'intermédiaire d'une autre rencontre de guerre. Vous vous souvenez peut-être d'un Américain du nom de Padfield ? C'était un membre du *Bellamy*. Ludovic en a fait son factotum.

— Padfield, non, peux pas dire que je m'en souvienne... Comment ça va à Broome ?

— Très bien, merci.

— Domenica ? Les enfants aussi ?

— Oui.

— La ferme marche ?

— Pour le moment, oui.

— Je voudrais pouvoir en dire autant de la mienne... Bon, mon souvenir à tous.

— Guy, tu viens pousser la boule ? appela une voix.

— Je viens, Bertie.

— C'est votre beau-frère, n'est-ce pas ? demanda Elderberry quand Guy fut parti. Il prend du ventre. J'ai entendu dire qu'il avait été éprouvé pendant la guerre ?

— Sa femme a été tuée par une bombe.

— Ah ! oui, c'est ça. Je me souviens, maintenant. Mais il est remarié ?

— Oui, c'est la première chose raisonnable qu'il ait faite. Pendant qu'il était à l'étranger, Domenica Plessington, la fille d'Eloïse, s'est occupée de l'enfant et s'y est beaucoup attachée. Un mariage était tout indiqué. Il faut reconnaître qu'Eloïse y a été pour quelque chose. Domenica s'occupe de la ferme, à Broome, où ils sont installés dans la maison du régisseur. Ils sont très à l'aise. Peregrine, l'oncle d'Angela, a laissé sa petite fortune à l'enfant. Ce n'était d'ailleurs pas une *si* petite fortune.

Elderberry se rappela que Box-Bender avait eu des ennuis avec son fils. Qu'était-ce donc ? Divorce ? Dettes ? Non, plus bizarre que cela... Il était entré dans un monastère. Avec un tact inhabituel, Elderberry se garda d'aborder le sujet.

— Voilà donc votre beau-frère fixé et heureux, dit-il seulement.

— Oui, répondit Box-Bender, non sans une pointe de ressentiment. Les choses ont très bien tourné pour Guy...

Cet ouvrage a été réalisé par la
SOCIÉTÉ NOUVELLE FIRMIN-DIDOT
Mesnil-sur-l'Estrée
pour le compte des Éditions 10/18
en novembre 1998

Imprimé en France
Dépôt légal : novembre 1998
N° d'édition : 2971 – N° d'impression : 44698